人邮电商教育
E-Commerce

职业院校电子商务类"十三五"新形态规划教材

U0747349

市场营销基础与实务

张丽 蔺子雨◎主编　郭凤兰 张纬卿 秦博 白子良◎副主编

人民邮电出版社

北京

图书在版编目（CIP）数据

市场营销基础与实务 / 张丽，蔺子雨主编. -- 北京：
人民邮电出版社，2019.2（2022.5重印）
职业院校电子商务类"十三五"新形态规划教材
ISBN 978-7-115-49644-7

Ⅰ. ①市… Ⅱ. ①张… ②蔺… Ⅲ. ①市场营销学－
职业教育－教材 Ⅳ. ①F713.50

中国版本图书馆CIP数据核字(2018)第239268号

内 容 提 要

本书根据高职院校人才培养目标及企业营销岗位的需求，将内容分为 4 个模块，分别为：认识市场营销、分析市场营销机会、制订市场营销决策、营销管控与营销创新。在模块之下，依据市场需求，构建了 11 个与实际工作岗位要求相一致的项目，从而完成整个市场营销项目的教学。本书旨在培养学生综合运用市场营销知识解决企业营销问题的能力。

本书遵循"任务驱动、项目导向"的编写思路，兼顾精品课程和网络课程的建设需要。全书内容前沿、案例丰富，且附赠视频、PPT 课件、习题答案等丰富的教学资源。

本书可作为高职院校市场营销、电子商务、国际贸易、物流管理等专业的教材，也可作为广大在职营销人员的培训教材。

◆ 主　编　张　丽　蔺子雨

副主编　郭凤兰　张纬卿　秦　博　白子良

责任编辑　朱海昀

责任印制　马振武

◆ 人民邮电出版社出版发行　　北京市丰台区成寿寺路 11 号

邮编　100164　　电子邮件　315@ptpress.com.cn

网址　http://www.ptpress.com.cn

三河市祥达印刷包装有限公司印刷

◆ 开本：787×1092　1/16

印张：14.5　　　　　　　　2019 年 2 月第 1 版

字数：301 千字　　　　　　2022 年 5 月河北第 10 次印刷

定价：49.80 元

读者服务热线：(010)81055256　印装质量热线：(010)81055316

反盗版热线：(010)81055315

广告经营许可证：京东市监广登字 20170147 号

前言

随着我国市场经济的不断推进，市场营销学的运用领域不断扩大，作用日益突出。当前，高职人才培养要求理论知识与实践操作相结合，有效提高学生的专业实践能力，这就对市场营销类教材提出了越来越高的要求。

本书面向高职高专市场营销、电子商务、国际贸易、物流管理等相关专业学生以及营销类企业相关岗位人员。本书的内容主要分为 4 个模块：模块一为"认识市场营销"，主要介绍市场营销的内涵、职业岗位以及职业道德等；模块二为"分析市场营销机会"，主要讲解市场营销环境分析、市场购买行为分析、市场营销调研；模块三为"制订市场营销策略"，主要讲述市场营销的战略规划、市场营销组合策略；模块四为"营销管控与营销创新"，主要讲述市场营销的计划、控制与执行，以及营销技能综合实训。全书以培养学生的综合能力和实际操作能力为核心，以营销活动过程为线索，介绍了市场营销活动的步骤和环节，突出实践技能的应用，充分体现了新时期以能力为本的教学理念。

本书是一线教师在多年教学实践的基础上编写的，具体特色与创新如下。

1. 体现了现代市场营销职业教育理念。本书的内容框架符合高等职业教育市场营销专业人才的培养目标，符合高职学生的认知规律和发展规律，体现了新时期高等职业教育的教学理念。

2. 坚持理论联系实际、理论服务实际的原则。本书共有 4 个模块，分为 11 个项目，每个项目下有若干任务。每个任务分为任务描述、相关知识和任务实施这 3 个部分。任务描述主要帮助学生了解本任务的主要内容；相关知识是对该任务的知识精讲，重点介绍相关理论、概念；任务实施是实践部分，给出实训内容和要求，要求学生应用相关知识进行实操，以提高实践能力。因此，这是一本集"做、学、用"于一体的项目式教材，符合高职的实践教学特色。

3. 突出内容的可操作性。本书以教学改革为导向，适度减少了相关理论知识的介绍，增加了实训项目的授课内容。教师通过组织学生实训，可以促进学生实践操作能力的提升。

本书配有 PPT 课件、教案、习题答案、试卷等教学资源，选书的教师可以登录人邮教育社区（www.ryjiaoyu.com）获取。此外，书中的重点内容配备了相应的视频指导，读者可以扫描下一页的二维码直接登录"微课云课堂"（www.ryweike.com）—用手机号注册—在用户中心输入本书的激活码（92dbeb7f），将本书包含的微课资源添加到个人账户，获取在线观看本课程微课视频的权限。

本书由河北工业职业技术学院的张丽、蔺子雨担任主编，由郭凤兰、张纬卿、秦博、白子良担任副主编，参与编写的还有刘靖华、崔阶萱、张红霞、焦小龙、王

雨捷(石家庄赢拓电子商务服务有限公司)等。由于编者水平有限,书中的疏漏和
不妥之处敬请广大读者批评指正。

二维码扫一扫
看微课视频

编者
2018 年 8 月

目　录

模块一
认识市场营销

项目一
理解市场营销

项目导入

王斌是一名即将毕业的大学生，他学的是化工专业，为了找到一份与自己专业相关的工作，他在计算机前面忙碌着，在众多招聘网站上搜索众多的招聘信息。但是，他发现与自己专业对口的岗位并不多，部分岗位要求 3 年相关工作经验，这让他很苦恼。搜索过程中他发现营销岗位比较多，且部分岗位不需要相关工作经验。他不明白为什么企业要在营销环节招聘那么多人，投入那么大人力。

对自己是否能够应聘到营销工作岗位，王斌内心有一些茫然，营销工作应如何入手？怎样才能干好营销工作？

项目分析

市场营销是一份什么样的工作？基层营销人员应该掌握哪些营销的基本知识？怎样才能胜任营销工作？

带着职场新人的种种困惑，我们开始本项目的学习与训练。本项目主要包括 3 个具体任务，分别是认识市场与市场营销；认识市场营销职业；树立正确的营销职业道德。

学习目标

知识目标：

1. 正确理解市场、市场营销的内涵。
2. 掌握市场营销观念的演变过程和各种观念的含义要点。
3. 明确市场营销各个岗位的工作任务、职业能力要求及职业生涯发展路径。

技能目标：

1. 能够举例解释说明市场营销的核心概念。

2. 能够应用市场营销观念，理解分析企业的市场行为。

3. 能够结合企业营销岗位及其职责，对自己未来的职业生涯进行初步规划。

学习内容思维导图如图 1-1 所示。

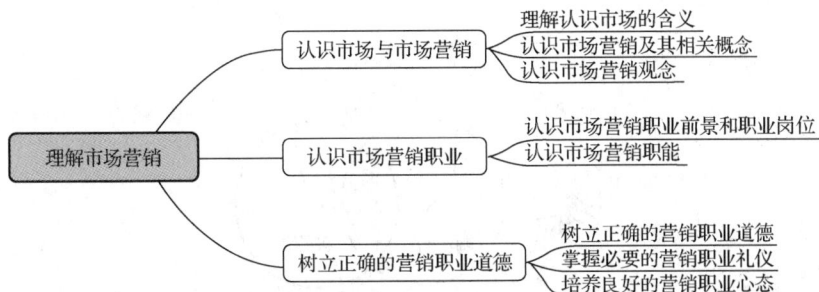

图 1-1　理解市场营销学习内容思维导图

任务一　认识市场与市场营销

任务描述

认识市场，特别是从经济的角度认识市场的运行及其特征，在此基础上进一步认识市场营销，并理解规范的市场营销活动的职业术语。通过完成本任务，学生能够正确理解市场营销的本质与内涵，能够树立现代营销观念。

相关知识

一、认识市场的含义

（一）市场的定义

众所周知，市场是商品经济的产物，哪里有社会分工和商品生产，哪里就有市场，市场的概念不是一成不变的，而是随着商品经济的发展而变化的，在不同的历史时期、不同的场合，它具有不同的含义。

最初的市场，是指劳动产品交换的场所，即做买卖的地方。我国古代文献《易经》中写道："神农氏日中为市，致天下之民，聚天下之货，交易而退，各得其所。"神农发明的以日中为市，以物易物的市场是我国货币商业发展的起源和基石。

经济学家将市场解释为在一定时空条件下商品交换关系的总和。

市场营销学立足在卖方角度，研究卖方的营销活动。市场在这里是指某种商品的现实消费者和潜在消费者需求的总和。

（二）市场的构成要素

从市场构成的角度来讲，市场是由人口、购买力和购买欲望三个主要因素构成，如图1-2所示。

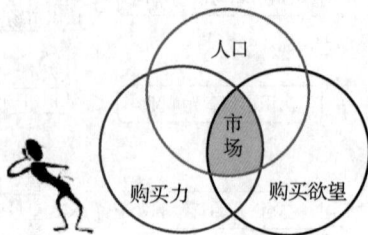

图 1-2　市场的构成

人口：它是构成市场的基本要素。消费者人口的多少决定着市场的规模和容量，而人口的构成及其变化则影响着市场需求的构成和变化。

购买力：它是指消费者支付货币以购买商品或劳务的能力，是构成现实市场的物质基础。购买力的高低是由消费者的收入水平决定的。

购买欲望：是指消费者购买商品或劳务的动机、愿望和要求，它是使消费者的潜在购买力转化为现实购买力的必要条件。

市场这3个要素是相互制约、缺一不可的，只有三者结合起来才能构成现实的市场，才能决定市场的规模和容量。由此市场可以分为3种类型，即现实市场、潜在市场和未来市场。

现实市场是指对企业经营的某种商品有需要、有支付能力、又有购买欲望的现实顾客。潜在市场是指由于构成市场的3个要素中的购买力和购买欲望产生问题而形成的未来可能转化为现实市场的市场。未来市场是指暂时尚未形成或只处于萌芽状态，但在一定条件下必将形成并发展为现实市场的市场。

（三）市场与企业的关系

市场是企业营销活动的出发点和归宿点，正确分析市场是合理制订企业营销策略的前提。

有人形象地把市场与企业的关系比喻：为企业生产产品的"惊险跳跃"，这个"跳跃"如果不成功，"摔死"的不是商品，而是商品的所有者。因此，拥有一个市场比拥有一个工厂更重要。

所以，企业要善于分析市场、把握市场、适应市场、创造市场。

同步案例

背景资料

美国一家制鞋公司想开拓国外市场，公司总裁派一名业务员到非洲一个国家，让他了解一下能否向该国卖鞋。这个业务员到非洲后发回一封电报："这里的人不穿鞋，没有市场。"

总裁又派去另外一名业务员，第二个业务员在非洲待了一个星期，然后发回一封电报："这里的人不穿鞋，是一个巨大的市场。"

总裁还是不满意，又派了第三名业务员。这个业务员在非洲待了三个星期后发回一封电报："这里的人不穿鞋，但有脚疾，需要鞋，不过不需要我们生产的鞋，因为我们生产的鞋太瘦，我们应该生产肥些的鞋。我们必须在教育他们懂得穿鞋有益方面花费一些钱。而且我们在开始之前必须得到这里部落首领的合作。这里的人没有什么钱，但他们生产我曾未尝过的最甜的菠萝，我估计鞋的潜在销售应该在三年后，我们的一切费用包括推销菠萝给一家欧洲超级市场的费用都将得到补偿。总算起来，我们可以赚得20%的利润，我认为，我们应该毫不迟疑地去行动。"

分析与执行

假设你是总裁，根据所学市场定义，分析这 3 名业务员对市场的职业敏感性及其差异；假设你是第四名业务员，你有什么更好的策略？

二、认识市场营销及其相关概念

（一）市场营销的含义

美国市场营销协会定义委员会在 1985 年把市场营销定义为：市场营销是关于构思、货物和劳务的设计、定价、促销和分销的规划与实施的过程，目的是创造能实现个人和组织目标的交换。

从上述市场营销的定义中可以看出市场营销有以下两个明显的特点。

（1）市场营销是一种企业活动，是企业有目的、有意识的行为。一方面，市场营销活动的出发点和中心在于满足和引导消费者需求，这是一种企业行为；另一方面，市场营销活动的目的是要实现企业目标。企业的目标是多种多样的，利润、产值、销售额、市场份额、生产增长率、社会责任等均可能成为企业的目标。但不管企业的目标是什么，其实现的途径都离不开有效的市场营销活动，并在营销活动过程中与顾客达成交易。

（2）市场营销活动的主要内容是分析环境，选择目标市场，确定和开发产品，产品定价、分销、促销和提供服务以及它们之间协调配合，并进行最佳组合等。如上所述，市场营销中有 4 个可以人为控制的基本因素，即产品、价格、渠道和推广（英文分别为 Product、Price、Place、Promotion，简称"4P"）。一个企业经营管理能否成功，关键要看企业在市场营销活动中是否能够密切注视不可控制的外部环境变化，恰当地组合 4P，并千方百计地使企业可控制的因素与外部环境中不可控制的因素迅速地相适应。

市场营销实际上是一种管理过程，是一种从市场需要出发的管理过程，它的核心思想是交换，是一种买卖双方互利的交换，即所谓的双赢游戏。

市场营销包含以下要点。

（1）市场营销的最终目标是"满足需求和欲望"。

（2）"交换"是市场营销的核心，交换过程是一个主动、积极寻找机会，满足双方需求和欲望的社会过程和管理过程。

（3）营销的范围包罗万象：商品（Goods），服务（Service），经历（Experiences），事件（Events），个人（Persons），地点（Places），财产权（Properties），组织（Organization）。

> **营销视野**
>
> ### 营销在我们的生活中无处不在
>
> 企业需要营销以满足消费者的需要。
>
> 学校需要营销以满足广大学生的需要。
>
> 医生需要营销以满足患者的健康需要。
>
> 政治家需要营销，以满足他的人民的需要。
>
> 我们自己也需要营销，以满足与人有效交往的需要。

（二）市场营销与推销的关系

现实中许多人把"市场营销（Marketing）"同"推销（Selling）"混为一谈。

针对这种情况，菲利普·科特勒指出："市场营销最重要的部分不是推销！推销仅仅是市场营销冰山的顶端，推销仅仅是市场营销几个职能中的一个，并且往往不是最重要的一个。因为，如果营销人员做好识别消费者需要的工作，发展适销对路的产品，并且搞好定价、分销和实行有效的促销，这些货物会很容易地被销售出去。"他还引用美国管理学权威彼得·杜拉克的话说："市场营销的目标就是使得推销成为多余的。"

市场营销是一种极为复杂的综合性过程，它贯穿于企业经营管理过程的始终。推销是市场营销活动的一部分，但不是最重要的一部分，是营销的职能之一，但不是最重要的职能。两者的区别如表 1-1 所示。

表 1-1　　　　　　　　　　　　　　　市场营销与推销的区别

	活动中心	手段	活动过程	目标
市场营销	企业目标与顾客需要	产品 定价 分销 促销	产前 产中 产后 售后	实现企业整体目标

续表

	活动中心	手段	活动过程	目标
推销	企业现有产品	人员推销 广告促销 公关促销 营业推广	产后	扩大销售 增加利润

（三）与市场营销相关的基础概念

市场营销的核心概念是交换，并有一组相关的概念，如图 1-3 所示。这些概念反映着有关交换的各种问题及实质，只有准确把握市场营销的核心概念及其相互之间的关系，才能深刻认识市场营销的本质。

图 1-3　市场营销的相关概念

1. 需要、欲望和需求

需要和欲望是市场营销的起点。需要是指没有得到某些基本满足的感受状态，是人类与生俱来的。如人们为了生存对食物、衣服、住房、安全、归属、尊重等的需要。这些需要存在于人类自身生理和心理需要之中，市场营销者可以用不同的方式去满足，但不能凭空创造。

欲望是指想得到某种需要的具体满足物的愿望，它是用可满足需要的实物来描述的。欲望一旦有购买力作为后盾，人们便会去搜寻并选择一些产品，这时，欲望就又变成了对某种产品的需求。需求是指人们对某种产品有购买能力且有购买意愿的欲望。

2. 产品

产品是指能够满足人的需要和欲望的任何事物，包括有形物品、服务、事件、体验、人物、场所、信息、想法等。产品的价值不在于拥有它，而在于它给我们带来的对欲望的满足。人们购买轿车不仅是为了观赏，更多是为了得到它所提供的交通服务。产品实际上只是获得服务的载体。这种载体可以是物，也可以是"服务"，如人员、地点、活动、组织和观念。

3. 价值、成本和满意

产品价值是由产品的功能、特性、品质、品种与式样等所产生的价值。它是消费者需要的中心内容，也是消费者选购产品的首要因素。产品价值并不是指产品本身所拥有的客观价值的大小，而是消费者的一种主观感受。

成本是指消费者在购买产品时考虑的购买和使用产品过程中可能花费的各种资金、时间、体力和精力的总和。在某种程度上，它也是主观的。人们收集信息，通过比较，最后做出对某产品的判断，即为取得某产品的价值而愿意付出的代价。

满意本意是指意愿得到满足，感情上充足。消费者满意取决于消费者所理解的效用与其期望进行的比较。如果产品效用低于期望，他们便不会感到满意；如果效用符合或高于期望，他们便会满意或非常满意。

满意的消费者是最好的广告。如果消费者购买并使用某种产品后是满意的，那么他就会继续购买这种产品，并说这种产品的好话，影响别的消费者也来购买；相反，如果消费者不满意，不仅他自己不会再购买这种产品，还会影响别的消费者也不来购买这种产品。企业要解决的关键问题是使消费者的期望与企业的活动相匹配。

营销视野

"250 定律"——每个客户身后都有 250 个潜在客户

美国推销员乔·吉拉德在漫长的推销生涯中总结出了一套"250 定律"，内容是每一位客户身后都站着 250 名亲朋好友，这些亲朋好友都是你的潜在客户。如果你赢得了一位客户的好感，也就意味着赢得了 250 个人的好感！如果你得罪了一名客户，也就意味着你得罪了 250 名潜在客户！

4．交换和交易

交换是指从他人处取得所需之物，并以某种东西作为回报的行为。交换的发生，必须具备 5 个条件，即至少有交换双方；每一方都有对方需要的有价值的东西；每一方都有沟通和运送货品的能力；每一方都可以自由地接受或拒绝；每一方都认为与对方交易是适合或称心的。

交易是交换的基本组成单位，是交换双方之间的价值。交易的方式有两种：一是货币交易，二是非货币交易（易货贸易）。交易发生的基本条件是：双方互为满意的有价值的物品（事物）；双方满意的交换条件（价格、地点、时间、结算方式等）；有法律制度来维护和迫使交易双方履行承诺。

同步案例

背景资料

能源危机引发了各种各样严肃而又有趣的发明，这些发明都是为了节省矿物燃料或开辟新的能源。比如用廉价原料制成液化气，利用太阳能和风能，采用可使用多种能源的机器以提高原料的利用率等。

有位发明家研制了一种小汽车，他将汽油箱改为一个高效能的快速甲烷发生器，该发生器可把有机物（如杂草等）随时转化为燃料；汽车棚顶上装有太阳能电池板，当甲烷用完时可由电池驱动，而在平时电池板给蓄电池充电；车上还装有一对风翼，以便在风向和风速适宜的条件下使用。这种汽车采用最先进的设计、材料和工艺技术，不仅质量轻，而且装有十分理想的气动装置。

这位发明家认定这是一个成功的创造，因此便回到老家——墨西哥的一处深山里。他自信世界上所有的厂商都会蜂拥而至，即使坐等在家也会有人踏出一条通向他家的路来，可是最后他什么人也没等到，那项杰出的发明放在那里生了锈布满了尘埃。

为什么没人来买这位发明家的小汽车呢？就是因为他没有进行营销，他没让需要购买汽车的顾客知道他的产品，也没有把这种汽车的优点和情况告诉顾客，即使有人远道而来购买汽车，恐怕这位发明家也不知道给汽车定多高的价格。

这位发明家没有对其产品进行分配，没有进行广告宣传和定位，最糟的是他没有考虑市场，更没有考虑到影响市场的环境。首先，由于近年来墨西哥发现了大量的油田和天然气，不存在能源危机问题，因此对他那种汽车的需求量不大；其次，这种车最多只能乘坐四个人，而墨西哥人的家庭人口较多；最后，他也没有考虑到环境保护者的干预，因为甲烷发生器会产生污染。他认为这种汽车在美国会有可观的市场，因为那里汽油短缺且价格高，可是他没料到墨西哥政府和某些官员会反对向美国出口这种汽车，因为向美国出口这种汽车，会减少美国对墨西哥石油的潜在需求量。

分析与执行

由于没做任何营销方面的工作，没有国内市场，又遇到环境困难，发明家这种"奇妙"的小汽车没能给他带来一个比索。针对你对市场营销的理解，分析该发明家研制的小汽车为何无人问津，这个案例给我们什么启示？

三、认识市场营销观念

（一）市场营销观念的演变

所谓营销观念，就是指企业开拓市场，实现营销目标的根本指导思想。其核心是以什么样的营销哲学或理念来指导企业开展生产经营活动。

市场营销观念是在一定基础和条件下形成的，随着自身的发展和市场的变化也在不断发生着变化。市场营销观念的演变大致经历了以下几个阶段。

1. 生产观念

产生背景：卖方市场，供不应求。企业的一切生产经营活动以生产为中心，企业围绕生产来安排一切业务。

生产观念可以概括为："我们会做什么，就生产什么。"

2. 产品观念

产品观念认为：消费者喜欢那些质量高、性能好、价格合理并有特色的产品，因此企业的主要任务就是提高产品质量。只要产品好，不怕卖不掉；只要产品有特色，自然会顾客盈门。"酒香不怕巷子深""一招鲜，吃遍天"等都是产品观念的生动写照。这种观念可以概括为："我们会做什么，就努力做好什么。"

3. 推销观念

推销观念强调：消费者一般不会主动选择和购买商品，企业只能通过推销产生的刺激，诱导消费者产生购买行为。这样，推销部门的任务就是采用各种可能的手段和方法，去说服和诱导消费者购买商品。至于商品是否符合消费者的需要，是否能让消费者满意，消费者是否会重复购买等问题，都无关紧要。

推销观念可以概括为"我们会做什么，就努力去推销什么。"

4. 市场营销观念

市场营销观念的原则是："消费者需要什么，我们就生产和销售什么"或者"能销售什么，我们就生产什么"。在这种观念指导下，企业的中心工作不再是单纯追求销售量的短期增长，而是着眼于长久地占领市场。因而提出了"哪里有消费者的需要，哪里就有我们的机会"和"一切为了消费者的需要"等口号。

市场营销观念的产生是现代企业营销观念的重要变革。西方市场学家对这一变革给予了很高的评价，称之为商业哲学的一次革命。

5. 社会营销观念

社会营销观念的基本论点是：企业在生产和提供任何产品或服务时，不仅要满足消费者的需要和欲望，符合本企业的擅长，还要符合消费者和社会发展的长远利益，实现企业、消费者和社会利益三者的协调。社会营销观念是对市场营销观念的补充与完善。

做中学

试分析新旧营销观念的区别，并填入表1-2中。

表1-2　　　　　　　　　　　　新旧营销观念的区别

市场观念		区别1	区别2	区别3	区别4
传统观念	生产观念				
	产品观念				
	推销观念				
现代观念	营销观念				
	社会营销观念				

上述5种营销管理观念归纳起来可以分为两类；一类是传统经营观念，包括生产观念、产品观念和推销观念。其共同特点是以生产者为导向，以产定销，产生于卖方市场。另一类是现代经营观念，包括市场营销观念和社会营销观念。其共同特点是以市场（消费者）为导向，以销定产，产生于买方市场。这两类经营观念无论在考虑工作的出发点上，还是在实现

目的的方法和途径方面都是有根本区别的。传统经营观念主要从企业擅长生产的产品出发，通过大量生产或加强推销工作，获得企业利润；而现代经营观念则是从消费者的需求出发，通过企业的整体营销活动，在满足消费者需求的基础上获取企业利润。

（二）市场营销观念的创新与发展

1. 大市场营销

所谓大市场营销，就是指企业为了成功地进入特定市场，并在那里从事经营活动，需要在策略上协调地采用经济、心理、政治和公共关系等手段，以博得各方面合作的活动过程。

在目前的市场环境中，由于贸易保护主义回潮，政府干预加强，企业营销中所面临的问题，已不仅仅是如何满足现有目标市场的需求，企业面临的首要问题是如何进入壁垒森严的特定市场。因此，大市场营销观念认为，企业在市场营销中，首先是运用政治权力（Political Power）和公共关系（Public Relationship），设法取得具有影响力的政府官员、立法部门、企业高层决策者等方面的合作与支持，启发和引导特定市场的需求，通过在该市场的消费者中树立良好的企业信誉和产品形象，以打开市场、进入市场。然后，运用传统的市场营销组合去满足该市场的需求，达到占领该目标市场的营销目的。

2. 关系营销

关系营销是从菲利普·科特勒的"大市场营销"概念衍生发展而来的一种新的市场营销思想，它把营销活动看成是一个企业与消费者、供应商、分销商、竞争者、政府机构及其他公众发生互动作用的过程。所以关系营销是指为了建立、发展、保持长期的、成功的交易关系而进行的市场营销活动的一种营销观念。

关系市场营销的核心是正确处理企业与消费者、竞争对手、供应商、分销商、政府机构和社会组织的关系，以追求各方面关系利益最大化。这种从追求每笔交易利润最大化转化为追求同各方面关系利益最大化是关系市场营销的特征，也是当今市场营销发展的新趋势。

3. 整合营销

20世纪90年代以来，随着产品同质化的日益增强和消费者个性化、多样化的发展，市场想要掀起某种消费热潮越来越难；但另一方面，传播媒体却在迅猛发展，传播渠道种类繁多，消费者主体地位大大提高。营销者不得不先将企业产品搁置一边，认真研究顾客的需求与欲望（consumer wants and needs），了解满足顾客需求与欲望需支付的总成本（cost），考虑顾客购买的便利性（convenience），并注意与顾客的沟通（communication）。于是，一种称之为"4C"的营销观念日渐兴起。美国西北大学教授唐·舒尔茨对这种"4C"的营销观念做了整理，并进一步提出整合营销的思想。

整合营销是以市场为调节方式，以价值为联系方式，以互动为行为方式，根据环境进行即时性动态修正，以使交换双方在交互中实现价值增值的营销理论与营销方法。它是对各种营销工具和手段的系统化结合，是现代企业面对动态复杂环境的有效选择。舒尔茨教授曾用一句非常生动的话表述传统营销与整合营销的区别：前者是"消费者请注意"，后者是"请注意消费者"。"4C"营销观念是整合营销的支撑点和核心理念，是强化以消费者需求为中心的营销组合。整合营销强调与消费者进行平等的双向沟通。清楚消费者需要什么，把自己的真实信息如实传达给消费者，并且根据消费者的信息反馈调整自身，如此循环，实现"双赢"，彻底摒弃那种强加于人的促销行为。

4. 新媒体营销

随着新媒体各应用平台的丰富以及各个新媒体平台用户量的不断增加，新媒体除了其自身提供的服务外，对于企业和个人推广而言，新媒体平台也是一个营销的渠道，因此产生了新媒体营销。

从字面上来理解，可以把新媒体营销拆分成"新媒体"和"营销"。新媒体营销是随着新媒体的出现而出现的，在营销的范畴内增加了在新媒体上做营销这一环节。新媒体营销并不是一个陌生的行业或专业，传统的市场营销策略并未在新媒体营销上完全失效。只是在传播的媒介层面，因传统营销平台与新媒体营销平台的传播媒介不同，将传统营销理论在新媒体营销平台实施时，需要根据新媒体平台的媒介特点进行优化改进。

现今较为热门的新媒体平台包括微博、微信、直播、短视频、知乎、今日头条等，其特点是用户基数大，信息及时性强，内容形式丰富，互动性强等。由于平台之间的技术差异以及运营方式的不同，在各个平台做新媒体营销的技巧和策略也是不同的。但新媒体营销并非仅仅是根据平台规则开展营销活动，更不是简单地在新媒体平台投放广告资源。新媒体营销是一个系统工程，需要多个工作岗位共同配合来完成。企业在策划新媒体营销活动时，需要对各平台进行分析，找到适合企业自身的新媒体平台，根据平台运营机制和规则，基于产品或品牌的推广需求和目标受众的喜好，策划满足推广目标的营销活动。

做中学

2014 年年初，媒体爆料说海尔集团战略调整，停止在传统杂志上投放硬广。请查找资料，分析海尔做出这一战略调整背后的原因。结合本节所学内容，请尝试写出 3 个理由。

操练记录：填入表 1-3 中。

表 1-3　　　　　　　　　　海尔广告的战略调整

项目名称	海尔广告战略调整的原因
理由 1	
理由 2	
理由 3	

任务实施

组建营销团队

■ 实训目标：

通过实训，学生明确一个优秀的团队应该具备哪些特征，体验团队化运作的过程，培养团队意识与团队管理的能力。

■ 实训要求：

教师组建营销团队，根据学生个人的需求、素质特征和擅长方向，进行岗位分工，并让学生担任相应的角色，行使角色职责，有组织、高效率、高质量地将实训任务推进完成。

（1）学生按4～6人进行分组，组成市场营销团队。

（2）每个团队按照工作任务进行目标管理。

（3）每个团队民主选举队长，由队长组织团队成员进行团队建设。

■ 操作步骤：

（1）学生组建团队，选举团队负责人，进行团队分工。

（2）学生讨论团队建设方案，包括团队组织机构建设、团队文化建设。

（3）学生修改并确定营销团队建设方案，制作PPT。

（4）学生以演讲的方式发布团队建设方案。

（5）教师对团队建设方案进行考核评比。

■ 实训报告：

实训结束后，学生以小组为单位撰写实训报告。主要内容如下。

（1）实训名称、实训日期，班级、实训组别。

（2）实训目的。学生应简明概述本实训通过何种方法，训练了哪些技能，达到了什么目的。

（3）实训心得。学生总结分析实训中的收获及存在的问题，提出改进建议。

任务二 认识市场营销职业

任务描述

不同的职业意味着不同的人生，不同的职业意味着不同的发展空间。通过完成本任务，学生应对市场营销职业前景、职业成长规律有个清晰的认识，同时要理解市场营销职业工作的内容、过程和方法，以便在后面的学习与工作中，积极高效地完成各项任务，掌握职业能力。

相关知识

一、认识市场营销职业前景和职业岗位

（一）市场营销职业前景

与国外相比，市场营销职业在我国还是一个新兴的职业门类。但是随着我国市场经济体制的日臻完善和经济全球化的推进，这一职业在我国已经焕发出勃勃生机。据国家有关人才市场统计数据，市场营销职业人才的需求量连续多年名列前茅。随着市场竞争的日益加剧，社会急需大量的市场营销人才，尤其是高级市场营销管理人才缺口越来越大。

作为市场经济大潮中各行业获取利润的关键环节，营销的地位毋庸置疑。与此相对应，作为市场营销职业人才的主要来源地——高校也大量开设了市场营销专业，可谓经济越发展，营销越重要。在我国市场营销职业人才正处于供需两旺阶段。

（二）市场营销职业岗位

市场营销职业遍及国内外各类工商企事业单位以及房地产、医药、汽车等多个行业。市场营销专业就业岗位群主要包括市场类、销售类、客服类及其他。市场类岗位包括策划助理、市场调研助理、市场活动专员、调查项目督导等；销售类岗位包括营业员、收银员、销售代表等；客服类岗位包括客户回访专员、客户服务专员、客服代表等；其他岗位包括网络营销员、销售物流员、销售培训专员等。

市场营销岗位千差万别，既有营销总监、大区经理、区域经理、销售经理等中高层人员，也有业务员、导购员、促销员、维护员、客服等基层营销人员，还有广告设计、网络营销、物流等专业营销人员。市场营销具体职业岗位如表 1-4 所示。

表 1-4　　　　　　　　　　市场营销职业岗位表

职业级别层次			I	II	III	IV	V	VI
市场营销职业大类	市场类	市场调研类			市场调研助理	调查项目督导	产品经理品牌经理营销服务经理市场研究经理网络推广经理	市场总监产品总监品牌总监网络营销专家
		企划类			市场活动专员策划助理	促销经理、产品专员、市场专员		
		广告类			文案策划助理、品牌传播助理	文案策划经理、品牌传播专员		

续表

职业级别层次			I	II	III	IV	V	VI
市场营销职业大类	销售类	销售业务类	营业员、收银员（卖场销售）	营业员、收银员（门店销售）	销售代表 业务代表	项目销售 大客户销售	片区总监 行业总监 销售总监	销售总监 销售副总裁
		销售管理类			客户主管 销售管理岗	渠道经理、区域经理、项目经理、大客户经理		
		销售支持类	商务助理 销售助理	商务专员 销售行政助理	销售行业主管	销售经理、销售培训师		
	客服类	呼叫中心	一线坐席	二线坐席 客服代表	现场主管 呼叫督导			
		技术支持			售前/售后技术支持经理			
		客户关系管理类	客户回访专员	客户服务专员	客服主管 售前/售后管理			

二、认识市场营销职能

（一）市场营销职能在企业管理中地位的演变

市场营销职能在企业管理中的地位不断发生变化，大致可以分为 5 个阶段，如图 1-4 所示。

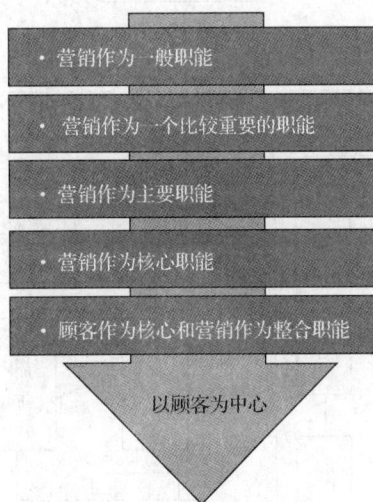

图 1-4 市场营销职能在企业管理中地位的演变

最初，市场营销职能与其他部门同等重要，两者处于平等的地位。在需求不足的情况下，企业高层管理人员意识到市场营销职能要比其他部门的职能重要。高度重视市场营销的企业高层管理人员提出，没有顾客也就意味着企业的消亡，所以市场营销应是企业的主要职能。他们将市场营销置于中心位置，而将其他职能当作市场营销的辅助职能。这种创新引起了其他职能部门经理的不满，他们不甘心充当市场营销部门的配角。一些热心于顾客服务的企业高层管理人员则主张，公司的中心应当是顾客，而不是市场营销。因此有人提出必须采取顾客导向，而且所有职能部门都必须协同配合，以便更好地为顾客服务，使顾客需要得到满足。随着营销实践的发展和市场竞争的加剧，越来越多的企业高层管理人员终于达成共识：市场营销部门与其他职能部门不同，它是连接市场需求与企业反应的桥梁、纽带，要想有效地满足顾客需要，就必须将市场营销置于企业的中心地位。

（二）市场营销的职能定位

销售部门和市场部门是企业市场营销的两大基本职能部门。

关于市场部和销售部的功能和职责问题，许多企业混淆不清。现代营销组织是由过去的企业销售部门发展起来的，正因为如此，市场营销部门的职责就是如何有效地推销产品。实际上，从过去企业的销售部门到现代的营销管理部门，企业的营销组织所从事的是综合的营销活动，所发挥的是综合的营销管理职能。它通过产品、价格、渠道、促销等可控因素的运用，制订整个企业的市场营销活动计划，并负责市场营销活动计划的贯彻和实施。

现在很多企业都设立了营销部、销售部、市场推广部等，其实叫这些名称的部门不应该并列，正确的应该是营销部门下设市场部和销售部，而策划、市场推广、品牌推广都应该属于市场部的职能。市场营销部门的典型组织机构如图 1-5 所示。

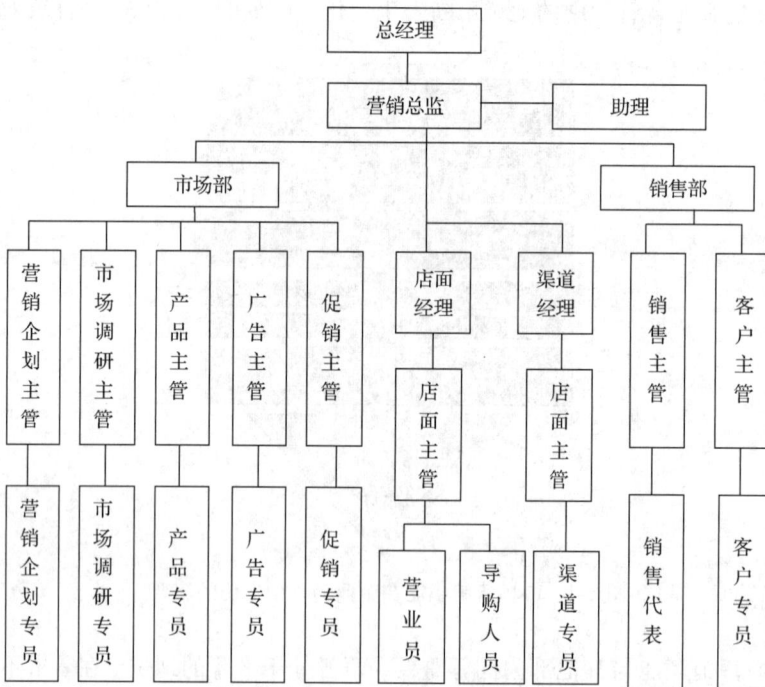

图 1-5　市场营销部门的典型组织机构

任务实施

营销职业生涯规划

■ **背景资料：**

21 世纪人类进入全营销时代，产品的高度同质化、市场趋于细分化常常使企业在冰与火的对决中难以找到希望的窗口；而产品的卖点、个性和差异化以及围绕它们的演变过程所形成的品牌理念常常考验着众多风雨兼程、激情四溢的营销人员。营销人员只有通过科学合理的职业生涯规划，知道自己适合做什么，应该做什么，不同的阶段我们自身的目标是什么以及如何结合自身的优势和劣势，才能成功实现人生各个阶段的职场目标。

■ **实训目标：**

通过实训，学生理解明确的人生目标、职业目标和岗位目标的意义，能正确选择适合自己的目标，制订一个完整的营销职业生涯规划并将其付诸行动，为创业、从业打下基础。

■ **实训要求：**

（1）学生确立正确的人生目标、职业目标和岗位目标。

（2）学生能正确分析个人的优势、劣势和兴趣。

（3）学生确定自己成功的起点，列出实现目标所需要的知识与技能。

（4）学生制订实现目标的理由、期限和明确的标准。

■ **操作步骤：**

（1）学生以营销团队为单位进行讨论与交流，每个团队成员按照培训目的和要求进行个人目标定位，并与其他成员进行交流，互相发现优势与劣势。

（2）学生认真思考个人的人生目标、职业目标和岗位目标，发掘个人兴趣特长，总结自己的优势和劣势，撰写职业生涯规划报告。

（3）各团队成员上交职业生涯报告。指导教师从中选择若干具有代表性的职业生涯报告进行分析，并邀请其作者上台进行陈述。

（4）评价效果：各小组代表陈述后，指导教师点评该次实训的情况，并由全体学生进行无记名投票，评选出该次实训的获奖小组和个人，给予表扬与奖励。

■ **实训报告：**

每个学生在本次实训后应独立撰写实训报告。实训报告的主要内容如下。

（1）实训名称、实训日期，班级、姓名，实训组别，同组同学姓名。

（2）实训目的。学生应简明地概述本实训通过何种方法，训练了哪些技能，达到了什么目的。

（3）实训心得。学生总结分析实训中的收获及存在的问题，提出改进建议。

任务三 树立正确的营销职业道德

任务描述

市场营销职业道德是市场营销专业学生必备的职业素养，随着市场经济的规范化，市场营销道德建设越来越重要。通过完成本任务，学生培养正确的营销道德观，这也是市场营销实务类课程的核心培养目标。

相关知识

一、树立正确的营销职业道德

市场营销职业道德是企业及营销人员在市场营销活动中所应遵循的道德规范的总和。

（一）常见的不道德的市场营销行为

（1）市场调研方面：不尊重被调查者；泄密；通过欺骗、贿赂、监视等不正当手段窃取竞争对手的商业秘密。

（2）产品生产方面：假冒伪劣产品；不安全的产品；对环境有害的产品；过度包装产品；强制淘汰产品。

（3）渠道分销方面：设置文字陷阱误导分销商；操纵渠道或硬性搭售；以次充好；灰色市场等。

（4）价格确定方面：串谋定价；价格歧视；暴利价格；价格欺诈与误导定价。

（5）促销传播方面：欺诈性或误导性广告；不健康广告；利用消费者和厂家间的信息不对称性，操纵和强迫顾客购买产品；滥用有奖销售或虚设有奖销售欺骗顾客；行贿等。

（二）市场营销道德的基本原则

市场营销道德的基本原则包括以下几个方面。

（1）守信。守信历来是人类道德的重要组成部分，俗话说："一言既出，驷马难追。"在现代营销中，守信处于举足轻重的地位。守信就是要求营销人员在市场营销活动中讲究信用。在当今竞争日益激烈的市场条件下，信誉已经成为竞争的一种重要手段。谁赢得了信誉，谁就会在竞争中立于不败之地；谁损害了信誉，谁就终将会被市场所淘汰。

（2）负责。负责即要求企业及营销人员在营销过程中对自己的一切经济行为及其后果承担政治、法律、经济和道义上的责任。任何逃避责任的行为都是不道德的，并且是非常愚蠢的。营销人员在营销过程中的一言一行都代表着企业，不仅要对企业和对社会负责，而且要对顾客负责。营销人员要如实为顾客介绍产品，为顾客排忧解难，赢得顾客的信赖，提高企业的声誉和社会效益。

（3）公平。公平是社会生活中一种普遍的道德要求。在营销过程中，坚持公平的原则主要有以下两方面的含义。

① 对待顾客必须公平。顾客不论男女老幼、贫富尊卑，都有充分的权利享受他们应得到的服务。各种以次充好、缺斤短两、弄虚作假的行为都是违反公平原则的，因而也是不道德的。

② 对待竞争对手应坚持公平。有些营销人员为了在竞争中战胜对手，不择手段，诋毁甚至无中生有地诽谤竞争对手的产品甚至人格，千方百计置对方于死地，这种营销行为是十分不道德的。

总之，守信、负责、公平是现代营销最主要也是最基本的道德要求。为实现企业健康发展，维护市场经济秩序稳定，企业及营销人员必须严格遵守职业道德规范，协调并处理好道德和利益的关系，遵循诚信原则，展开公平竞争，实现互利共赢。

二、掌握必要的营销职业礼仪

要做好营销，除了遵守营销职业道德外，还必须懂得营销职业礼仪。营销职业礼仪内容丰富，涉及范围广。

（一）仪表、仪容礼仪

注意仪表和仪容是践行个人礼仪的第一步。

仪表，是指人的外表，包括容貌、姿态、风度以及个人卫生等方面。仪容在某种程度上也是仪表所包括的内容，泛指人的外观、外貌。由于仪表与仪容在日常交往中最直观地呈现在交往对象的面前，可以直接反映出个体的心理健康状况。因此，仪表与仪容如何，不仅引起交往对象的特别关注，而且可以影响到交往对象对行为主体的评价。

仪表与仪容的礼仪关键就是要符合"美"的要求，具体要做到美观、清洁、卫生、得体等。

（二）介绍、握手等见面礼仪

1. 介绍礼仪

介绍是人际交往中互相了解的基本方式，介绍分为自我介绍和他人介绍。

（1）自我介绍。自我介绍的基本程序是：先向对方点头致意，得到回应后再向对方介绍自己的姓名、身份和工作单位，同时递上准备好的名片。自我介绍时，表情要坦然、亲切，注视对方，举止庄重大方，态度镇定而充满信心，表现出渴望认识对方的热情。如果见到陌生人就紧张、畏怯、语无伦次，不仅说不清自己的身份和来意，还会造成难堪的场面。

（2）他人介绍。他人介绍是经第三者为彼此不相识的双方引见、介绍的一种介绍方式。

他人介绍通常是双向的，即将被介绍者双方各自均做一番介绍。做介绍的人一般是主人、朋友或公关人员。为他人做介绍时必须遵守"尊者优先"的规则。把年轻者介绍给年长者；把职务低者介绍给职务高者；如果双方年龄、职务相当，则把家人介绍给同事、朋友；把未婚者介绍给已婚者；把后来者介绍给先到者。

2. 握手礼仪

握手是一种沟通思想、交流感情、增进友谊的重要方式。与他人握手时，目光要注视对方，微笑致意，不可心不在焉、左顾右盼，不可戴着帽子和手套与人握手。在正常情况下，握手的时间不宜超过3秒，必须站立握手，以示对他人的尊重、礼貌。

握手也讲究一定的顺序：一般讲究"尊者决定"，即待女士、长辈、已婚者、职位高者伸出手来之后，男士、晚辈、未婚者、职位低者方可伸出手去呼应。若一个人要与许多人握手，那么有礼貌的顺序是：先长辈后晚辈，先主人后客人，先上级后下级，先女士后男士。

3. 名片礼仪

销售人员与客户初次见面，往往会相互交换名片，那么，怎样使用名片呢？

客户递上名片时，销售人员应伸出双手接名片，接过来后，还应认真看一下名片的内容，以表对对方的重视，然后再仔细收好。

销售人员递给客户名片时，切忌单手递名片，应当是将名片置于掌上，双手递送。优先递给社会地位较高的人，地位同等时，女士优先。如果一次要递给多个客户名片，可按照由近及远的次序进行。

（三）通信与电话礼仪

1. 通信礼仪

营销信函从内容到写法及语言都要体现真诚，最好用亲笔信，至少应有公司经理的签名，以显示营销方的认真和郑重，也表明对顾客的诚意和尊敬。对收到的来信和回函，营销人员一定要及时回信和复函，不能拖延。营销信函要自己邮寄，不可由他人携带或转交。

2. 电话礼仪

（1）接听电话要注意的问题。电话铃响时要及时接听，电话铃响一般不超过三声，先道您好，再根据对方的要求，报出公司或部门名称。杜绝使用"喂，说话"之类的不文明用语。要留心听，并记下讲话内容要点；未听清时，及时询问并判断对方所提问题自己能否处理，决定是否需要将电话转交给别人。在转交前，应先把对方所谈内容简明扼要地进行总结；结束时要有所提示，如再见、我们下次再谈等，礼貌地道别，待对方挂断电话后再放下听筒。

（2）拨打电话时要注意的问题。因为不知道接电话的人正在忙什么，是否有时间接听，所以要先打一个腹稿，做到心里有数，以便提高沟通的效率。电话接通后应进行简单的寒暄，然后直奔主题，不要偏离要表达的主要意思。拨打电话的时间最好控制在3分钟以内，最长不超过 5 分钟。

（四）营销拜访礼仪

1. 拜访前的相邀礼仪

不论是因公还是因私拜访，都要事先与被访者进行联系。联系的内容主要有 4 点。

（1）自报家门（姓名、单位、职务）。

（2）询问被访者是否在单位（家），是否有时间或何时有时间。

（3）提出访问的内容以便对方有所准备。

（4）在对方同意的情况下定下具体拜访的时间、地点。注意要避开吃饭和休息，特别是午睡的时间。最后，向对方表示感谢。

2. 拜访中的举止礼仪

（1）要守时守约。

（2）讲究敲门的艺术。要用食指敲门，力度适中，间隔有序地敲三下，等待回音。如无应声，可稍加力度，再敲三下。如有应答声，应侧身立于右门框一侧，待门开时再向前迈半步，与主人相对。

（3）主人不让座不能随便坐下。如果主人是年长者或上级，主人不坐，自己不能先坐。主人让座之后，要称"谢谢"，然后采用规矩的礼仪坐姿坐下。主人递烟要双手接过并表示谢意。如果主人没有吸烟的习惯，要克制自己的烟瘾，尽量不吸，以示对主人习惯的尊重。主人献上果品，要等年长者或其他客人动手后，自己再取用。

（4）与主人谈话，语言要客气。

（5）谈话时间不宜过长。起身告辞时，要向主人表示"打扰"之歉意。出门后，回身主动伸手与主人握别，说："请留步。"待主人留步后，走几步，再回首挥手致意说"再见"。

三、培养良好的营销职业心态

市场营销职业道德是企业及营销人员在市场营销活动中所要遵循的道德规范的总和。

总之，道德是一个人的素质体现，而职业道德是企业以及营销人员的素质体现。为实现企业的健康发展，维护市场经济秩序的稳定，企业及营销人员必须严格遵守职业道德规范，协调并处理好道德和利益的关系，遵循诚信原则，展开公平竞争，实现互利共赢。

任务实施

1 分钟自我推销演练

■ **实训目标：**

通过 1 分钟自我推销演练，一是授课教师可以快速了解全班学生情况，以后可以有针对性地组织开展营销活动；二是学生加强了相互了解；三是学生可以锻炼上台发言的胆量和口头表达能力，而这种胆量和说话能力是他们今后从事推销工作所必不可少的。

■ **实训要求：**

教师请学生们精心写好 1 分钟自我推销介绍词，让学生然后利用课余时间，反复演练，达到内容熟练、神情自然后，再安排课堂时间让学生登上讲台进行 1 分钟自我推销演练。

（1）学生登上讲台自我推销介绍神态、举止。（55 分）

（其中声音大小 10 分、热情展现 7 分、面带微笑 10 分、站姿 8 分、肢体语言 5 分、语言表达 10 分、服装得体 5 分）

（2）自我推销介绍词内容新颖、独特，顺序自然。（35 分）

（3）时间掌控。（10 分）

■ **操作步骤：**

（1）学生上台问候。跑步上台站稳后先对所有人问好，然后再介绍。注意展现热情，面带微笑。

（2）学生正式内容演练，即自我推销介绍。注意音量、站姿、介绍顺序、肢体动作等。

（3）学生致谢回座。对所有人说谢谢后才能按老师的示意回到座位。

■ **实训报告：**

每个学生在本次实训后应独立撰写实训报告。实训报告的主要内容如下。

（1）实训名称、实训日期，班级、姓名，实训组别，同组同学姓名。

（2）实训目的。学生应简明概述本实训通过何种方法，训练了哪些技能，达到了什么目的。

（3）实训心得。学生总结分析实训中的收获及存在的问题，提出改进建议。

项目小结

1. 市场营销的核心思想是一种买卖双方互利的交换。市场营销包含需要欲望、需求、产品、价值、交换、交易关系等核心概念。

2. 市场营销观念是指导企业营销活动的基本思想、基本态度，是随着社会生产力水平的提高而发生变化的。从其演变过程来看，市场营销观念经历了生产观念、产品观念、推销观念、市场营销观念、社会营销观念的演变过程。市场营销创新集中体现于市场营销观念的创新，目前，整合营销、关系营销、新媒体营销是市场营销观念创新的重要组成部分。

3. 市场营销是 21 世纪的热门职业之一，经济越发展，营销越重要。目前我国市场营销职业人才正处于供需两旺阶段。市场营销职业领域遍及各行各业，市场营销专业学生的就业岗位群主要包括市场类、销售类、客服类及其他。

4. 市场营销活动必须讲求道德、承担责任。这是现代社会对企业的要求。所谓市场营销道德是指企业营销活动中所要遵循的道德规范的总和。其中守信、负责、公平是现代营销最主要的也是最基本的道德要求。

自我检测

一、选择题

1. 从现代营销学角度来看，"酒香不怕巷子深"是一种典型的（　　）。

　　A. 生产观念　　　B. 产品观念　　　C. 推销观念　　　D. 社会营销观念

2. 企业对可控的各种要素进行优化组合和综合运用，发挥整体优势，以获取更好的经济效益和社会效益属于（　　）。

　　A. 市场营销组合策略　　　　　　B. 促销组合策略

　　C. 产品组合策略　　　　　　　　D. 服务组合策略

3. 市场营销观念的中心是（　　）。

　　A. 推销已经生产出来的产品　　　B. 发现并设法满足消费者的需要

　　C. 制造质优价廉的产品　　　　　D. 制造大量产品并推销出去

4. 下列属于传统的市场营销观念行为有（　　）。

　　A. 等客上门　　　　　　　　　　B. 强行推销

　　C. 以顾客为中心　　　　　　　　D. 兼顾消费者、社会和企业的利益

5. 下列属于营销创新的有（　　）。

　　A. 微营销　　　　B. 口碑营销　　　C. 文化营销　　　D. 病毒营销

二、判断题

1. 现代营销学认为，市场营销活动最重要的部分不是推销。（　　）

2. 发现需要并设法满足它们是市场营销观念的中心内容。（　　）

3. "只要掌握祖传秘方，就可永远立于不败之地"是典型的生产观念。（　　）

4. 营销学中所说的市场就是有实际支付力的顾客。（　　）

5. 按现代营销观念，企业的营销活动应当在产品生产出来后和进入市场前开始。（　　）

三、简答题

1. 怎样理解市场营销的定义？

2. 新旧营销观念的区别有哪些？

3. 微营销在你的生活中产生了哪些影响？

模块二
分析市场营销机会

项目二
市场营销环境分析

项目导入

王斌应聘成功后进入到公司的营销工作岗位。部门经理为了让王斌尽快熟悉工作，交给他一项任务：公司打算研发一款新产品，王斌需要写一份针对新产品的市场营销环境分析报告。那么，市场营销环境分析工作应包括哪些内容？到底该怎样进行市场营销环境分析呢？

项目分析

市场营销环境是企业生存和发展的基础，一个成功的企业一定要善于洞悉市场环境的变化。市场营销环境分析包括两个方面：一是宏观环境；二是微观环境。这两类环境要素中，有些是企业不能控制的，企业可以能动地适应营销局面；有些是企业可以控制的，企业可以采取积极主动的态度，能动地改变营销局面。本项目主要介绍市场营销环境及其内容，以及SWOT分析法的运用。

学习目标

知识目标：

1. 了解市场营销环境分析的内容。
2. 熟悉宏观环境要素的含义及其包含的内容。
3. 熟悉微观环境要素的含义及其包含的内容。
4. 掌握SWOT分析法及实施步骤。

技能目标：

1. 能够结合具体企业，运用所学知识分析其所面临的市场宏观环境。

2. 能够结合具体企业，运用所学知识分析其所面临的市场微观环境。

3. 能够运用 SWOT 分析法，科学地进行市场营销环境分析，分析企业所面临的机会与威胁。

学习内容思维导图如图 2-1 所示。

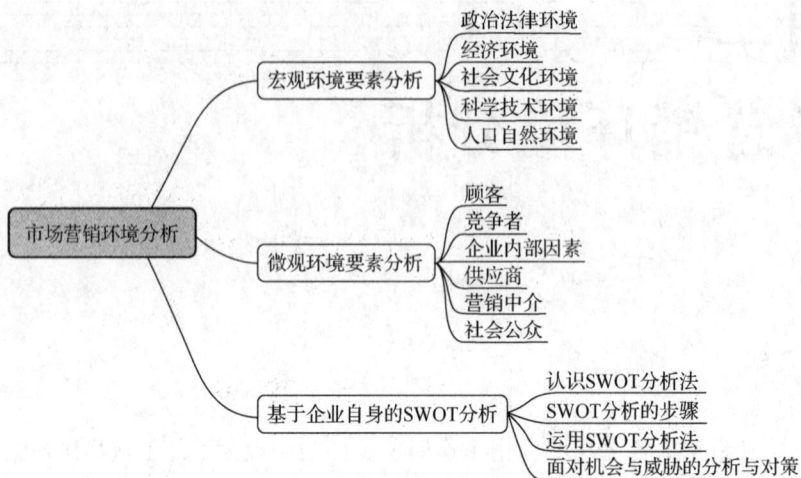

图 2-1　市场营销环境分析学习内容思维导图

任务一　宏观环境要素分析

任务描述

把握宏观环境的现状和变化趋势，充分利用有利于企业发展的机会，预先避开不利因素，这对于企业谋求生存和发展具有重要的意义。通过完成本任务，学生能够理解宏观环境各要素的含义，结合企业的实际情况进行分析判断，发现机会、减少风险，对企业的经营活动提出意见和建议。

相关知识

一、政治法律环境

政治法律环境是对企业经营活动起着间接影响作用的宏观影响因素之一。各国政府都会运用政府权力，采取某种措施限制约束或鼓励企业，所以企业总是在一定的政治和法律环境下运营的。政治环境是指国家的政治制度、政治倾向、政府的方针政策等。政治环境包括国内政治环境和国外政治环境两个方面。对于国内市场来说，国家政策的调整变化会引起人们价值观、生活方式的变化，进而直接影响到消费需求的变化。在国际市场上，从事营销工作必须研究东道国的社会性质、政治体制、经济政策，了解它们颁布的贸易法令、条例规章，分析研究进入该国市场的可能性和前景。同时还要考虑到各国的政治事件以及政治稳定性，为在国际市场上取得营销成功提供保障。

法律环境是指国家或地方政府所颁布的各种法规、法令和条例，它是企业经营活动的准则。企业必须遵守这些法律法规，在其允许的范围内开展经营活动。从事跨境业务的企业不仅要遵守本国的法律法规，还要遵守国外的法律法规和国际条约、惯例和准则。

二、经济环境

（一）消费者可支配收入

消费者的购买力受消费者的可支配收入及家庭收入的影响。消费者的收入并非全部用于购买商品。

1. 个人可支配收入

个人可支配收入指个人收入减去直接缴纳的各项税费后的余额。

2. 可任意支配收入

可任意支配收入指个人在可支配收入中扣除生活必需品开支后的剩余部分。可任意支配收入与同期的生活必需品的物价变化相关。大多数产品的市场需求是由可任意支配收入形成的。

3. 家庭收入

家庭收入的高低会影响很多产品的市场需求。家庭收入越高，对消费品需求越大，购买力越大；相反，收入越低，需求越小，购买力越小。

（二）消费支出模式

消费支出模式是消费者各种消费支出的比例关系。在收入一定的情况下，消费者会根据消费的急需程度，对消费项目进行排序，先满足排序在前的消费，比如衣、食、医疗是排在前面的消费；其次是住、行、教育类消费；最后是舒适型、提高型的消费，如保健、娱乐类消费等。

家庭收入增加时，用于购买食物的支出比例下降，而用于服装、交通保健、娱乐教育的支出比例上升，这一研究结论被称为恩格尔定律。恩格尔定律的具体运用，主要是通过计算恩格尔系数。恩格尔系数是食物支出总额占个人消费支出总额的比重。

$$恩格尔系数=食物支出/总支出×100\%$$

19世纪德国统计学家恩格尔参照统计资料，根据消费结构的变化得出一个规律：一个家庭收入越少，家庭收入中（或总支出中）用来购买食物的支出所占的比例就越大；随着家庭收入的增加，家庭收入中（或总支出中）用来购买食物的支出比例则会下降。推而广之，一个国家越穷，每个国民的平均收入中（或平均支出中）用于购买食物的支出所占比例就越大；随着国家的富裕，这个比例呈下降趋势。恩格尔系数是衡量一个国家（或地区）生活水平高低的重要参数。恩格尔系数越大，生活水平越低；恩格尔系数越小，生活水平越高。运用恩格尔系数评估国家、地区或家庭贫富状况的标准见表 2-1。

表 2-1　　　　　　　　　　　　　恩格尔系数与贫富标准

恩格尔系数	贫富标准
>60%	贫穷
50%~60%	温饱
40%~50%	小康
30%~40%	相对富裕
20%~30%	富裕
<20%	极其富裕

除上述以外，我们还要考虑消费者储蓄意识和消费的关系，储蓄额、储蓄增长率越大，消费总规模增长越缓慢。

（三）社会经济发展水平

在不同的经济发展阶段，居民的收入水平不同，消费者对产品的需求也不同。经济水平比较高的地区，消费者更关注产品的款式、性能、特色，所以品质竞争多于价格竞争。经济发展水平比较低的地区，消费者更关注产品的功能、实用性，所以价格竞争多于品质竞争。因此对于经济发展水平不同的地区，企业应采取不同的营销策略。

三、社会文化环境

（一）教育水平

一个国家（或地区）的教育水平与经济发展水平是正相关的。人们不同的教育水平表现出不同的审美观和购物方式。人们教育水平越高，对商品的鉴别能力越强，越容易接受广告宣传和新产品，购买理性程度越高。

人们受教育的程度也影响了广告的投放形式。在人们教育程度较低的地区，企业如果用文字形式做广告，则难以收到好的效果，而运用电视、广播或当场示范的表演形式，更容易被人们所接受。

企业在进行产品设计和制订产品策略时，应分析当地的教育水平，使产品的复杂程度、技术性能与之相适应。市场营销人员的受教育程度，也会对企业的市场营销产生一定的影响。

（二）宗教信仰

宗教信仰是影响人们消费行为的重要因素之一。某些国家（或地区）的宗教组织，对教徒的购买决策有重大影响作用。一种新产品的出现，宗教组织有时会提出限制和禁止使用的号召，认为该商品与宗教信仰相冲突。反之，宗教组织如果赞同和支持某些新产品，就会号召教徒购买使用，从而起到一种特殊的推广作用。因此企业可以把影响力大的宗教组织作为自己重要的公共关系对象，在营销活动中可以针对宗教组织设计方案，这样可以避免矛盾和冲突给企业营销活动带来的损失。

同步案例

可口可乐有一个广告，画面上将雅典神庙的四根神柱换成了可口可乐瓶，这则广告播出以后，引起了崇拜雅典神庙希腊人士的强烈抗议，最后广告不得不撤回。

请结合案例思考：

可口可乐的广告被撤回说明了什么？这对可口可乐在希腊的销售会产生什么影响？

（三）生活方式和风俗习惯

企业必须考虑和尊重目标市场的生活方式和风俗习惯，企业进入目标市场之前，必须认真研究当地的生活方式和风俗习惯，入乡随俗是企业做好市场营销的重要条件。如果不重视各个国家（或地区）、各个民族之间的风俗习惯差异，就可能会造成难以挽回的损失。

同步案例

某电器品牌的标志是两个小孩子。这个商标在法国很受欢迎，因为购买者主要是女性，她们觉得这个商标比较可爱；但是在中东地区，该商标却禁止出现，因为两个孩子没有穿上衣。

请结合案例思考：

为何同一个标志在不同地区效果却大相径庭？风俗习惯和生活习惯会给企业的营销活动带来什么影响？

（四）价值观念

价值观念指人们对事物的评价标准和崇尚风气。价值观念体现在不同的方面，如阶级观念、财富观念、创新观念、时间观念等，这些观念方面的差异造成了不同的营销环境。价值观念在很大程度上决定了人们的生活方式及消费行为，对企业营销活动影响深刻。对于不同的价值观念，营销人员应采取不同的策略：对于喜欢变化，富有冒险精神，激进的消费者，应重点强调产品的新颖和奇特；对于注重传统，喜欢沿袭传统的消费者，应重点强调产品的文化传承理念。

（五）审美观念

不同的审美观念对消费的影响是不同的。企业要把握好消费者的审美观念及其变化趋势，以适应市场需求的变化。

四、科学技术环境

科学技术环境指的是影响企业生产经营活动的外部科学技术因素。新的科研成果、新技术、新产品的研发日益受到企业的重视。一项新的科技成果的出现，可能给企业甚至是行业带来机会，也可能给企业带来威胁，甚至是灭顶之灾。

同步案例

某企业曾是世界上最大的影像产品生产和供应商。该企业早在 1975 年发明了数码相机，但由于担心胶卷销量受到影响，企业一直未敢大力发展数码业务。企业的高管无论如何也理解不了，这种只有 0.01 像素的低分辨率的数码相机将会以指数级的增长曲线跳跃式地增长。直到 2003 年，该企业才宣布全面进军数码产业，但当时其他竞争者已占据"数码影像"的龙头地位。此时，该企业早已丧失了占领"数码影像"的先机优势。

该企业在其鼎盛时期，拥有世界上最具创新性的研发部门，其拥有的专利就高达几千项，然而却没有很好地把创新转化成生产力和利润效益，反而被自己最先发明的数码相机所打败，这颇具讽刺意味。

请结合案例思考：

1. 结合本案例讨论，科学技术的进步对企业经营活动的影响作用都有哪些？

2. 企业如何面对科技进步对企业的影响？

五、人口自然环境

（一）人口环境

市场是由那些有购买欲望，同时又有购买力的人构成的。人口环境包括以下三个方面。

1. 人口规模

人口规模是影响基本生活消费品需求和基础教育需求的一个决定性因素。人口规模会对市场需求规模产生影响，城市人口多且密集，那么在城市经商就相对容易；郊区人口相对较少，那么在效区经商就相对困难。

2. 人口结构

人口结构包括性别结构、年龄结构、地区结构、民族结构、职业结构、受教育程度等。比如，在老龄化程度高的国家，保健用品、营养品等行业的市场将会比较繁荣。

3. 人口增长

人口增长情况主要是通过人口增长率来反映和衡量。人口增长率是指一个国家或地区人口出生率与死亡率之差，反映了一个国家或地区的人口增长速度。人口增长意味着市场的扩大及消费需求会不断增长，尤其会对基本生活资料和教育的需求量产生重要影响。目前，许多发展中国家人口呈持续增长趋势，而发达国家人口呈现负增长趋势。人口规模的变化会给企业带来机会，同时也会给一些企业带来威胁。

（二）自然环境

自然环境的变化与人类活动息息相关。这里的自然环境主要是指自然资源环境。自然资源的短缺以及环境污染的严重程度，对企业的生产经营活动影响越来越大。环保型企业、经营新能源产品的企业，将具有很大的发展空间。

任务实施

请你根据所学知识思考一下，在宏观市场营销环境影响下，美国特斯拉汽车品牌在华业务会如何发展？

■ **背景资料：**

2018年4月4日，国务院关税税则委员会正式宣布，拟对原产于美国的大豆、汽车、化工品等14类106项商品加征关税，中美贸易战似乎一触即发。受这一轮中美贸易摩擦影响，汽车行业首当其冲，包括通用、福特、特斯拉、克莱斯勒等进口车价格无疑将产生波动。美国产德系、日系部分进口车型也将"躺枪"，中国汽车业可能面临近年来最大的一次格局之变。

2018年7月，在全球禁售燃油车的风潮下，中国将在2035年全部停止燃油车销售。继汽车销售双积分政策之后，中国为电动汽车和插电式混合动力车设定了目标，到2025年这些汽车的销量至少占到其他汽车销量的五分之一，以减少空气污染并缩小国内汽车制造商与全球竞争对手之间的竞争差距。与此同时，中国政府已通过数十亿美元的研究补贴和对车主的奖励措施，来支持电动汽车发展。

■ **实训目标：**

学生能分析企业所处的宏观市场营销环境，判断对企业会形成什么影响。

■ **实训要求：**

组内成员分工明确，团队协作，准确分析问题，以书面形式提交分析报告。

■ **操作步骤：**

步骤1：教师将学生分成若干学习小组，布置实训任务，学生明确实训目的和实训要求。

步骤2：教师列出宏观市场营销环境各要素，为学生分析宏观市场营销环境做好充分准备。

步骤3：学生按照文中提供的材料，分析影响特斯拉品牌对我国销售的影响要素。

步骤4：教师汇总大家意见并点评。

■ **实训报告：**

学生以小组为单位提交实训报告，根据案例资料，找出影响该企业的宏观市场营销环境有哪些，并分析这些影响要素对企业发展的作用。

任务二 微观环境要素分析

任务描述

企业经营发展既要适应环境，也要适当地改变环境，才能在竞争中稳步发展。微观营销环境是与企业经营活动直接相关的各种环境因素的总和，包括顾客、竞争者、企业内部因素、供应商、营销中介等，这些因素都会影响企业为其目标市场服务的能力。通过完成本任务，学生能够理解微观环境各要素的含义，能结合企业的实际情况进行分析判断，为企业提供改变环境的建议。

相关知识

一、顾客

顾客是企业的衣食父母，是企业的服务对象，是产品的直接使用者。企业应重视顾客的需求，有效地向其提供产品和服务。一切的营销活动都应以顾客的需求为起点和核心。顾客市场包括以下 5 种类型。

（一）消费者市场

消费者市场由个人和家庭组成，他们购买产品和服务，仅用于自己消费。

（二）生产者市场

生产者市场由个人和企业组成，他们购买产品和服务，是为了进一步加工或生产其他产品及劳务，以赚取利润。

（三）政府市场

政府市场由政府、学校等非营利性机构组成，他们通过购买产品和服务来服务公众或作为救济转移支付，从而履行其政府职责或社会责任。

（四）中间商市场

中间商市场由批发商或零售商组成，他们购买商品和服务用于转售，以赚取利润。

（五）国际市场

国际市场由其他国家（或地区）的购买者组成，包括国外的消费者、国外的生产者、国外的经销商和国外的政府机构。

同步案例

在中国餐饮界，海底捞绝对算是一个传奇。从1994年成立之初到现在，它以独特的经营理念和服务迅速崛起，在全球开出上百家直营连锁店铺，创造出"夏天排队吃火锅"的奇观。海底捞顾客的服务体验从顾客一进门就开始，直至结账离开才结束，是一个贯穿始终的体验。从电梯口开始迎接，从进门到落座有人引导，全程有人在关注顾客是否需要服务，他们照顾到了每一位顾客的细微感受。为儿童提供免费的鸡蛋羹和小米粥、为等座的食客提供免费的零食及五子棋等娱乐安排的贴心服务，为顾客提供了极致的就餐享受。

请结合案例思考：

结合本案例讨论，海底捞成功之道是什么？

二、竞争者

在市场经济环境下，垄断是相对的，竞争是绝对的。一个行业只有一个企业，或者说一个企业能完全垄断的情况，这在现实中是不可能的，因此企业与同行之间的竞争是不可避免的。企业的经营活动总会受到其他企业的进攻或影响。竞争者分为4个层次，分别是：愿望竞争者、平行竞争者、产品形式竞争者及品牌竞争者。

（一）愿望竞争者

愿望竞争者指的是提供不同产品以满足不同需求的竞争者。消费者的愿望是多方面的，包括吃、穿、住、行以及社交、旅游、运动、娱乐等。假设某位消费者目前有购买一辆轿车、购买一套公寓和出国度假消费愿望，但其购买能力只能允许满足其中之一。这位消费者经过多方面考虑，最后决定购买轿车。购买决策实际上是经营者之间为争取消费者成为各自的顾客而进行竞争的结果。因此，企业可以把所有争取同一消费群体的其他企业都看作是竞争者。

（二）平行竞争者

平行竞争者是指提供满足同一种需求的不同产品的竞争者。火锅店、西餐厅、中餐馆都可以作为解决午餐需求的竞争者，他们互相之间也就成为各自的平行竞争者。

（三）产品形式竞争者

产品形式竞争者也称行业竞争者，是指生产同种产品，但提供不同规格、型号、款式的竞争者。由于这些形式不同的产品存在着差异，购买者会有所偏好和选择，因此这些产品的生产经营者之间便形成了竞争关系，他们互为产品形式竞争者。汽车有越野车、轿车、新能源汽车等类型，最终购买者购买了越野车，这实际上是产品形式竞争的结果。

（四）品牌竞争者

品牌竞争者是指在同类产品的不同品牌之间，在质量、特色、服务、外观等方面展开竞争的竞争者。当其他企业以相似的价格向同一顾客群提供类似产品与服务时，生产经营者可以将其视为竞争者。以共享单车行业为例，摩拜单车、ofo、永安行等品牌之间就互为品牌竞争者。

三、企业内部因素

企业内部因素来源于企业的市场营销管理部门及其他职能部门。营销部门必须与企业内其他职能部门默契配合、目标一致，从而使企业的营销决策和方案能够顺利实施。企业内部各部门的协同能力，影响和决定着企业为消费者提供商品和服务的能力和水平。

四、供应商

供应商是向企业及竞争者提供生产经营所需资源的企业或个人，它们对企业营销活动产生极其重要的影响。供应商采用的原材料数量和质量，将直接影响企业产品的数量和质量；供应商的原材料价格直接影响产品的成本、利润和价格。企业与供应商的关系既是一种合作关系，也是一种竞争关系。竞争关系主要表现在交易条件方面的竞争，而在这种竞争关系中，谁处于优势，谁处于劣势，要根据具体情况来看。比如连锁企业对销售渠道控制能力强，会要求供应商降低进货价格，对不知名产品增加进场费用，供应商只得被动接受，因此连锁企业相对于供应商更占优势。

同步案例

名创优品（MINISO）在成立的 3 年时间内，全球开店超过 1800 家，并以月均开店 60～80 家的速度持续发展中。预计 2020 年将在全球开店 6000 家。名创优品被无印良品、优衣库和屈臣氏等列为"全球最可怕的竞争对手"。生活百货零售行业经营的成功与否，其中一个很重要的因素便是供应链的运作效率与水平是否达标，是否能更有效地控制成本，使整体运作达到最优。对此，名创优品坚持从两方面着手，一方面，名创优品采用了国际知名大型零售商所推崇的"买断制"，让供应商无需担心货品的售卖问题，从根本上简化了企业的经营管理任务，减少了许多不必要的中间环节，大幅度降低了流通成本，实现了总量的持续增长；另一方面，为了减少流通环节，名创优品直接对接企业外部的供应商，加强对原料价格以及产品质量的把控，既实现了物流成本的节省，又有效地控制了商品的损耗率。鉴于品牌全球战略的实施，名创优品将供应链系统延伸至世界范围，它依靠先进的信息网络技术，实现了资源的有效配置，全方位地提高整个供应链的竞争力和运行效率，做到七天上一次新货的品牌策略，最大限度地满足消费者的个性需求。

请结合案例思考：

结合本案例分析，名创优品是如何与供应商协同合作的？

五、营销中介

营销中介是指协助本企业把产品销售给最终购买者的所有中介机构。营销中介分为以下4类。

（一）中间商

中间商包括批发商、代理商及零售商。中间商为企业产品搭建了从生产领域向消费领域的桥梁。中间商是进行产品销售和售后服务的执行者，企业一定要重视中间商的选择。

（二）实体分配公司

实体分配公司包括运输公司及仓储公司。实体分配公司负责进行产品的保管、储存和运输，不直接参与产品的经营。

（三）营销服务机构

营销服务机构包括广告公司、咨询公司及调研公司。这些公司帮助企业找到市场定位，打开市场，完成市场推广等一系列的营销活动。

（四）金融机构

金融机构包括银行、信托、保险等机构，是为企业提供信贷和资金融通的各类金融服务机构。企业与金融机构的良好合作，可以为企业的营销活动助力。

六、社会公众

社会公众是与企业完成营销目标有着实际或潜在利益关系和影响力的群体或个人，企业所面临的社会公众包括以下几类。

（一）媒体公众

媒体公众即报纸、杂志、广播、电视、微信、博客等具有广泛影响力的传统媒体及新媒体。

（二）社会公众

社会公众是指与其营销活动有关的社会组织，如消费者权益保护组织、环境保护组织及其他群众团体。社会公众的意见、建议对企业营销决策，有着十分重要的影响作用。

（三）政府公众

政府公众是指对企业生产经营活动负有服务、监管等职能的有关政府机构。

任务实施

■ **背景资料：**

VIPKID 是一家在线少儿英语教育公司，是全球增长速度最快的在线少儿英语教育品牌，专注于 4～12 岁儿童的在线英语教育。VIPKID 通过"一对一"在线视频的方式，将中国小朋友与北美老师连接起来，帮助小朋友有效学习和掌握英文。VIPKID 运用第二语言高效的教学方法——浸入式教学法，帮助小朋友快乐学习。

借助于强大的师资力量、标准的美国小学教材、生动有趣的课堂体验，VIPKID 让小朋友在家就可以快乐、高效地提升英语水平，接触优质的国际教育。

2018 年 2 月，VIPKID 入选快公司评出的"2018 年度全球 50 家最具创新力企业"，排名第 29 位。

2018 年 6 月，VIPKID 获得由全球知名投资管理机构 Coatue、腾讯公司、红杉资本中国基金、云锋基金携手领投的融资金额 5 亿美元。这也是迄今为止全球在线教育领域最大一笔融资，本轮融资后，VIPKID 估值已经超过 200 亿元。

截至目前，VIPKID 签约北美外教数量超过 6 万名，付费小学员突破 50 万人，每日课程超过 18 万节，每日上课总时长达 450 万分钟。

■ **实训目标：**

学生能够分析企业面临的微观市场营销环境要素，以及这些影响因素对企业经营发展的影响。

■ **实训要求：**

学生根据提供的资料，运用所学知识对 VIPKID 品牌的微观营销环境进行分析。

组内成员分工明确，团队协作，准确分析问题，以书面形式提交分析报告。

■ **操作步骤：**

（1）教师将学生分成若干学习小组，布置实训任务，学生明确实训目的和实训要求。

（2）学生列出微观市场营销环境各要素，为分析微观市场营销环境做好充分准备。

（3）学生按照文中提供的材料并搜集信息，列举影响 VIPKID 品牌的微观市场营销环境各要素。

（4）教师汇总大家意见，并点评。

■ **实训报告：**

学生以小组为单位提交实训报告，根据案例资料及搜集的资料，列举影响该企业的微观市场营销环境有哪些，并分析这些影响要素对企业发展的作用。

任务三　基于企业自身的 SWOT 分析

任务描述

市场营销环境的客观性、多变性和复杂性，决定了企业应当主动地适应环境、利用环境，并结合宏观、微观市场营销环境的分析和判断，找出由于环境变化而形成的市场机会和威胁。营销人员应帮助企业利用营销机会，使企业的经营管理与市场营销环境的发展变化相适应，尽可能减少威胁带来的损失，以获得利益的最大化。

相关知识

一、认识 SWOT 分析法

SWOT 分析法是对市场营销环境进行分析中最常用的方法之一。SWOT 是 4 个英语单词的第 1 个字母的缩写，分别是 Strengths（优势）、Weaknesses（劣势）、Opportunities（机会）和 Threats（威胁）。SWOT 分析法实际上是将企业内外部条件各方面的内容进行综合和概括，进而分析企业的优劣势、面临的机会和威胁的一种方法。

（一）优势（Strengths）

优势是指相对于竞争对手而言所具有的如科学技术、产品质量、资金实力、企业形象以及其他特殊的实力。

（二）劣势（Weaknesses）

劣势是指影响企业经营效益的不利因素和特征，如设备陈旧、管理不善、研发落后、销售渠道不畅。

（三）机会（Opportunities）

机会即外部环境变化趋势中，对本企业营销积极的、正向的方面，如新产品、新市场、新需求、外国市场壁垒解除、竞争对手失误等。

同步案例

比亚迪原本主要生产电池及电子触控屏等产品。2003 年在电池领域做出成绩之后，比亚迪正式收购了彼时的西安秦川汽车有限责任公司，创立比亚迪的第二大产业——汽车。仅仅时隔一年后的北京车展上，比亚迪就推出了第一款纯电动汽车。目前比亚迪已经成为了为数不多的掌握电动车核心技术的车企之一，在世界新能源汽车市场上名列前茅。

请结合案例思考：

比亚迪品牌是如何在世界新能源汽车市场上名列前茅的？

（四）威胁（Threats）

威胁即外部环境变化趋势中，对本企业营销不利的方面。比如新的竞争对手的出现、替代产品增多、市场紧缩、行业政策变化、经济衰退、客户偏好改变、突发事件等。

SWOT分析的意义在于扬长避短，趋利避害，为企业营销决策提供有价值的逻辑分析，帮助企业认识到自身的优势和劣势，让企业了解到外部环境中潜藏的机会和威胁。SWOT分析模型见表2-2。

表2-2　　　　　　　　　　　SWOT分析模型

	优势（S）	劣势（W）
机会（O）	发挥优势，利用机会	利用机会，克服劣势
威胁（T）	发挥优势，避免风险	克服劣势，避免风险

某餐饮企业的SWOT分析见表2-3。

表2-3　　　　　　　　　　某餐饮企业的SWOT分析

	机会	威胁
外部因素	1. 餐饮市场需求潜力大 2. 新式中餐发展前景好 3. 政府给予企业一定的扶持政策	1. 餐饮行业竞争激烈 2. 餐饮市场趋于饱和
	企业优势	企业劣势
内部因素	1. 企业管理能力强 2. 食品研发能力强 3. 店面环境设计新颖	1. 新创立的品牌，没有市场知名度 2. 资金不足

做中学

请运用SWOT分析法对自身情况进行分析，并据此拟定一份未来人生发展的计划。

二、SWOT分析的步骤

（一）搜集信息

搜集信息主要是运用各种调查研究方法，列举出企业所处的各种环境因素，即外部环境因素和内部环境因素。外部环境因素包括机会因素和威胁因素，它们是外部环境对企业的发展有直接影响的有利和不利因素，属于客观因素；内部环境因素包括优势因素和劣势因素，它们是企业在发展中自身存在的积极和消极因素，属于主动因素。

（二）整理和分析信息

企业将搜集到的信息，分类纳入宏观环境和微观环境后，再分析信息的含义，看其是否表明企业面临着机会或遭遇威胁，是否反映了企业的优势和劣势。

（三）构造 SWOT 矩阵

企业将调查得出的各种因素根据轻重缓急或影响程度进行排序，将那些对企业发展有直接的、重要的、大量的、迫切的、久远的影响因素优先排列出来，而将那些间接的、次要的、少许的、不急的、短暂的影响因素排列在后面，构造 SWOT 矩阵。

（四）制订行动计划

企业制订计划的基本思路是：发挥优势因素，克服弱点因素，利用机会因素，化解威胁因素；考虑过去，立足当前，着眼未来。运用系统分析的综合分析方法，将排列与考虑的各种环境因素相互匹配起来加以组合，得出一系列企业未来发展的可选择对策。

三、运用 SWOT 分析法

（一）优势与劣势分析

由于企业是一个整体，所以进行优劣势分析时必须从整个价值链的每个环节上，将企业与竞争对手做详细的对比。如产品是否新颖，制造工艺是否复杂，销售渠道是否畅通，以及价格是否具有竞争性等。如果一个企业在某一方面或几个方面的优势正是该行业企业应具备的关键成功要素，那么，该企业的综合竞争优势也许就强一些。需要指出的是，衡量一个企业及其产品是否具有竞争优势，只能站在现有潜在用户的角度上，而不是站在企业的角度上。

（二）机会与威胁分析

企业所处的市场营销环境中，对企业面临的威胁和机会是并存的。威胁中有机会，机会中也有挑战。在一定条件下，威胁和机会可以相互转化，我们可以利用"威胁—机会矩阵"进行综合分析和评价，见图 2-2。

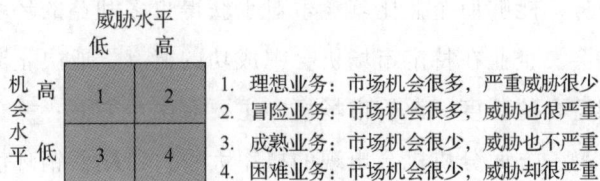

图 2-2　"威胁—机会矩阵"

四、面对机会与威胁的分析与对策

（一）市场营销环境威胁的分析

市场营销环境威胁是指由于环境的变化对企业营销活动的冲击和挑战。其中有些冲击和影响是共性的，有些冲击和影响对不同的产业影响的程度不同。即使是同处一个行业、同一个环境，由于不同的抗风险能力，企业所受的影响也不同。研究市场营销环境对企业的威胁，一般分析两方面的内容：分析威胁对企业影响的严重性；分析威胁出现的可能性。市场营销环境威胁分析矩阵图如图 2-3 所示。

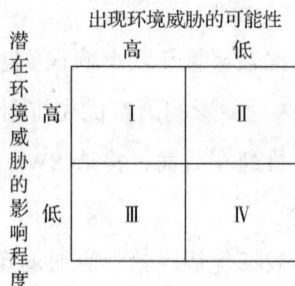

出现环境威胁的可能性

	高	低
高	Ⅰ	Ⅱ
低	Ⅲ	Ⅳ

潜在环境威胁的影响程度

图 2-3　市场营销环境威胁分析矩阵

第Ⅰ象限区内，环境威胁严重性高，出现的概率也高，表明企业面临着严重的环境危机，企业应处于高度戒备状态，应积极采取相应的对策，避免威胁造成严重的损失。

第Ⅱ象限区内，环境威胁严重性高，但出现的概率低，企业不可忽视，但应必须密切注意其发展方向，也应制订相应的措施，力争避免威胁的危害。

第Ⅲ象限区内，环境威胁严重性低，但出现的概率高，虽然企业面临的威胁不大，但是，由于出现的可能性大，企业也必须充分重视。

第Ⅳ象限区内，环境威胁严重性低，出现的概率也低，在这种情况下，企业不必担心，但应该注意其发展动向。

（二）市场营销环境机会的分析

市场营销环境机会是指由于环境变化形成的对企业营销管理富有吸引力的领域。在该市场领域里，企业将拥有竞争优势，可以将市场机会转为营销机会，利用营销机会获得营销成功。市场营销环境机会并不等于每一个企业的营销机会，应与企业的经营实力相一致，才有利于发挥企业优势，能够使企业比其竞争对手获得更多利益的环境机会，才是对企业富有吸引力的营销机会。企业在特定市场机会中成功的概率，取决于其经营实力同市场客观需要的成功条件相符合的程度。评价市场机会主要有两个方面：一方面分析机会给企业带来成功的可能性；另一方面分析机会出现的概率大小。市场营销环境机会分析矩阵图如图 2-4 所示。

第Ⅰ象限内，是最好的机会，企业必须高度重视，因为它的潜在吸引力和成功的可能性都很大。

第Ⅱ象限和第Ⅲ象限，不是企业的主要市场机会，但也是企业不容忽视的。第Ⅱ象限出现成功的可能性低，但其潜在吸引力很大；第Ⅲ象限潜在吸引力小，但出现成功的可能性却很大，因此，企业必须根据第Ⅱ象限和第Ⅲ象限的特点，制订相应对策。

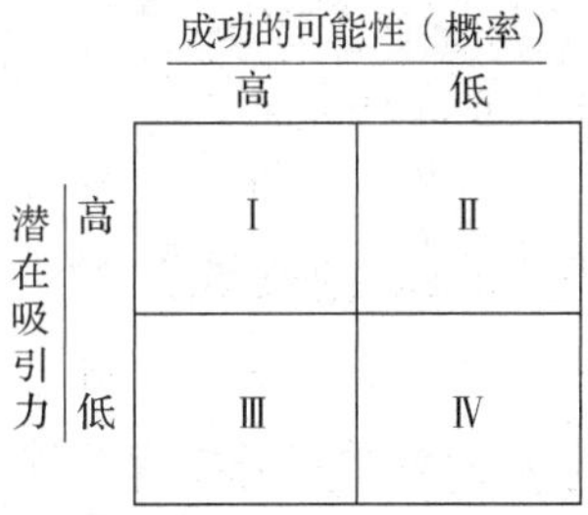

成功的可能性（概率）

图 2-4　市场营销环境机会分析矩阵

第Ⅳ象限区内，市场机会、潜在吸引力和成功出现的可能性都很小，要关注它的发展变化。

任务实施

■ **背景资料：**

小米公司正式成立于 2010 年 4 月，是一家专注于高端智能手机自主研发的移动互联网公司。小米手机、MIU1、米聊是小米公司旗下三大核心业务。"为发烧而生"是小米的产品理念。小米公司首创了用互联网模式开发手机操作系统、60 万发烧友参与开发改进的模式。

小米人主要由来自微软、谷歌、金山、MOTO 等国内外 IT 公司的资深员工组成，小米人都喜欢创新、快速的互联网文化，拒绝平庸。在小米团队中，没有冗长的会议和流程，每一位小米人都在平等、轻松的伙伴式工作氛围中享受与技术、产品、设计等各领域与顶尖人才共同创业成长的快乐。

根据市场研究机构 Strategy Analytics 数据，如果粗略估算，按出货量比例，三星在中国出货量约为小米的 4 倍，而一台小米手机的用户上网活跃程度相当于两台三星手机的用户上网活跃度。从侧面分析，如果加大出货量，小米在互联网活跃总额度有望超过三星。

如今国外巨头苹果和三星在华市场表现持续疲软，国内厂商持续追赶，vivo 在快充、双摄像头和全面屏等热点功能上均有强大的技术保证。vivo2017 年上半年的销量增长达到 20% 左右，在销量表现上小米是不会对 vivo 构成威胁的，而在线下渠道上 vivo 则实现了对小米的碾压，不管是门店数量还是覆盖城市范围，都大幅领先于小米，线下市场的强大也为 vivo 带来可观的销量。分析人士认为在技术优势下，vivo 只要在保证产品质量的同时继续创新，那么优势局面将会一直延续。

华为在 2016 年全年出货量 1.35 亿台，2017 年全年出货量达到了 1.53 亿台，同比增长 13%。OPPO 在 2016 年全年出货量 9500 万台，2017 年全年出货量达到了 1.2 亿台，同比增长 26%。vivo 在 2016 年全年出货量 8200 万台，2017 年全年出货量达到了 9800 万台，同比增长 20%。小米在 2016 年全年出货量 5800 万台，2017 年全年出货量达到了 9200 万台，同比增长 59%。国产手机风头最盛的，当属华为、OPPO、小米、vivo，4 家厂商在 2017 年的全年手机出货量全部超越了 2016 年。

■ **实训目标：**

学生正确认识市场营销环境分析方法，并能运用 SWOT 分析法对营销环境进行分析。

■ **实训要求：**

学生运用 SWOT 分析法对小米公司对营销环境进行综合分析。

组内成员分工明确，团队协作，准确分析问题，以书面形式提交分析报告。

■ **操作步骤：**

（1）教师将学生分成若干学习小组，教师布置实训任务，学生明确实训目的和实训要求。

（2）学生运用 SWOT 分析法进行环境分析。对该企业市场营销环境进行分析，找出企业优势、劣势，发现面临的机会、威胁。

（3）学生完成营销环境分析报告，报告内容包括：企业的优势和劣势分析、机会和威胁，以及各因素出现概率和影响程度等，绘制 SWOT 矩阵。

（4）教师检查学生的完成情况，提出指导和建议。

（5）教汇总大家意见并点评。

■ **实训报告：**

学生以小组为单位提交实训报告，要求分析该企业所面临的营销环境因素，构造 SWOT 矩阵。

项目小结

营销人员在营销活动中必须对所处的营销环境有着清晰的认识，并有对环境敏锐的洞察力和良好的适应能力，更要有在营销环境变化中捕捉商机的能力。

市场营销环境是指对企业经营活动有直接或间接影响的各种因素的总称，主要分为宏观环境和微观环境。市场营销宏观环境是指给企业带来市场机会和环境威胁的不可控制的主要社会力量；市场营销微观环境是指与企业营销活动直接发生联系，直接影响企业为目标市场提供服务的能力和效率的各种参与者。在分析市场营销宏观环境要素和微观环境要素的基础之上，营销人员可以通过 SWOT 分析方法，对市场营销环境进行综合分析，通过分析找出环境变化带给企业的营销机会，避免环境变化给企业带来威胁，采取相应措施，扬长避短。

自我检测

一、判断题

1. 市场营销宏观环境是可控因素。（　　　）

2. 任何的市场营销活动都不可能脱离环境而独立地存在，某一环境因素的变化会引起

其他因素的相应变化。（　　　）

3. 市场营销微观环境与宏观环境是一种并列关系，各自独立地影响企业的营销活动。
（　　　）

4. 市场营销微观环境涉及很多相关企业和部门，所以它是不可控的。（　　　）

5. 机会是企业的内部因素，具体包括宏观环境变化、新产品、新市场、新需求，竞争
对手失误等。（　　　）

6. 威胁是企业的外部因素，具体包括新竞争对手的出现、替代产品增多、市场紧缩、
行业政策变化快、经济衰退等。（　　　）

二、选择题

1. 企业市场营销中的宏观环境要素包括（　　　）。

　　A. 企业的竞争者　　B. 社会公众　　　　C. 科学技术环境　　D. 市场营销渠道

2. 在经济不发达地区，消费者往往更看重产品的（　　　）。

　　A. 品牌　　　　　　B. 价格　　　　　　C. 服务　　　　　　D. 品质

3. 某地区居民恩格尔系数小，则表明该地区（　　　）。

　　A. 富裕　　　　　　B. 贫穷　　　　　　C. 开放　　　　　　D. 闭塞

4. 下列不属于市场营销微观环境的要素是（　　　）。

　　A. 企业的竞争者　　B. 社会公众　　　　C. 经济环境　　　　D. 供应商

5. 企业的营销中介包括（　　　）。

　　A. 企业内部的市场部　　　　　　　　　B. 金融机构

　　C. 企业的消费者　　　　　　　　　　　D. 供应商

6. 采用 SWOT 分析方法，对企业内外部环境进行综合分析，其中 W 表示（　　　）。

　　A. 机会　　　　　　B. 劣势　　　　　　C. 威胁　　　　　　D. 优势

7. 采用 SWOT 分析方法，对企业内外部环境进行综合分析，其中 O 表示（　　　）。

　　A. 机会　　　　　　B. 劣势　　　　　　C. 威胁　　　　　　D. 优势

三、思考题

1. 影响企业营销活动的市场营销环境要素有哪些？

2. 宏观营销环境的构成要素有哪些？

3. 微观营销环境的构成要素有哪些？

4. 当今人工智能技术的运用给我国企业带来哪些威胁和机会？

5. 简述 SWOT 分析法。

项目三
市场购买行为分析

项目导入

通过一段时间的工作和学习，王斌已经逐步适应了工作。公司决定派他去 A 公司推销一款本公司的新产品。他需要做好什么准备工作才能说服 A 公司购买其产品呢？

项目分析

市场购买行为分析是市场营销管理的重要一环，企业产品除了应当适应宏观环境和微观环境外，还需要对购买者的心理和行为进行研究分析。营销人员非常有必要对企业目标市场的购买者进行购买行为分析。本项目主要介绍消费者市场、生产者市场和中间商市场，以及各类市场购买者的主体构成、购买行为的特点、购买过程。

学习目标

知识目标：

1. 了解消费者市场、生产者市场、中间商市场的含义和特点。

2. 了解消费者市场、生产者市场、中间商市场中购买者的购买决策过程。

3. 掌握购买行为的参与者及其作用。

技能目标：

1. 学会区分消费者市场、生产者市场和中间商市场的不同之处，培养市场分析能力。

2. 能够描述出消费者市场、生产者市场和中间商市场的购买决策过程。

学习内容思维导图如图 3-1 所示。

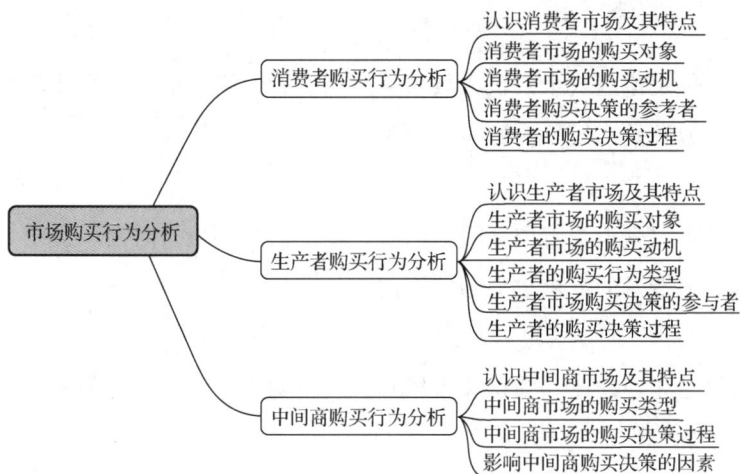

图 3-1　市场购买行为分析学习内容思维导图

任务一　消费者购买行为分析

任务描述

市场营销人员必须了解目标消费者的欲望、观念、喜好和购买行为，并进行有效沟通，才能满足目标消费者的需求。通过学习，学生可以了解消费者的购买行为模式和购买决策过程，在今后工作中能充分了解消费者，影响消费者的购买行为。

相关知识

一、认识消费者市场及其特点

（一）认识消费者市场

消费者市场是指为满足个人或家庭生活消费需要而购买商品、服务、劳务所构成的市场。消费者市场相对于生产者市场、中间商市场而言，购买金额小，购买量少，但却是商品的最终归宿。所以消费者市场是一切市场的基础，企业应适应消费者的需求来生产商品，满足人们的生活需求，才能在竞争中占据优势。

（二）消费者市场的特点

1. 差异性

消费者由于具有不同的性别、年龄、性格、民族、收入、职业、生活习惯、文化水平，因此消费者对同一服务或产品的需求，往往具有不同的兴趣和偏好。

2．分散性

由于购买的单位是家庭或个人，人数众多，消费者的购买活动呈现分散性、小型化的特点，消费者购买次数频繁，但每次购买量较少。

3．多变性

消费者的需求不仅受消费者内在因素的影响，也会受环境、时尚、价值观等外在因素的影响。时代不同，消费者的需求也会随之不同。

4．非专家性

消费者大多缺乏相应的产品知识和市场知识，在购买过程中，容易受广告宣传、产品包装和服务态度的影响。

---

⑤ 同步案例

同样产品的"冰火两重天"

一家公司先将某汉堡快餐店投入北京市场进行试水，××汉堡快餐店迅速在北京市场上销售火爆。看到取得的骄人业绩，该公司决定将业务发展到天津、上海、广州、重庆等其他大型城市。不同于北京市场的销售火爆局面，汉堡快餐店却在其他城市表现平平，甚至在江浙地区生意惨淡。

经调查发现，店里的汉堡以猪肉、牛肉为主要馅料，口味不适合喜欢清淡饮食的江浙地区的消费者；在广东地区的消费者有吃早茶的习惯，人们在吃早茶的同时聊天、看报。汉堡快餐店内的餐桌和餐椅设计相对较小，快节奏的用餐特点及不舒适的就餐环境成为广东地区消费者不选择××汉堡快餐店的理由。

请结合案例思考：

1．结合本案例讨论汉堡快餐店为什么在南方市场生意惨淡？

2．如果你是汉堡快餐店的经营者，是否有必要做出相应的调整？你怎样做才能赢得消费者的青睐？

二、消费者市场的购买对象

消费者市场的购买对象是多种多样的。按照消费者的购买习惯进行分类，可以把消费品分为便利品、选购品、特殊品、非渴求品。

（一）便利品

便利品又称日用品，是指消费者日常生活中需要重复购买的商品，比如洗衣粉、饮料、食品。消费者对这类商品比较熟悉，有一定的商品知识，在购买时不愿花很多时间比较价格和质量，愿意接受其他任何代用品。因此便利品的生产者应注意分销的广泛性和经销网点的合理分布，以便消费者能够及时就近购买。

（二）选购品

选购品的价格比便利品要高，是消费者购买时愿意花较多的时间在了解和比较后才决定购买的商品，如服装、家具等。消费者在购买前，会对同一类型的产品从价格、款式、质量等方面加以比较。选购品的生产者应将销售网点设在同类产品销售点相对集中的地区，以便顾客进行比较和选择。

（三）特殊品

特殊品是指具有独特的品质、风格、造型、工艺等特征，消费者对其有特殊偏好并愿意花较多时间去选择购买的商品。特殊品的一般特点如下。

（1）消费者在购买前对这些商品有了一定的认识，有偏爱特定的品牌。

（2）大部分消费者不愿接受其他代用品。

（3）价格比较高，使用时间长，愿意花更多的时间和精力去选购。

特殊品的生产者应加强广告宣传，提升产品的知名度，注重打造名牌产品，做好售后服务，以赢得消费者的青睐。特殊品的生产者可以通过建立专营店、专卖店的形式更好地把控产品形象和服务。

（四）非渴求品

非渴求品是指消费者不熟悉，或虽然熟悉但不感兴趣，不主动寻求购买的产品，如保险、墓地、专业性很强的书籍等。针对非渴求品的特性，企业应加大广告宣传的力度、利用推销人员加强营销。

三、消费者市场的购买动机

（一）认识消费者的购买动机

消费者行为受消费动机支配，而动机又是由需要产生的。因此，学习消费心理学、行为科学，研究消费者的需要、动机和行为，是每个营销人员在竞争中取胜的必修之课。

马斯洛的动机形成理论是著名的行为理论之一。马斯洛是美国著名心理学家，他在1954年发表的代表作《动机与个性》里提出了这个理论。这个理论的基本观点是：人是有需要和欲望的，随时有待于满足；需要的是什么，要看已满足的是什么，已满足的需要不会形成动机，只有未满足的需要才会形成动机。

人的需要从低级到高级是具有不同层次的，只有当低级的需要得到相对满足时，高一级的需要才会起主导作用，成为支配人行为的动机。一般来说，需要强度的大小和需要层次的高低成反比，即需要层次越低，需要的强度越大。马斯洛依需要强度的顺序，把人的需要分为5个层次，分别为：生理的需要、安全的需要、社会交往的需要、尊重的需要和自我实现的需要，如图3-2所示。但这种结构不是刚性的，有的人情况特殊，需要层次的顺序不同或无高层次的需要。

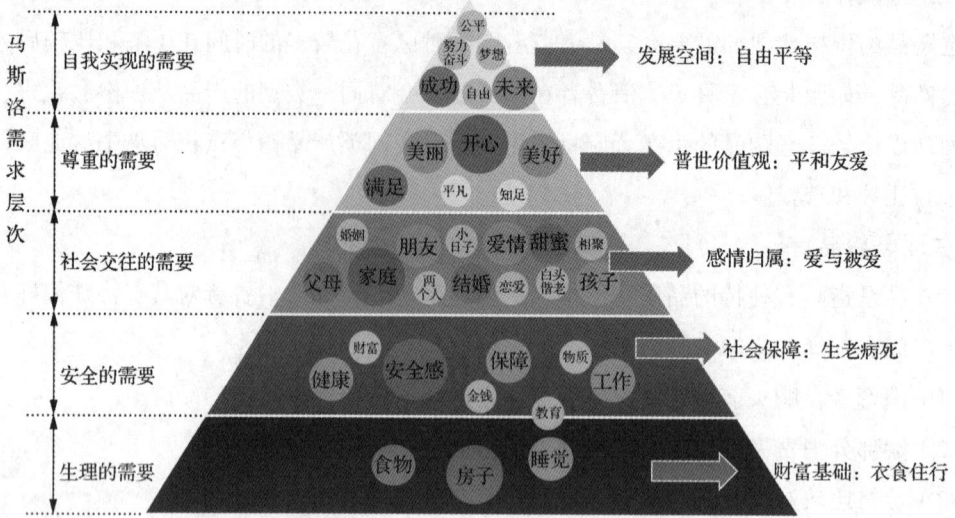

注：圆圈的大小表示提及次数的多少

图 3-2　马斯洛提出的需要层次

1. 生理的需要

人的生理需要是最低限度的基本需要，如衣、食、住、行等方面的需要。

2. 安全的需要

安全的需要包括对人身安全、生活稳定以及免遭痛苦、威胁或疾病等方面的需要。

3. 社会交往的需要

人们在社会生活中往往很重视人与人之间的交往，希望成为某一团体或组织有形或无形的成员，得到人们的尊重、友谊和爱情等。

4. 尊重的需要

人具有自尊心和荣誉感，希望有一定的社会地位和自我表现的机会，得到社会的尊重和承认，使自尊心得以满足。这是比较高层次的需要，只有当前几种需要得到一定满足时才会产生。

5. 自我实现的需要

自我实现的需要是最高层次的需要，如对获得成就、发挥自我潜能、追求理想的需要等。

内在需要是消费者产生购买动机的根本原因。外界刺激因素，包括商品实体和促销服务的刺激（如商品的优良品质、美观新颖的造型、精致漂亮的包装、合理实惠的价格以及生动活泼的广告宣传和热情周到的服务）都是激发消费者购买动机的重要原因。

（二）消费者购买动机的类型

购买动机是由需要产生的，人的需要多种多样，动机也就有各种各样。消费者的需要大致可以分为生理需要和心理需要两大类，购买动机也可分以为生理性动机和心理性动机两大类。一般来说，生理性动机比较明显与稳定，具有普遍性与主导性。生理性动机虽然是引起购买行为的重要因素，但也往往混合着其他非生理性动机，如表现欲、享受欲、审美欲等。心理性动机比生理性动机更为复杂，当经济社会发展到一定水平时，心理性动机通常在消费者行为中占据重要地位。心理性动机一般可以分为求实动机、求新动机、求美动机和求名动机四种。

1. 求实动机

求实动机是消费者以追求商品或服务使用价值为主导倾向的购买动机。这类消费者追求商品的品质，注重产品的性能和耐用性，一般中年人和家庭主妇大多具有这种购买动机。

2. 求新动机

求新动机是消费者以追求商品或服务的时尚、新颖、奇特为主导倾向的购买动机。在这种动机的支配下，消费者选择商品时特别注重商品的款式、流行性、独特性和新颖性，而产品的耐用性则成为次要考虑的因素。一般女性消费者、青年人或是性格活泼、思想活跃的消费者大多具有这种购买动机。

3. 求美动机

求美动机是消费者以追求商品欣赏价值和艺术价值为主要倾向的购买动机。在这种动机的支配下，消费者选购商品时特别讲究商品的造型美、装潢美和艺术美。求美动机的核心是讲求赏心悦目，注重商品的美化作用和美化效果，它在受教育程度较高的群体以及从事文化、艺术工作的人群中比较常见。

4. 求名动机

求名动机是消费者以追求名牌、高档商品，借以显示或提高自己的身份、地位而形成的购买动机。这在一些高收入阶层、学生和虚荣心强的"月光族"群体中比较常见。

做中学

小王同学周末去购物，他先是买了一台笔记本电脑，这台笔记本电脑设计新颖、外型时尚，并且是小王喜爱的品牌。小王在专卖店听完介绍后就决定购买了。小王途中口渴买了一瓶矿泉水。最后小王来到书店挑选了一本讲解网页制作的书籍，希望自己能利用业余时间进行充电，在工作中表现更出色。请分析小王买的这3件商品的类型及他的购买动机是什么。操作记录填入表3-1消费者购买动机分析表中。

表3-1　　　　　　　　　　消费者购买动机分析

物品	消费品类型	购买动机

四、消费者购买决策的参与者

分析了消费者购买的对象和购买的动机之后，我们还需要研究消费者做出购买决策的参与者。同一个消费者在不同的购买行为中会以不同的角色参与购买。界定消费者角色是有效地制订营销策略的基础，无论是商品研制者、生产者，还是销售者，都必须具体地、有针对性地为不同消费角色制订产品与服务方案。区分消费者角色是一项重要的营销活动。

一般来说，识别购买者是相当容易的。例如，啤酒通常为男士购买，化妆品通常为女士购买。然而，很多产品购买决策往往由多人参与。

（一）发起者

发起者是指首先提出或有意向购买某一产品或服务的人。发起者是倡导别人进行消费的角色。

（二）影响者

影响者是指其看法或建议对最终决策具有影响力的人，包括家庭成员、邻居、同事、购物场所的售货员、广告模特、消费者喜欢的明星，甚至素昧平生、萍水相逢的路人等。

（三）决策者

决策者是指在是否买、如何买、哪里买等购买决策中，做出完全或部分最后决定的人。

（四）购买者

购买者是指具体执行购买的人。

（五）使用者

使用者是指最终使用、消费该商品并得到商品使用价值的人。

以一家人选购计算机为例：孩子提议家里购置一台计算机，同事推荐了某个品牌，妻子提出了购买计算机的颜色，丈夫决定在专卖店购买，然后丈夫在周末买了回来，全家共同使用。在此购买决策过程中，孩子扮演了发起者的角色；同事扮演了影响者的角色；丈夫与妻子共同扮演了决策者的角色；丈夫扮演了购买者的角色；全家人扮演了使用者的角色。

五、消费者的购买决策过程

消费者在各种因素影响下形成购买动机，产生购买行为。消费者做出购买决策并非一种偶然发生的孤立现象。购买者在实际购买商品之前，必然会有一系列的活动，购买之后还会产生购买后的感受，购买者的完整决策过程是以购买为中心，包括购前购后一系列活动在内的复杂的行为过程。消费者的购买决策过程可以分成以下 5 个阶段，如图 3-3 所示。

（一）认识需要

当消费者意识到对某种商品有需要时，这就意味着消费者的购买行为开始了。这种需要可以是消费者内在的心理活动引起的，比如高兴时产生买香槟酒庆祝的需要；也可以是受到外界的某种刺激引起的，比如炎热时产生购买空调的需要；或者是内外两方面因素共同作用的结果。营销人员要有目的地采取某种方法唤起消费者的需要。

图 3-3　消费者的购买决策过程

（二）收集信息

当消费者认识到自己的需要后，便会开始进行与购买相关联的活动。对于反复购买的商品，消费者会跳过收集信息阶段直接实施购买活动，比如购买日用品；对于非反复购买的产品，消费者会收集信息资料，寻求满足其消费需要的最佳目标。

收集信息的来源主要有以下 4 个方面。

（1）个人来源：如亲友、邻居、同事等熟人介绍；

（2）商业来源：如广告、销售人员、店面陈列、商品外包装等；

（3）公共来源：如互联网、大众媒体、消费者评论等；

（4）经验来源：如使用过该产品的人。

消费者搜集信息的快慢取决于以下因素：商品需要的迫切程度、对商品的了解程度、错选信息承担风险的大小、信息资料取得的难易程度等。

（三）评估比较

当消费者收集到各种信息后，由于信息可能是重复的，甚至是矛盾的，因此需要消费者进行分析、评估和比较，这是消费者决策过程中的决定性一环。例如某个消费者需要购买冰箱，他收集了有关资料后开始比较各品牌特点：A 品牌价廉、省电，但功能略少；B 品牌质量好、结实耐用，但是价高、费电。两个品牌各有利弊，消费者需要权衡利弊后方能做出购买决定。

营销人员在此环节需要得注意以下几点。

（1）产品性能是购买者所考虑的首要问题；

（2）不同消费者对产品的各种性能给予的重视程度不同或评估标准不同；

（3）多数消费者的评选过程是将实际产品同自己理想中的产品进行比较。

（四）购买决定

购买决定是消费者购买决策过程的中心一环。消费者的购买决定是对许多因素的总抉择，包括购买的品牌、型号、数量、购买时机、购买价格、付款方式等。

当消费者对商品信息进行比较和评估后就会形成购买意愿，然而从购买意愿到购买决定，还会受到以下两个因素的影响。

1. 他人的态度

消费者的购买意图会因他人的态度而增强或减弱。反对意见者与消费者的关系越密切，修改购买意图的可能性就越大。例如，某人已准备购买某款汽车，但家人及朋友都持反对意见，这很可能会改变其购买意图。

2. 意外的情况

购买意图是在预期家庭收入、预期价格和预期获益的基础上形成的。若发生了意外的情况，如失业、意外急需、产品涨价、产品负面新闻都可能导致购买意图的改变。

（五）购后评价

购后评价是消费者对已购商品通过自用或他人评价，来评估购买商品的选择是否正确，是否符合理想等，是对满足预期需要的反馈。购后评价一般表现为满意、基本满意和不满意三种情况。购后评价会影响到消费者是否重复购买，并将影响他人的购买，这对企业信誉和形象关系极大。

任务实施

■ **背景资料：**

某空调生产厂家推出了一款"儿童空调"，其可爱的圆弧形外观设计令儿童和年轻父母们都非常喜欢。儿童空调还通过光线传感器技术、红外热传感器技术等技术方法，加设儿童踢被子提醒的功能。

某一家人到商场准备为儿童房选购空调。孩子看到这款儿童空调就被卡通的造型所吸引，非常喜欢。丈夫认为其他型号的空调也可以满足制冷的需求，认为儿童空调价格偏高，准备放弃购买。妻子听了售货员的介绍对该品牌非常认可，但是超过了预算，也有些犹豫不决。

■ **实训目标：**

学生能分析消费者购买决策过程，认识参与购买决策的各角色的作用，理解影响消费者决策的因素。

■ **实训要求：**

学生结合所学知识，根据背景资料分析影响消费者做出购买决策的因素，并谈一谈如何解决购买参与者之间意见不统一的问题。

组内成员分工明确，团队协作，准确分析问题，以现场演示及书面形式提交解决方案。

■ **操作步骤：**

（1）教师将学生分成若干学习小组，教师布置实训任务，学生明确实训目的和实训要求。

（2）学生按照消费者的购买习惯进行分类，明确空调属于哪一类产品。

（3）学生分析家庭成员的购买动机各是什么。

（4）学生分析购买决策过程包括哪些阶段，他们正处于什么阶段。

（5）学生进行头脑风暴，如果你是售货员，你将如何说服夫妻二人立刻购买。

（6）学生分角色扮演文中人物，并演示售货员如何说服消费者。

■　实训报告：

学生以小组为单位提交实训报告，要求列出影响消费者做出购买决策的因素，提出相关解决购买参与者之间意见不统一的建议，并说明理由。

任务二　生产者购买行为分析

任务描述

在组织市场中，生产者市场的购买行为具有典型特征。生产者购买行为分析是提供生产资料产品的企业营销的研究重点。只有了解了生产者购买行为的特点，掌握生产者购买行为的规律，企业才能制订相适应的市场营销组合策略，在满足生产者需求的同时，实现营销目标。通过学习，学生可以认识生产者市场的购买对象、购买行为和参与购买决策的角色，掌握生产者市场购买决策的过程。

相关知识

一、认识生产者市场及其特点

（一）认识生产者市场

生产者市场是指一切购买产品或服务，并将之用于生产其他产品或服务，以销售或供应给他人而获取利润的组织和个人所组成的市场。生产者市场购买商品和服务的目的是从中谋利，而不是为了个人消费。

（二）生产者市场的特点

1. 营利性

生产者市场的购买者以营利为目的，所以其购买是理性行为，极少冲动购买，其决策比消费者的购买决策要复杂得多，要涉及许多复杂的经济问题和技术问题。客观上要求企业花费大量的时间对产品、服务等进行反复论证，从而寻求最为合适的供应商。

2. 专业性

生产者市场的购买者多数是受过专门训练的专业人员。由于生产者市场上交换的商品种类很多，在技术性能、规格质量、技术要求方面相当复杂，购买者出于营利目的和生产工艺的需要，对产品采购要求专业而严格。因此生产者市场上的购买需要由具备专业知识和专门训练的营销人员来完成，一些重要的采购项目还需要财务、技术等专业人员参与，甚至需要最高主管做出购买决策。

3. 直接性

由于生产者市场上的购买行为具有专业性强、成交量大、客户数量相对集中的特点，供货方可直接派人员上门推销，这样买卖双方可以直接交易，无需通过中间商交易。

4. 稳定性

买卖双方会随着交易过程的深入，逐步建立起固定的业务关系。

5. 多源性

生产者市场的购买者为保证自己所需产品的充足，购买者会选择两个以上的同一产品的供应厂家，这样在供方之间就形成了一定程度的竞争。

6. 复杂性

生产者市场购买过程中是由多人有组织地做出购买决策，保障了购买决策的科学、经济、理智，能够在很大程序上避免失误。但是多人决策也增加了购买的复杂性。

二、生产者市场的购买对象

生产者市场的购买对象可分为以下 6 个种类。

（一）原材料

原材料是指生产某种产品的基本原料，是用于生产过程起点的产品。原材料是指未经生产加工的原始产品。原材料这种产品的供货方较多且质量上没有什么差别。

原材料分为两大类：一类是自然形态的森林产品、矿产品、海洋产品，如铁矿石、原油等；另一类是农产品，如粮、油等。

（二）主要设备

主要设备一般是指企业用于生产的固定资产，包括厂房和各种大型机械设备。这类产品一般体积较大、价格昂贵、技术复杂。

（三）辅助设备

辅助设备同主要设备相似，处于次要地位在生产中起辅助作用，包括机械工具、办公设备等。相对主要设备而言，辅助设备对生产的重要性略差一些，价格较低，供应厂家较多，产品标准化突出。采购人员可自主做出购买决定并能自由地从供应商处选购，而且在购买时比较注重价格比较。

（四）零配件

零配件是指用于装配整机和整件产品的零件和部件的总称，如集成电路块、仪表、仪器等。零配件虽不能独立发挥生产作用，但是能直接影响生产的正常进行。这类产品品种复杂，专用性强，所以供货方按标准及时供货是零配件购买者最基本的要求。

（五）半成品

半成品是指经过初步生产加工，以供生产者生产新产品的产品。半成品可塑性强，如铁矿砂可加工成生铁，生铁又可加工成钢材等。

采购半成品对质量、规格有明确要求，产品来源较多，供应者除确保供货及时外还应加强销售服务。

（六）消耗品

消耗品是指为保证和维持企业生产正常进行所消耗的产品，如煤、润滑油、办公用品等。这类产品价格低、替代性强、寿命周期短，多属重复购买，购买者较注重购买的便利性。

三、生产者市场的购买动机

生产者市场的购买动机是为了再生产而进行的采购，以营利为目的。

四、生产者的购买行为类型

（一）直接重购

直接重购是在供应者、购买对象、购买方式都不变的情况下，购买以前曾经购买过的产品的购买类型。直接重购购买的多是低值易耗品，花费人力较少，无需联合采购。面对这种采购类型，原有的供应者不必重复推销，而应努力使产品的质量和服务保持一定的水平，减少购买者的时间耗费，争取稳定的买卖关系。

（二）修正重购

修正重购是指购买者想改变产品的规格、价格、交货条件等，这需要调整或修订采购方案。原有的供应者要有竞争意识，积极改进产品规格和服务质量，降低成本，以保持现有的客户。新的供应者也要抓住机遇，积极开拓，争取新业务的建立。

（三）新购

新购是指生产者首次购买某种产品。由于是首次购买，买方对新购产品不了解，因而在购买决策前，要收集大量的信息，制订决策所花费时间较长。首次购买的成本越高，风险就越大，参加购买决策的人员就越多。新购是营销人员的机会，因此营销人员不仅要采取适当措施影响决策的中心人物，还要通过实事求是的广告宣传，使购买者了解企业产品。为了达到目标，企业应将最优秀的推销人员组成营销队伍，以赢得采购者的信任并促使采购者采取行动。

五、生产者市场购买决策的参与者

根据购买类型复杂程度的不同，购买决策的参与者也不同。在直接重购过程中起决定作用的是采购部门的负责人，而在新购过程中，企业的高层领导和技术专家起决定作用，因此在新购情况下，供应商应把产品的信息传递给企业的高层领导和技术人员。生产者购买要比消费者购买复杂得多，一般会涉及以下成员。

（一）使用者

使用者指直接使用采购产品的人员。使用者是生产资料购买的提议者，并在产品的规格确定上具有较大的影响力。

（二）影响者

影响者是指生产企业的内部或外部对采购决策产生直接或间接影响的人员。他们会影响对供应商的选择、产品规格、性能、购买条件的确定。在众多的影响者中，企业外部的咨询机构和企业内部的技术人员影响作用最大。

（三）采购者

采购者是指企业中具体执行采购任务的人，是企业中负有采购职权的人员，他们负责交易谈判和选择供应者。在比较复杂及重大的采购工作中，采购者还包括企业的高层管理人员。采购者在采购行动中具有较大的灵活性，供应商应该把握好机会，处理好与采购者的关系。

（四）决定者

决定者是指最终对产品和服务做出选择的人，他们有权对买与不买、买的数量、规格、质量及供应商的选择做出决策。这些人可以是在企业内部处在不同层次的人。销售人员最难判断的就是决定者的身份。在常规的采购中，采购者就是决定者，而在复杂的采购中，决定者通常是公司高管。

（五）信息控制者

信息控制者是指生产者用户的内部或外部能够控制信息流向采购成员的人。例如技术人员或采购代理人、电话接线员、秘书、门卫等，他们可以拒绝或终止某些供应商、推销人员与决策者及使用者的接触。

特别注意，并不是所有企业采购任何产品都必须由上述 5 种人员参加决策。一个企业采购中心的规模和参加的人员，会因采购产品种类的不同和企业自身规模的大小及组织结构的不同而有所区别。对营销人员来说，关键是了解一个企业采购中心的组成人员各自的决定权及采购中心的决策方式，以便采取富有针对性的营销措施。

对生产者市场推销失败的原因

推销员李宾负责销售一种安装在发电设备上的仪表，他工作非常努力。当李宾得悉某发电厂需要仪表后，就找到该厂的采购部人员详细介绍产品，还经常请他们吃饭，双方关系相当融洽，采购人员也答应购买李宾公司生产的仪表，却总是一拖再拖，始终没有购买行动。在一次推销中，李宾向该发电厂的技术人员介绍自己公司的仪表是一种新发明的先进仪表。技术人员请他提供详细的技术资料，并与现有的同类产品做一个对比。可是他带的资料不全，只能根据记忆大致做了介绍，对现有的同类产品和竞争者的情况也不太清楚。李宾向采购部经理介绍现有的各种仪表，采购部经理认为这些仪表都不太适合本厂使用，并表示如果他们的仪表能在性能方面做些小的改进就有可能购买。但是李宾反复强调自己公司的仪表性能优异，认为对方提出的问题无关紧要，劝说对方立刻购买。最后该厂的采购部经理以该厂的技术人员、采购人员和使用人员认为竞争对手的产品优于李宾公司的仪表的耐用性为由，拒绝购买。

请结合案例思考：

结合本案例讨论该推销员推销失败的原因。

六、生产者的购买决策过程

生产者的购买决策过程如下。

（一）提出需要

企业内部对某种产品或劳务提出需要是采购决策过程的开始。企业提出需要来源于内部或外部刺激。

内部刺激如生产新产品，需要新的设备及原材料；设备发生故障，需要更新设备或零部件；原供应者出现问题，需要更换供应者；寻求更好的货源。

外部刺激如展销会、广告、营销人员的访问等，生产者市场的营销人员应当主动推销，经常开展广告宣传，拜访用户，发掘潜在需求。

（二）确定需要

企业提出需要之后就要把所需产品的种类与数量确定下来。复杂的采购任务由采购人员同企业内相关人员共同研究确定；简单的采购任务一般则由采购人员直接决定。

（三）说明需要

企业确定需要后，要对所需产品的品种、型号、性能等技术指标做详细的说明，写出详细的书面材料提出技术要求，作为采购人员进行采购的依据。

（四）寻找供应者

采购人员通常利用网络资源或技术资料查询供应者，也可以通过其他企业了解供应者的产品情况及信誉。供货企业应当提高自己的知名度及美誉度，以便买方查找。

（五）征求供应建议

寻找到备选的供应者后，由供应者提交供应建议书。因此，供货企业要加强供应建议书的编写能力。供应建议书中应包括产品目录、说明书、价格、促销内容。复杂和重大项目的供应建议书必须详细而全面。

（六）选择供应者

生产者用户会对供应建议书加以分析评价，最终确定供应商。

（七）签订合同

选定供应者后，生产者用户会根据所购产品的型号、购买数量、交货时间、付款方式、保修条款等内容与供应商签订最后的订单。

（八）效果评估

购进产品后，采购部门会向使用部门了解所购产品的满意度，根据使用者对各供应商的满意度进行对比并做出评估，为日后购买提供参考。供应者应认真履行合同，提高买方的满意度。

任务实施

■ 背景资料：

推销员王晓负责销售一种药品灌装设备，某药厂是王晓所在公司的长期客户。每次购买设备时，购货方会直接发传真通知设备厂家送货。由于王晓刚接手这项业务，为保证和购货方长期合作，王晓采取登门拜访等方式与该药厂的采购人员和技术人员保持经常性的联系。上个月药厂的车间主任反映有一台新购的设备有质量问题，要求进行调换，王晓当时正在忙于同另外重要的客户洽谈业务，拖了几天才处理这件事情，他认为凭着双方的亲密关系，车间主任不会介意。技术人员向王晓反映，新购进的进口设备太过精细，搭配国产药瓶经常出现卡壳。如果购买进口药瓶就增加了药品的成本，药厂今年没有采购进口药瓶的预算。技术人员建议对设备的一个部件进行更换，使设备更好地适应国产药瓶，随后向王晓申请提供技术支持。王晓反复强调自己公司的设备性能优异，建议对方购买进口药瓶来提升产品包装，并未提供技术支持。那家药厂日后采购设备时，选择了其他供应商，终止了和王晓的合作。

■ 实训目标：

学生能分析生产者的购买决策过程，认识参与购买决策的各角色的作用。

■ 实训要求：

学生根据背景资料，结合专业知识，找出此次客户流失的原因。

组内成员分工明确，团队协作，准确分析问题，以书面形式提交解决方案。

■ 操作步骤：

步骤 1：教师将学生分成若干学习小组，教师布置实训任务，学生明确实训目的和实训要求。

步骤 2：学生分析文中的药品灌装设备属于生产者市场上的哪一类购买对象。

步骤 3：学生分析文中涉及的人物在生产者购买决策中分别扮演什么角色。

步骤 4：学生进行头脑风暴，请你对王晓的做法给予评价，帮助他分析客户流失的原因。

步骤 5：教师对各小组总结的客户流失的原因进行指导。

步骤 6：各小组在班内进行互评、交流、讨论。

■ 实训报告：

学生以小组为单位提交实训报告，分析参与购买决策的各角色的作用，找出此次客户流失的原因。

任务三 中间商购买行为分析

任务描述

在组织市场中，中间商市场是连接生产者和消费者的桥梁，其市场分析是企业营销人员的重点工作之一。通过学习，学生可以认识中间商市场的购买行为、购买决策过程，分析影响购买的因素。

相关知识

一、认识中间商市场及其特点

（一）认识中间商市场

中间商市场也称转卖者市场，是以营利为目的，由从事转卖或出租业务的个人和组织所组成的市场。在发达的商品经济条件下，市场上大多数商品都是由中间商经营的，只有少数商品是由生产者直接销售的。中间商市场包括批发商和零售商。

（二）中间商市场的特点

中间商市场的特点体现为以下几点。

1. 数量多，供应范围广

批发商和零售商组成中间商市场，其数量多于生产者，少于消费者，地理分布也较消费者集中，中间商多在商品批发市场里聚集。

2．属于引发需求

中间商对商品的需求是由消费者对商品的需求引发而来的，其所购商品的品种、花色、规格、数量、价格等受消费者需求的影响和制约。

3．讲究组合编配

中间商进货时，要求商品品种齐全、样式丰富，以满足消费者的多样化需求。

4．对交货期、信贷条件等要求较高

中间商购买商品的目的是转卖后从中获利，为了抓住有利的销售时机，减少商品滞销积压的风险，加快资金周转，中间商对交货期限和信贷条件等要求较严。

二、中间商市场的购买类型

（一）新产品采购

新产品采购是指中间商对是否购买、向谁购买，对以前从未经营过的某一新产品做出决策，即先考虑买与不买，然后再考虑向谁购买。中间商会通过该产品的进价、售价、市场需求和市场风险等因素进行分析后做出决定。

（二）最佳供应商选择

中间商对已确定要购进的产品会寻找最佳的供应商。这种购买类型的发生有以下情况：一是中间商限于条件，比如缺乏足够的经营场地和资金不足，不能经营所有供应商的产品，而只能从中选择一部分；二是中间商用自创的品牌销售产品，选择愿意为自己制造产品的生产企业，例如国内外许多大型超市都有自己品牌的商品。

（三）改善交易条件的采购

中间商希望现有供应商在原交易条件上再做出让步，使自己得到更多的利益。若同类产品的供应商增多或其他供应商提出了更有诱惑力的价格和供货条件，中间商就会要求现有供应商加大折扣，增加服务内容，这些中间商并不想更换供应商，但会把这些条件作为一种谈判的手段。

（四）直接重购

中间商的采购部门按照以往的订货目录和交易条件继续向原先的供应商购买产品。中间商会对以往的供应商进行评估，选择满意度高的供应商作为直接重构的供应商。

三、中间商市场的购买决策过程

中间商市场的购买决策过程除了同生产者市场购买决策过程的 8 个阶段相同外，在采购过程中更加重视市场调研预测、品牌影响力、商品选择、产品编配、库存控制等方面的把控。

四、影响中间商购买决策的因素

（一）最终购买者的需求

中间商的一个显著特征就是为他人购买，因此中间商在购买品种、购买数量、购买价格方面，都是以最终购买者的需求和愿望为出发点，按照最终购买者的需求和愿望来制订购买决策的。

（二）供应商的供货条件

供应商给出的价格折扣，运费承担方式，促销政策都与中间商转售有直接关系，因而会影响中间商的购买决策。

（三）库存管理

中间商主要从事的是转卖活动，中间商希望既能适时按量地满足市场需求，又能最大限度地减少库存，加速资金周转，提高资金的利用率，所以库存管理是中间商的基本职能之一。中间商的储存能力、产品的储存方式是影响中间商购买行为的一个重要因素。

（四）采购者的购买风格

采购者的购买风格也直接影响采购行为。采购者分为：忠实型采购者、最佳交易采购者、随机型采购者、悭吝型采购者、创造型采购者、广告型采购者、琐碎型采购者。

1. 忠实型采购者

忠实型采购者是指采购者忠实于固定供应者，重复多次从同一供应商处进货，不轻易更换供应者。这种采购者对供应商是最有利的，供应商应当分析能够使采购者保持"忠实"的原因，如利益原因、情感原因、个性原因等。采购者要让现有忠实采购者保持忠实，并将其他采购者转变为忠实的采购者。

2. 最佳交易采购者

最佳交易采购者经多方面比较后，选择与给出最佳交易条件的供应者成交。这类采购者一旦发现产品或交易条件更佳的供应商就会立刻转向该供应商，购买行为理智性强，不太受情感因素支配，其关注的焦点是交易所带来的实际利益。供应商若单纯依靠感情投资来强化联系则难以奏效，最重要的是密切关注竞争者的动向和市场需求的变化，随时调整营销策略和交易条件，提供比竞争者更多的利益。

3. 随机型采购者

随机型采购者会将符合采购要求的供应商列入采购名单，每次采购时会随机地确定交易对象，对任何供应商都没有情感基础及长期合作关系。对于这类采购者，供应商应在保证产品品质的前提下，提供理想的交易条件，同时增进交流，帮助解决业务的和个人的有关困难，加强感情投资，使之成为忠实的采购者。

4. 悭吝型采购者

悭吝型采购者在采购过程中对价格敏感，要求供应者给予价格折扣，最终只选择最低价格的供应者。供应商在谈判中要有耐心和忍让的态度，以大量的事实和数据说明自己已经做出了最大限度的让步，争取达成交易。

5. 创造型采购者

创造型采购者会向供应商提出对产品、服务和价格的要求，最终选择能够满足其条件的供应者成交。对于这类采购者，供应商要给予充分尊重，对好的想法给予鼓励和配合，对不成熟的想法也不能贬低，在不损害自己根本利益的前提下，尽可能地接受他们的意见和想法。

6. 广告型采购者

广告型采购者是把获得广告支持作为交易的一个组成部分，甚至作为必要先决条件的采购者。他们希望供应商给予广告支持，扩大影响、刺激需求。对于这类采购者的要求，供应商可以在力所能及或合理的限度内给予满足。

7. 琐碎型采购者

琐碎型采购者是每次购买总量不大，但购买品种繁多，重视不同品种的搭配，力图实现最佳产品组合的采购者。供应商与其开展业务时，会增加许多工作量，如开票、包装、送货等等，供应商应提供细致周到的服务，不能有丝毫的厌烦之意。

任务实施

■ **背景资料：**

李女士认为童鞋市场发展前景广阔，她决定创业开设一家童鞋专卖店。因为她没有童鞋经营的经验，所以她的进货量不要太大，以免占用过多资金。她还想将自己设计的童鞋品牌印制到童鞋产品上，并由厂家提供专有鞋子包装盒。她希望她的品牌能成为市场上的明星产品，所以她对供应商的产品质量要求很严格。

■ **实训目标：**

学生能够分析中间商的购买类型，认识影响中间商购买决策的因素。

■ **实训要求：**

学生根据背景资料，结合专业知识，找出与李女士签订订单的对策。

组内成员分工明确，团队协作，准确分析问题，以书面形式提交解决方案。

■ **操作步骤：**

（1）教师将学生分成若干学习小组，教师布置实训任务，学生明确实训目的和实训要求。

（2）学生分析文中李女士属于哪种购买类型，影响李女士做出购买决策的因素有哪些。

（3）学生分析作为童鞋生产厂家应采用什么对策，才能争取到与李女士签订订货合同。

（4）教师对各小组的谈判对策进行指导。

（5）各小组在班内进行互评、交流、讨论。

■ **实训报告：**

学生以小组为单位提交实训报告，要求分析案例资料中的中间商属于哪种购买类型，列出影响中间商购买决策的因素，找出与李女士签订订单的对策并说明理由。

项目小结

国内市场按购买动机可以分为消费者市场、生产者市场、中间商市场。

消费者市场是一切市场的基础，是最终起决定性作用的市场。消费者市场具有差异性、分散性、多变性和非专家性的特点。营销人员想要满足消费者需求，需要充分了解消费者的购买动机，参与消费者购买决策的过程。消费者购买决策过程的主要步骤：认识需要、收集信息、评估比较、购买决定、购后评价。

生产者市场购买产品或服务目的是从中谋利，而不是为了个人消费。因此生产者市场具有营利性、专业性、直接性、稳定性、多源性和复杂性的特点。生产者的购买决策过程包括提出需要、确定需要、说明需要、寻找供应者、征求供应建议、选择供应者、签订合同、效果评估。

中间商市场也称转卖者市场，包括批发商和零售商。目前市场上大多数商品都是由中间商经营的，只有少数商品是由生产者直接销售的。中间商购买决策受最终购买者的需求、供应商的供货条件、库存管理、采购者的购买风格的影响。

自我检测

一、判断题

1. 消费者购买决策不具有复杂性。（　　　）

2. 一般而言，人类的需要由低层次向高层次发展。（　　　）

3. 消费者认识到自己有某种需要是其决策过程的开始，这种需要可能是由内在的生理活动引起的，也可能是受到外界的某种刺激引起的。（　　　）

4. 消费者得到的各种信息可能是重复的，甚至是互相矛盾的，因此还要进行分析、评估和选择，这是决策过程中的决定性环节。（　　　）

5. 消费品尽管种类繁多，但不同品种甚至不同品牌之间不能相互替代。（　　　）

6. 通常保龄球馆不会向节俭群体推广保龄球运动。（　　　）

7. 通常企业并不试图去改变消费者对其产品、服务的态度，而是使自己的产品、服务和营销策略符合消费者的购买动机。（　　　）

8. 在价格不变的条件下，如果一个产品有更多的功能就会吸引更多的顾客购买。（　　　）

二、选择题

1. 以下哪一项不是消费者市场购买行为的特点。（　　　）

A. 购买者的分散性 　　　　　　　　B. 需求的差异性

C. 购买者的非专家性 　　　　　　　D. 购买目的的营利性

2. 汽车属于哪种商品类别？（　　　　）

A. 便利品　　　　B. 选购品　　　　C. 特殊品　　　　D. 非渴求品

3. 消费者在购买产品时追求品牌的名气大，按照马斯洛的需求层次理论，应属于（　　　　）。

A. 生理需要　　　B. 社会交往的需要 C. 尊重的需要　　D. 自我实现的需要

4. 关于消费者购买的决策过程，下列哪种说法是正确的？（　　　　）

A. 消费者在购买过程中严格按照五步的顺序进行

B. 消费者购买决策根本没有规律可循

C. 购买过程在实际购买发生之前就已经开始了，并且购买之后很久还会有持续的影响

D. 以上都不正确

5. 根据马斯洛提出的需要层次理论，哪一层次的需要是最高的？（　　　　）

A. 生理需要　　　B. 自我实现　　　C. 安全需要　　　D. 尊重需要

6. 以下哪一项不是生产者市场的特征。（　　　　）

A. 直接性　　　　B. 营利性　　　　C. 复杂性　　　　D. 多变性

7. 中间商的购买类型不包括（　　　　）。

A. 新产品采购 　　　　　　　　　　B. 最佳供应商选择

C. 改善交易条件的采购 　　　　　　D. 修正重购

8. 某汽车厂家因生产需要购买了一批钢板，那么汽车厂家属于（　　　　）。

A. 消费者市场　　B. 生产者市场　　C. 中间商市场　　D. 以上都不是

9. 李先生购买了一批单价 8 元的水杯，随后以 15 元的单价出售给了某超市，那么李先生属于哪类市场？（　　　　）

A. 消费者市场　　B. 生产者市场　　C. 中间商市场　　D. 以上都不是

10. 王先生购买了 10 箱洗发水，随后他送给亲戚朋友和自用，那么王先生属于（　　　　）。

A. 消费者市场　　B. 生产者市场　　C. 中间商市场　　D. 以上都不是

11. 人们在消费品市场购买决策过程中不可能扮演的角色是（　　　　）。

A. 发起者　　　　B. 影响者　　　　C. 决策者　　　　D. 信息控制者

三、简答题

1. 消费者市场购买的特征和类型是什么？

2. 生产者购买行为的特征有哪些？

3. 比较消费者与生产者购买过程的不同。

4. 影响中间商进行购买决策的因素有哪些？

项目四
市场营销调研

项目导入

王斌对工作充满了热情。现在，他要跟着项目经理进行市场调研了。之前他已经在网上查找了关于市场调研的相关资料，对这一工作有了初步的认识。但是如何制订市场调研方案，如何实施市场调研，他心里还是有些忐忑。王斌希望通过学习实践，尽快掌握市场营销调研的技能，能早日独立地开展营销调研工作。

项目分析

在当今"以消费者需求为中心"的营销观念引导下，掌握市场环境动态，了解消费者心理需求，是做好市场营销的关键环节。企业需要开展市场调研活动，通过搜集、整理、分析市场信息，为营销决策提供科学依据。本项目主要介绍市场营销调研方案的设计、实施以及营销调研报告的撰写。

学习目标

知识目标：

1. 了解市场营销调研的含义及类型。
2. 明确市场营销调研的内容。
3. 掌握市场营销调研的方法。

技能目标：

1. 能够设计市场营销调研方案。
2. 能够采用恰当的方法搜集信息。

3. 能够有效组织实施营销调研。

4. 能够撰写市场营销调研报告。

学习内容思维导图如图 4-1 所示。

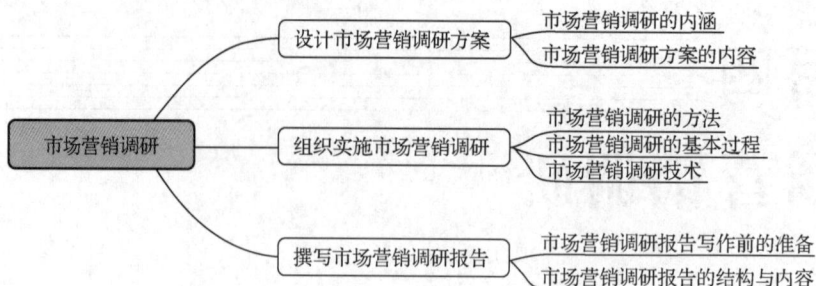

图 4-1　市场营销调研学习内容思维导图

任务一　设计市场营销调研方案

任务描述

市场营销调研在整个市场营销中有着重要意义，企业通过搜集、分析、整理调研信息，为营销决策提供依据。在营销调研实施之前，企业首先要制订营销调研方案，使营销调研活动有章可循。通过完成本任务，学生能够设计市场营销调研方案。

相关知识

一、市场营销调研的内涵

（一）市场营销调研的定义

市场营销调研是针对企业特定的营销问题，采用科学的研究方法，系统、客观地收集、整理、分析、解释和沟通各方面的信息，为营销管理者制订、评估和改进营销决策提供依据的过程。

（二）市场营销调研的重要性

市场营销调研在企业制订营销规划、确定企业营销发展方向、制订企业的市场营销组合策略等方面发挥着极其重要的作用。在营销决策执行过程中，市场营销调研为调整营销计划、改进和评估各种营销策略提供依据，起着检验与矫正的作用。

1. 市场营销调研可为企业发现市场机会提供依据

市场情况瞬息万变，环境变化难以预测。一些新的产品会流行起来，而另一些产品则会退出市场。激烈的竞争给企业进入市场带来困难，同时也为企业创造出许多机遇。通过市场营销调研，企业可以确定产品的潜在市场需求和销售量的大小，了解顾客的意见、态度、消费倾向、购买行为等，据此进行市场细分，进而确定其目标市场，分析市场的销售形势和竞争态势，作为发现市场机会、确定企业发展方向的依据。

2. 市场营销调研是企业产品更新换代的依据

科学技术的日新月异，顾客需求的千变万化，致使市场的竞争日趋激烈，新产品层出不穷，产品更新换代的速度越来越快。通过市场营销调研，企业可以发现自己的产品目前处于产品生命周期的哪个阶段，以便适时调整营销策略，对其是否要进行产品的更新换代做出决策。

3. 市场营销调研是企业制订市场营销组合策略的依据

市场的情况错综复杂，有时难以推理，因为现象也会掩盖问题的本质。例如，某产品在南方地区深受顾客青睐，但是在北方地区却销售不畅，只有通过市场营销调研以找出问题所在，才能制订出产品策略；又如，产品的价格不仅取决于产品的成本，还受供求关系、竞争对手的价格、经济大环境、价格弹性等多种因素的影响。毫不夸张地说，市场上产品的价格是瞬息万变的，通过市场营销调研，企业可以及时掌握市场上产品的价格态势，灵活调整价格策略。

4. 市场营销调研是企业增强竞争能力的基础

通过市场营销调研，企业可以及时了解市场上产品的发展变化趋势，掌握市场相关产品的供求情况，清楚顾客需要什么等，据此制订市场营销计划，组织生产适销对路的产品，增强竞争能力，实现盈利目标，提高经济效益。

二、市场营销调研方案的内容

市场营销调研方案是根据调研目的和调研对象的性质，在进行实际调研之前，对调研工作的各个方面和各个阶段任务的通盘考虑和安排，是整个调研活动的指导文件。只有对整个调研项目进行统一考虑和安排，才能保证调研有秩序、有步骤地顺利进行。市场营销调研方案包括如下几个部分。

（一）调研目的

调研目的是指特定的调研课题所要解决的问题，即为何要调研、要了解和解决什么问题，调研结果有什么用处。明确调研目的是调研方案设计的首要问题，因为只有调研目的明确，才能确定调研的对象、内容和方法，才能保证市场调研具有针对性。

（二）调研对象和调研单位

确定调研对象和调研单位是为了明确向谁调研和由谁来提供资料的问题。调研对象是根据调研目的和任务确定的一定时空范围内所要调研的总体，它是由客观存在的具有某一共同性质的许多个体单位所组成的整体。调研单位就是调研总体中的各个个体单位，它是调研项目的承担者或信息源。

（三）调研项目

调研项目是将要向调研单位调研的内容。调研项目的确定取决于调研的目的和任务，以及调研对象的特点与数据资料搜集的可能性。

（四）调研表或问卷

调研项目确定之后，需要设计调研表或者问卷，作为市场调研中搜集市场调研资料的工具。调研表或问卷既可以作为书面调研的记载工具，亦可以作为口头询问的提纲。调研表是用纵横交叉的表格按一定顺序排列调研项目的形式；问卷是根据调研项目设计的对被调研者进行调研、询问、填答的测试试卷，是市场调研中搜集资料的常用工具。

（五）调研时间和期限

调研时间是指调研资料的所属时间，即应搜集调研对象在哪一段时间内的数据。确定调研时间是为了保证数据的统一性；否则，数据无法分类和汇总，会导致市场调研失效。

调研期限是指整个调研工作所占用的时间，即一项调研工作从调研策划到调研结束的时间长度。一般来说，应根据调研课题的难易程度、工作量的大小、时效性要求合理确定调研期限，并制订调研进度安排表。

（六）调研方式和方法

市场调研方式是指市场调研的组织形式，通常有市场普查、重点市场调查、典型市场调研、抽样调查等。调研方式的选择应根据调研的目的和任务、调研对象的特点、调研费用的多少、调研的精度要求做出选择。

市场调研方法的确定应根据调研资料搜集的难易程度、调研对象的特点、数据取得的源头、数据的质量要求等做出选择。若调研课题涉及面大、内容较多，则应选择多种调研方法获取数据和资料，既要获取现成的资料，又要获取原始资料。例如，商场顾客流量和购物调研，通常采用系统抽样调查的组织方式，即按日历顺序等距抽取若干营业日调研顾客流量和购物情况，而搜集资料的方法主要有顾客流量的人工计数或仪器记数、问卷测试、现场观察、顾客访问、焦点座谈等。

（七）资料整理的方案

资料整理是对调研资料进行加工整理、系统开发的过程，其目的在于为市场分析研究提供系统化、条理化的综合资料。为此，应确定资料整理的方案，对资料的审核、订正、编码、分类、汇总等做出具体的安排。大型的市场调研还应对计算机自动汇总软件开发或购买做出安排。

（八）分析研究的方案

市场调研资料的分析研究是对调研数据进行深度加工的过程，其目的在于从数据导向结论，从结论导向对策研究。为此，应制订分析研究的初步方案，对分析的原则、内容、方法、要求、调研报告的编写、成果的发布等做出安排。

（九）市场调研经费预算

企业在进行预算时，要将可能需要的费用尽可能考虑全面，以免将来出现一些不必要的麻烦而影响调研的进度。例如，预算中没有鉴定费，但是调研结束后需要对成果做出科学鉴定，否则无法发布或报奖。在这种情况下，课题组将面临十分被动的局面。另外预算也要尽可能合理，制作表格列出每一项的合理估值，切不可漏报或随意多报乱报。既要全面细致，又要实事求是。

（十）制订调研的组织计划

调研的组织计划，是指为了确保调研工作的实施而制订的具体的人力资源配置的计划，主要包括调研的组织领导、调研机构的设置、调研员的选择与培训，课题负责人及成员，各项调研工作的分工等。企业委托外部市场调研机构进行市场调研时，还应对双方的责任人、联系人、联系方式做出约定。

任务实施

■ **背景资料：**

吉列公司是世界著名的跨国公司，其产品因使男人刮胡子变得方便、舒适、安全而大受欢迎。然而吉利公司的领导者并不因此而满足，仍然想方设法继续拓展市场，争取更多用户。在1974年，公司提出了面向妇女的专用"刮毛刀"。

这一决策看似荒谬，却是建立在坚实可靠的市场调研基础之上的。

吉列公司先用一年的时间进行了周密的市场调研，发现在美国30岁以上的妇女中，有65%的人为保持美好形象，要定期刮除腿毛和腋毛。这些妇女中，除使用电动刮胡刀和脱毛剂之外，主要靠购买各种男用刮胡刀来满足此项需要，一年在这方面的花费高达7500万美元。相比之下，美国妇女一年花在眉笔和眼影上的钱仅有6300万美元，用于染发剂上的钱为5500万美元。毫无疑问，这是一个极有潜力的市场。

根据调查结果，吉列公司精心设计了符合女性特征的新产品，并且拟定了几种不同的"定位观念"在消费者中征求意见。这些定位观念包括：突出刮毛刀的"双刀刮毛"；突出其创造性的"完全适合女性需求"；强调价格的"不到50美分"；以及表明产品使用安全的"不伤玉腿"等。

最后，公司根据多数女性的意见，选择了"不伤玉腿"作为推销时突出的重点，并刊登广告进行刻意宣传。结果，雏菊刮毛刀一炮打响，迅速畅销全球。

■ **实训目标:**

通过实训，学生了解市场营销调研的作用，重视市场营销调研工作。

■ **实训要求:**

学生根据背景资料，结合专业知识，分析市场调研在市场营销中的地位和作用。

（1）本次实训以小组为单位，要求所有学生积极参与;

（2）小组成员要分工合作，注意团队合作意识的培养;

（3）营销计划书设计要格式规范，内容完整;

（4）结构合理、层次分明;

（5）分析正确、选择策略要得当。

■ **操作步骤:**

（1）教师将班上学生分成若干学习小组，布置实训任务，请全体学生明确实训目的和实训要求。

（2）学生了解企业及经营产品的基本情况，为案例分析做好充分准备。

（3）学生确定目标，掌握市场营销调研的重要作用。

（4）小组讨论，分析吉列公司雏菊刮毛刀畅销的成功之道。

（5）教师对各小组的讨论结果进行点评。

■ **实训报告:**

每个学生在本次实训后应独立撰写实训报告。实训报告的主要内容如下。

（1）实训名称、实训日期，班级、姓名，实训组别，同组同学姓名。

（2）实训目的。学生应简明概述本实训通过何种方法，训练了哪些技能，达到了什么目的。

（3）实训心得。学生总结分析实训中的收获及存在的问题，提出改进建议。

任务二　组织实施市场营销调研

🖊 任务描述

企业在确定了营销调研方案后，接下来需要选择一定的调研方法，根据调研目的，实施调研活动;调研结束后，还需要将搜集到的资料整理分析，为营销决策提供依据。通过完成本任务，学生能够组织开展市场调研活动。

相关知识

一、市场营销调研的方法

（一）一手资料的调研方法

1. 观察法

观察法是市场营销调研的最基本方法。它是由调研人员根据调研研究的对象，利用眼睛、耳朵等感官以直接观察的方式对其进行考察并搜集资料。例如，市场调研人员到被访问者的销售场所观察商品的品牌及包装情况。

2. 实验法

实验法是由调研人员根据调研的要求，用实验的方法，将调研的对象控制在特定的环境条件下，对其进行观察以获得相应信息的方法。控制对象可以是产品的价格、品质、包装等，调研人员在可控制的条件下观察市场现象，揭示在自然条件下不易发生的市场规律。这种方法主要用于市场销售实验和消费者使用实验。

3. 访问法

访问法可以分为结构式访问、无结构式访问和集体访问。

（1）结构式访问是实现设计好的、有一定结构的访问问卷的访问。调研人员要按照事先设计好的调研表或访问提纲进行访问，要以相同的提问方式和记录方式进行访问。提问的语气和态度也要尽可能保持一致。

（2）无结构式访问是没有统一问卷，由调研人员与被访问者自由交谈的访问。它可以根据调研的内容，进行广泛的交流。例如，对商品的价格进行交谈，了解被调研者对价格的看法。

（3）集体访问是通过集体座谈的方式听取被访问者的想法，收集信息资料。集体访问可以分为专家集体访问和消费者集体访问。

4. 问卷法

问卷法是由调研者设计调研问卷，让被调研者填写调研表以获得相关信息的方法。调研者将调研的资料设计成问卷后，让被调研者将自己的意见或答案，填入问卷中。

（二）二手资料的调研方法

二手资料的调研是指查询并研究与调研项目有关资料的过程，这些资料是经他人收集、整理的，有些是已经公开发表过的。

二手资料主要调研以下内容。

（1）企业内部资料（包括内部各有关部门的记录、统计表、报告、财务决算、用户来函等）。

（2）政府机关、金融机构公布的统计资料。

（3）公开出版的期刊、文献杂志、书籍、研究报告等。

（4）市场研究机构、咨询机构、广告公司公布的资料。

（5）行业协会公布的行业资料、竞争企业的产品目录、样本、产品说明书及公开的宣传资料。

（6）政府公开发布的有关政策、法规、条例规定以及规划、计划等。

（7）推销员提供的资料。

（8）供应商、分销商等提供的资料。

（9）展览会、展销会公开发送的资料。

二、市场营销调研的基本过程

市场营销调研是企业制订营销策略的基础。企业开展市场营销调研可以采用两种方式：一是委托专业市场营销调研公司来做；二是由企业自己来做，企业可以设立市场研究部门，负责此项工作。市场调研工作的基本过程包括：明确调研目标、设计调研方案、制订调研工作计划、组织实地调研、调研资料的整理和分析、撰写调研报告。市场营销调研的基本过程如图4-2所示。

图 4-2 市场营销调研的基本过程

（一）明确调研目的

进行市场营销调研，首先要明确调研目的，按照不同目的，选择不同的调研内容和调研方法。通常可以将调研的目的分为以下3类。

1. 探索性调研

探索性调研即收集初步的数据，以便探索问题的性质、大小或为求得解决问题的思路所做的调研研究。

2. 描述性调研

描述性调研即对市场以及企业市场营销各种要素进行定量的描述，如电视机生产企业对明年国内市场的具体需求量大小进行调研，调研方法多采用定量的方法。

3. 因果性调研

因果性调研即对市场营销众多因素的相互因果关系进行调查研究，如产品销量是否与促销费用、价格有因果关系。在确定了这样的关系后，企业就可以在具体销售指标要求下，正确预算促销费用。

（二）设计调研方案

一个完善的市场营销调研方案一般包括以下几个方面内容：调研目的和要求、调研对象、调研内容、调研地区、样本的抽取、资料的收集和整理方法等。

（三）制订调研工作计划

调研工作计划包括如下内容。

1. 组织领导及人员配备

企业应建立市场营销调研项目的组织领导机构（可以由企业的市场部或企划部负责），针对调研项目成立市场营销调研小组，负责项目的具体组织和实施工作。

2. 访问员的招聘及培训

访问员可以从高校经济管理类专业的大学生中招聘。企业应根据调研项目中完成全部问卷实地访问的时间来确定每个访问员1天可以完成的问卷数量，核定需要招聘访问员的人数。企业应对访问员进行必要的培训，培训内容包括访问调研的基本方法和技巧、调研产品的基本情况、调研中可能遇到的问题及解决方法等。

3. 工作进度

企业将市场营销调研项目整个进行的过程安排一个时间表，确定各阶段的工作内容及所需时间。市场营销调研包括以下几个阶段：

（1）调研工作的准备阶段，包括调研表的设计、抽取样本、访问员的招聘及培训等；

（2）实地调研阶段；

（3）问卷的统计处理、分析阶段；

（4）调研报告撰写阶段。

（四）组织实地调研

市场营销调研的各项准备工作完成后，企业就开始进行问卷的实地调研工作。企业组织实地调研要做好以下两方面工作。

1. 做好实地调研的组织领导工作

实地调研是一项较为复杂烦琐的工作。调研组织人员要按照事先划定的调研区域确定每个区域调研样本的数量，访问员的人数，每位访问员应访问样本的数量及访问路线，每个调研区域配备一名督导人员；明确调研人员及访问人员的工作任务和工作职责，做到工作任务落实到位，工作目标、责任明确。

2. 做好实地调研的协调、控制工作

调研组织人员要及时掌握实地调研的工作完成情况，协调好各个访问员间的工作进度；要及时了解访问员在访问中遇到的问题并帮助协调解决，对于调研中遇到的共性问题，提出统一的解决办法。每天调研访问结束后，访问员首先应对填写的问卷进行自查，然后督导员对问卷进行检查，找出存在的问题，以便在后面的调研中及时改进。

（五）调研资料的整理和分析

实地调研结束后，即进入调研资料的整理和分析阶段。企业收集好已填写的调研表后，由调研人员对调研表进行逐份检查，剔除不合格的调研表，然后将合格调研表统一编号，以便于统计调研数据。调研数据的统计可以利用 Excel 软件完成；调研人员将调研数据输入计算机系统后，经 Excel 软件运行，即可完成已列成表格的大量的统计数据。调研人员利用上述统计结果，就可以按照调研目的的要求，针对调研内容进行全面的分析。

（六）撰写调研报告

撰写调研报告是市场营销调研的最后一项工作内容，市场营销调研工作的成果将体现在最后的调研报告中。调研报告将提交企业决策者，作为企业制订市场营销策略的依据。市场营销调研报告要按规范的格式撰写。一个完整的市场营销调研报告格式由题目、目录、概要、正文、结论和建议、附件等组成。

三、市场营销调研技术

抽样调查是一种非全面调研，抽样调查是根据随机的原则从总体中抽取部分实际数据进行调研，并运用概率估计方法，根据样本数据推算总体相应的数量指标的一种统计分析方法。抽样调查虽然是非全面调研，但它的目的却在于取得反映总体情况的信息资料，因而，也可以起到全面调研的作用，是市场营销的主要调研技术。

1. 抽样调查的适用范围

（1）不能进行全面调研的事物。有些事物在测量或试验时有破坏性，不可能进行全面调研。如电视的抗震能力试验，灯泡的耐用时间试验等。

（2）有些总体从理论上讲可以进行全面调研，但实际上不能进行全面调研的事物。如了解某个森林有多少棵树，职工家庭生活状况如何等。

（3）抽样调查方法可以用于工业生产过程中的质量控制。

（4）利用抽样推断的方法，可以对某种总体的假设进行检验，来判断这种假设的真伪，以决定取舍。

2. 抽样调查的分类

根据抽选样本的方法不同，抽样调查可以分为概率抽样和非概率抽样两大类。概率抽样是以概率论与数理统计为基础，首先按照随机的原则选取调研样本，使调研母体中每一个子体均有被选中的可能，即具有同等被选为样本的可能率，机遇均等。非概率抽样就是调研者根据自己的方便或主观判断抽取样本的方法，抽样过程不遵循随机原则。抽样调查的分类如图 4-3 所示。

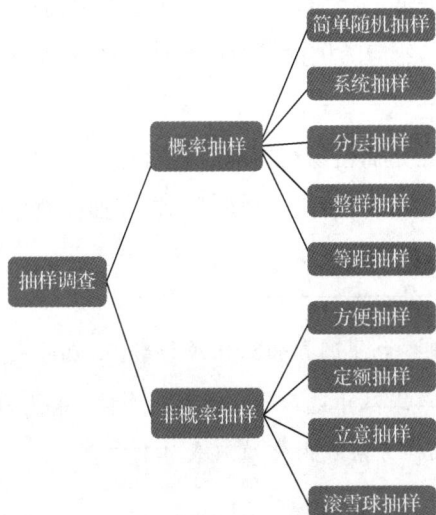

图 4-3　抽样调查的分类

3. 概率抽样的几种方法

（1）简单随机抽样法

简单随机抽样法是一种最简单的一步抽样法，它是从总体中选择出抽样单位，从总体中抽取的每个可能样本均有同等被抽中的概率。抽样时，处于抽样总体中的抽样单位被编码成 $1 \sim n$，然后利用随机数码表或专用的计算机程序确定处于 $1 \sim n$ 间的随机数码，那些在总体中与随机数码吻合的单位便成为随机抽样的样本。

这种抽样方法简单，误差分析较容易，但是需要样本容量较多，适用于各个体之间差异较小的情况。

（2）系统抽样法

系统抽样法又称顺序抽样法，是从随机点开始在总体中按照一定的间隔（即"每隔第几"的方式）抽取样本。这种方法的优点是抽样样本分布比较好，操作简便，总体估计值容易计算。

（3）分层抽样法

分层抽样法是根据某些特定的特征，将总体分为同质、不相互重叠的若干层，再从各层中独立抽取样本，是一种不等概率抽样。分层抽样利用辅助信息分层，各层内应该同质，各层间差异尽可能大。这样的分层抽样能够提高样本的代表性、总体估计值的精度和抽样方案的效率，抽样的操作、管理比较方便。但是抽样步骤较复杂，费用较高，误差分析也较为复杂。这种方法适用于母体复杂、个体之间差异较大、数量较多的情况。

（4）整群抽样法

整群抽样法是先将总体单元分群，可以按照自然分群或按照需要分群，如在交通调研中可以按照地理特征进行分群，随机选择群体作为抽样样本，调研样本群中的所有单元。整群抽样样本比较集中，可以降低调研费用。例如，在进行居民出行调研中，可以采用这种方法，以住宅区的不同将住户分群，然后随机选择群体为抽取的样本。这种方法的优点是组织简单，缺点是样本代表性差。

等距抽样法的最主要优点是简便易行，而且在对总体结构有一定了解时，能够充分利用已有信息对总体单位进行排队后再抽样，这样可以提高抽样效率。

做中学

在某产品品牌知名度调查中，调查的总体单位数是1000人。其中100名老年人，500名中年人，400名年轻人。要求从中选取50人作为样本。采用哪种抽样方法比较合适？应该如何抽取样本呢？请将抽样方法及内容填入表4-1中。

表4-1 抽样实训练习表

抽样方法	
抽样过程简介	

4. 非概率抽样的几种方法

（1）方便抽样法

方便抽样法又称随意抽样法、偶遇抽样法，是一种为配合研究主题而由调查者于特定时间和特定社区的某一位置，随意选择回答者的非概率抽样方法。这种抽样方法适合一些情况特殊的调查。比如，一些时过境迁的突发性事件或现象，通过在当场抽取样本询问当事者、目击者、旁观者以及过往的行人，可以了解事件发生的经过、原因以及当事人对于事件的看法和态度。

（2）定额抽样法

定额抽样法也称配额抽样法，是将总体依某种标准分层（群）；然后按照各层样本数与该层总体数成比例的原则主观抽取样本。定额抽样法与分层概率抽样法很接近，两者最大的不同是分层概率抽样的各层样本是随机抽取的，而定额抽样的各层样本是非随机抽取的。定额抽样是通常使用的非概率抽样方法，在使用过程中需要选准定额，从而控制好样本的代表性。

（3）立意抽样法

立意抽样法又称判断抽样法，由研究人员从总体中选择那些被判断为最能代表总体的单位作为样本的抽样方法。当研究者对自己的研究领域十分熟悉，对研究总体比较了解时一般采用这种抽样方法，可以获得代表性较高的样本。这种抽样方法多应用于总体小而内部差异大的情况，以及在总体边界无法确定或因研究者的时间与人力、物力有限的情况下。

（4）滚雪球抽样法

滚雪球抽样法是指以若干个具有所需特征的人为最初的调研对象，然后依靠他们认识合格的调研对象，再由这些人提供第三批调研对象，依次类推，样本量如同滚雪球般由小变大。滚雪球抽样多用于总体单位的信息不足或观察性研究的情况。这种抽样中有些样本最后仍无法找到，有些样本被提供者漏而不提，两者都可能造成误差。

任务实施

■ **背景资料：**

石家庄君乐宝乳业有限公司生产有酸奶、纯奶、乳饮料和奶粉等几个产品类别。公司想通过一系列营销措施，进一步提高在全国的知名度和销售额。目前，公司想通过市场调查，了解国内乳品行业的竞争现状，请你为该公司制订一份市场调研计划方案。

■ **实训目标：**

通过实训，学生能够熟练市场营销调研方案的编制程序和方法，完成调研方案的编写工作。

■ **实训要求：**

学生根据背景资料，结合专业知识，为君乐宝品牌制订一份市场调研计划方案。

（1）本次实训以小组为单位，要求所有学生积极参与；

（2）小组成员要分工合作，注意团队合作意识的培养；

（3）营销计划书设计要格式规范，内容完整；

（4）结构合理、层次分明；

（5）分析正确，选择策略得当。

■ **操作步骤：**

（1）教师将班级学生分成若干学习小组，布置实训任务，请全体学生明确实训目的和实训要求。

（2）学生分析现状，了解企业及经营产品的基本情况，进行归纳分析，为编制市场营销调研方案做好充分准备。

（3）学生确定目标，明确市场营销调研方案的格式构成。

（4）学生按照市场营销调研方案的编制程序，撰写调研初步方案。方案包括调研目的要求、调研对象、调研内容、调研地区、样本的抽取、资料的收集和整理方法等内容。

（5）教师对各小组的调研初步方案进行指导。

（6）各小组对初步方案进行分析评价，提出修改建议，提交最终方案。

（7）各小组在班级进行互评、交流、讨论。

■ **实训报告：**

每个学生在本次实训后应独立撰写实训报告。实训报告的主要内容如下。

（1）实训名称、实训日期，班级、姓名，实训组别，同组同学姓名。

（2）实训目的。学生应简明概述本实训通过何种方法，训练了哪些技能，达到了什么目的。

（3）实训心得。学生总结分析实训中的收获及存在的问题，提出改进建议。

任务三　撰写市场营销调研报告

任务描述

市场营销调研结果要以文本的形式呈现，供营销决策者阅读。撰写一份完美的营销调研报告，需要在对调研资料进行分类整理的基础上，根据调研报告的格式，分析调研结果，并根据结果对下一步的营销活动提出意见和建议。通过完成本任务，学生能够撰写市场营销调研报告。

相关知识

市场营销调研报告是根据前期的市场营销调研方案，采用科学系统的方法进行调研，对调研结果进行分析整理，得出恰当的结论，并形成内容翔实、分析全面的书面报告。市场营销调研报告为决策者制订营销策略、实施营销活动提供依据。

一、市场营销调研报告写作前的准备

通过市场营销调研活动，调研者搜集了大量的一手资料和二手资料。但这些资料往往是分散、表面的，资料所隐含的本质意义还需要经过分析整理才能表现出来。分析整理过程是一个去粗取精、去伪存真、由此及彼、由表及里的研究过程。调研者在这个过程中可以运用以下方法。

1. 分类整理

调研者对资料加以分类校核，消除其中错误或含糊不清之处，使资料尽可能准确。原则是要确保资料清楚易懂、完整、一致和连贯。

2. 资料列表

调研者将调研得来的资料列成表，以便一目了然地了解资料相互之间的联系及意义。常用的列表方法有单栏表和多栏表两种。

3. 资料分析

调研者在资料整理的基础上，用一些统计方法对资料进行检验和分析。分析资料时应注意以下几点：对搜集到的资料要深入了解，从中体会资料隐含的意义，进而推测各种演变；发挥独立思考能力，不为资料所误导。

二、市场营销调研报告的结构与内容

市场营销调研报告有较为规范的格式，目的是便于阅读和理解。目前常用的市场营销调研报告的结构包括标题、前言、主体、结尾四个部分。

1. 标题

标题即报告的题目。调研报告的标题一般采用规范化的标题格式，即"发文主题"加"文种"，如《关于国内共享单车市场竞争现状的调研报告》。

2. 前言

前言部分用简明扼要的文字写出调研报告撰写的依据、调研报告的研究目的或主旨、调研范围、调研时间、调研地点及所采用的调研方法。有的调研报告为了使阅读者迅速、明确地了解报告的全貌，还在前言里极简要地列出报告的摘要。

3. 主体

主体部分是报告的正文。它主要包括3个部分内容。

（1）情况部分。这是对调研结果的描述与解释说明，可以用文字、图表、数字进行以说明。情况介绍部分要详尽而准确，才能够为结论和对策提供依据。该部分是报告中篇幅最长和最重要的部分。

（2）结论或预测部分。该部分通过对资料的分析研究，得出针对调研目的的结论，或者预测市场未来的发展、变化趋势。该部分为了条理清楚，往往分为若干条叙述，或列出小标题。

（3）建议和决策部分。调研者经过调研资料的分析研究，发现了市场的问题，预测了市场未来的趋势后，应该为准备采取的市场对策提出建议或看法。

4. 结尾

结尾是全文的结束部分，可以提出解决问题的方法、对策及下一步改进工作的建议；可以是总结全文的主要观点，进一步深化主题；也可以是提出问题、引发人们的进一步思考，或展望前景，发出倡议和号召。一般写有前言的市场营销调研报告，要有结尾，以与前言互相照应，重申观点或是加深认识。

任务实施

■ **实训目标：**

通过实训，学生能够熟练掌握市场营销调研的程序和方法，能够初步撰写市场营销调研方案。

■ **实训要求：**

根据任务二中的市场营销调研方案，各小组开展调研活动，搜集有关乳品行业的市场竞争现状，通过资料搜集、整理和分析，为君乐宝公司撰写一份"乳品行业市场竞争现状"的调研报告，为公司后续采取营销组合策略提供依据。

（1）本次实训以小组为单位，要求所有学生积极参与；

（2）小组成员要分工合作，注意团队合作意识的培养；

（3）营销计划书设计要格式规范，内容完整；

（4）结构合理、层次分明；

（5）分析正确、选择策略要得当。

■ **操作步骤：**

（1）教师将班级学生分成若干学习小组，教师布置实训任务，请全体同学明确实训目的和实训要求。

（2）学生搜集资料，分析市场现状，为撰写营销调研报告做好充分准备。

（3）学生确定目标，明确营销调研报告的格式构成。

（4）学生按照调研报告的写作格式，撰写调研报告初步方案。

（5）教师对各小组的调研报告初步方案进行指导。

（6）各小组根据教师指导意见修改完善方案，提交最终方案。

（7）各小组在班内进行互评、交流、讨论。

■ **实训报告：**

每个学生在本次实训后应独立撰写实训报告。实训报告的主要内容如下：

（1）实训名称、实训日期，班级、姓名，实训组别，同组同学姓名。

（2）实训目的。学生应简明概述本实训通过何种方法，训练了哪些技能，达到了什么目的。

（3）实训心得。学生总结分析实训中的收获及存在的问题，提出改进建议。

项目小结

市场营销调研在企业制订营销规划、确定企业营销发展方向、改进和评估各种营销策略等方面具有重要作用。

市场营销调研方案是企业根据调研目的和调研对象的性质，在进行实际调研之前，对调研工作的各个方面和各个阶段任务的通盘考虑和安排，是整个调研活动的指导文件。

市场营销调研分为确定调研目的、确定搜集资料的来源、收集资料、分析调研资料、撰写调研报告这 5 个步骤。

市场营销调研的方法包括一手资料调研法和二手资料调研法。

市场营销调研报告格式包括标题、前言、主体、结尾四个部分。

自我检测

一、判断题

1. 问卷编制应遵循可诱导性原则。（   ）

2. 抽样调查时，每个总体单位被抽中的概率是相等的。（   ）

3. 明确调研的目的和任务是调研方案设计的首要问题。（   ）

4. 对广告实施效果的调研属于消费需求调研。（   ）

5. 市场营销调研可以为企业发现市场机会提供依据。（   ）

二、选择题

1. 下列不属于市场环境调研内容的是（   ）。

   A. 市场购买力　　B. 国家的方针政策　C. 风俗习惯　　D. 消费者购买习惯

2. 要调查产品销量是否与产品价格存在因果关系，这种调研属于（   ）。

   A. 探索性调研　　B. 描述性调研　　C. 因果性调研　　D. 预测性调研

3. （   ）是市场营销调研的最基本的方法。

   A. 观察法　　　　B. 实验法　　　　C. 问卷法　　　　D. 访问法

4. 下列不属于概率抽样方法的是（   ）。

   A. 简单随机抽样法　B. 分层抽样法　　C. 等距抽样法　　D. 滚雪球抽样法

5. 一份完整的问卷，一般包括（   ）。

   A. 开头部分　　　B. 甄别部分　　　C. 主体部分　　　D. 背景部分

三、简答题

1. 市场营销调研的作用有哪些？

2. 市场营销调研报告的结构是怎样的？

3. 市场营销调研方案包含哪些内容？

模块三

制订市场营销策略

项目五
市场营销战略规划

项目导入

王斌通过一段时间的学习和实践，对市场营销有了更加深入的认识，也越来越喜欢这份工作。企业领导对王斌寄予厚望，王斌也想在工作中一展拳脚。然而现在市场上企业众多，竞争激烈，中小企业要想立足并获得发展更是难上加难。王斌很茫然，他不知道该怎么做。

项目分析

面对竞争激烈、消费者需求多样的市场，企业需要在前期市场调研的基础上进一步深入了解市场，规划企业市场营销方向和目标，合理制订市场营销战略。企业通过分析竞争对手、消费者及企业自身，为企业市场营销战略的制订提供科学依据。本项目主要介绍市场细分、目标市场、市场定位相关知识及具体策略。

学习目标

知识目标：

1. 正确理解市场细分、目标市场、市场定位相关概念的内涵。
2. 掌握市场细分标准及目标市场、市场定位策略。
3. 明确 STP 营销规划程序。

技能目标：

1. 能够运用市场细分标准进行有效的市场细分。
2. 能够正确运用营销战略进行市场细分、目标市场选择和市场定位。
3. 能够树立独立分析问题和解决问题的意识。

学习内容思维导图如图 5-1 所示。

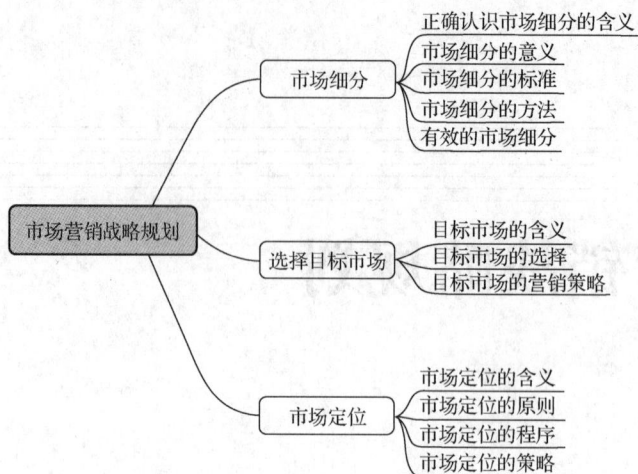

图 5-1　市场营销战略规划学习内容思维导图

现代市场营销战略的核心可以被描述为 STP 营销，即市场细分（Segmenting）、目标市场（targeting）和市场定位（Positioning），如图 5-2 所示。因此，本项目将分 3 个任务来完成。

图 5-2　STP 营销

任务一　市场细分

任务描述

市场细分是企业制订市场营销战略的第一步，是指企业从消费者需求差异出发来划分市场，把一个大市场划分为若干个相似小市场的过程。通过完成本任务，学生能够设计恰当的市场细分策略。

相关知识

一、正确认识市场细分的含义

（一）市场细分的定义

市场细分的概念是由美国市场学家温德尔·史密斯（Wendell Smith）于 1956 年提出来的。这个概念是第二次世界大战结束后，美国众多产品市场由卖方市场转化为买方市场形式下企业营销思想和营销战略发展的结果，更是企业贯彻"以消费者为中心"的现代市场营销观念的必然产物。

所谓市场细分就是指企业从消费者需求差异出发来划分市场，把一个大市场划分为若干个相似小市场的过程。每一个细分市场构成一个子市场，不同子市场之间，需求存在着明显差别。市场细分是 STP 战略的第一步。

（二）市场细分理论依据

市场细分产生的理论依据是异质性理论，即消费者的需求是有差异的。

消费者需求的差异性是指不同消费者之间的需求是不一样的。在市场上，消费者总是希望根据自己的独特需求去购买产品，我们根据消费者需求的差异性可以把市场分为"同质性需求"和"异质性需求"两大类。

同质性需求是指由于消费者需求的差异性很小，甚至可以忽略不计，因此没有必要进行市场细分，如洗涤用品的消费需求。异质性需求是指由于消费者所处的地理位置、社会环境不同、自身的心理和购买动机不同，造成他们对产品的价格、质量款式上需求的差异性，如服装的消费需求。这种需求的差异性就是我们市场细分的基础。

（三）市场细分的程序

麦肯锡提出了进行市场细分的一整套程序，这一程序一共包括 7 个步骤。

1. 选定产品市场范围

选定产品市场范围，也就是确定企业进入什么行业、生产什么产品。产品市场范围的确定应以消费者的需求为标准，而不是产品本身特性为标准。比如说一家房地产企业想要在乡下建一座简朴的住宅。若从消费者的角度来考虑问题，一些高收入者厌倦了城市的喧闹和高楼大厦，可能会非常向往乡间清净、简单的生活，因此可能会去买乡下的住宅。但是如果单从这座住宅的特性来考虑，企业可能会认为乡下收入不高的消费者不会有太多的购房需求，也就没有投产的必要。所以企业在选择产品市场范围的时候一定要确定好标准。

2. 明确潜在消费者的基本需求

潜在消费者的基本需求也是一个非常重要的因素。企业应该通过调查，了解潜在消费者的基本需求。还是房地产的这个例子，潜在消费者对住宅的基本需求可能包括遮风避雨、保暖、安全、经济、方便、设计合理、设施完备等。企业了解这些基本需求之后才能够迎合这些基本的需求去投资。

3. 了解不同消费者的需求

消费者的需求是多种多样的，不同层次的消费者群对于同一产品诉诸的需求也是不一样的。比如同样一座房子，遮风避雨、安全、经济等条件可能是所有消费者都会关心的问题。但是对于其他的基本需求，有的消费者会强调方便、设计合理；有的消费者则会强调安静、内部装修好等。因此企业在这个时候就应该做好定位和比较，不同消费者的需求差异才会被识别出来。在需求差异的认识基础上，什么样的市场细分更能取得效益，企业就应该优先选择它们。

4. 选取重要的差异需求为细分标准

企业在选择市场细分的时候，可以排除掉消费者的共同需求，把消费者的特殊需求作为市场细分的标准，这样才能够具体化消费者的需求，直入消费者的内心，满足消费者的需要。

5. 根据所选标准细分市场

企业在营销时，根据潜在消费者需求上的差异性，将消费者划分为不同的群体或者子市场，做到具体的市场细分。比如说房地产公司将消费者划分为老成者、好动者、度假者等多个群体，并据此采取不同的营销策略，这样就能够更加直接地定位到某种需求上。

6. 分析各个细分市场的购买行为

企业分析各个细分市场的购买行为是确定选择哪一种细分最根本的一个要素。企业的目的是盈利，因此，能够带来较大收益的市场细分才是一个最佳的选择。这就要求企业进一步细分市场的需求和购买行为，并找到其原因，以便在此基础上决定是否可以合并这些细分市场，或者对细分市场做进一步的细分。

7. 评估各个细分市场的规模

企业在仔细调查的基础上，评估每个细分市场的消费者数量、购买频率、平均每次购买数量等，并对细分市场上产品的竞争状态及发展趋势进行分析。因为这些因素影响着消费者的购买力，也就间接地影响到了企业的利润。

二、市场细分的意义

市场细分被现代企业誉为具有创造性的新概念，并把它作为从事市场营销的重要手段。市场细分对企业的营销实践有着以下重要的意义。

（一）有利于发掘市场机会

通过市场细分，企业可以对每个子市场的购买潜力、饱和程度、竞争情况等进行分析对比，寻找目前市场上的空白点，探索有利于本企业的市场机会，以此作为企业的目标市场。

（二）有利于上市产品适销对路

通过市场细分，企业可以了解现有市场各类消费者的不同消费需求和变化趋势，发现消费者尚未得到满足的需求，以此来生产符合市场需求的产品，有针对性地开展营销活动，从而达到让消费者满意、巩固企业市场份额，进一步取得可观经济效益的目标。美国宝洁公司，通过市场细分，开发了去头屑的"海飞丝"、使头发柔顺的"飘柔"、呵护营养发质的"潘婷"供不同消费者选择，使企业一直保持洗发水市场的领先地位。

（三）有利于制订营销策略

市场细分是企业制订营销策略的前提条件。一个企业的营销策略是针对自己的目标市场制订的。通过市场细分，企业可以根据自身的经营思想、方针及生产技术和营销力量，正确地选择目标市场，采取相应的营销组合，实现企业营销目标。同时，在细分的市场上，信息容易了解和反馈，一旦消费者的需求发生变化，企业可以迅速改变营销策略，制订相应的对策，以适应市场需求的变化，提高企业的应变能力和竞争力。

三、市场细分的标准

（一）消费者市场划分的标准

消费者市场划分标准如表 5-1 所示。

表 5-1 消费者市场划分标准

细分标准	具体因素
地理细分	国际或国内、省市或地区、城市或农村、地形、气候、交通、运输
人口细分	年龄、性别、收入、职业、教育、家庭状况、民族
心理细分	个性、生活方式、社会阶层
行为细分	市场反馈、追求利益、购买时机、使用者状况、忠诚程度

1. 按地理因素细分

按地理因素细分，就是按消费者所处的地理位置、自然环境等进行细分市场。具体变量包括：国际或国内、省市或地区、城市或农村、地形、气候、交通、运输等。因为处在不同地理环境下的消费者，对于同一类产品往往会有不同的需要与偏好。例如，在我国北方地区，冬天气候寒冷干燥，加湿器很有市场；但在江南地区，由于空气中湿度大，基本上不存在对加湿器的需求。对自行车的选购，城市居民喜欢式样新颖的轻便车，而农村的居民注重坚固耐用的加重车等。因此，对消费者市场进行地理细分是非常必要的。

2. 按人口因素细分

按人口因素细分，就是按年龄、性别、收入、职业、教育、家庭状况、民族等变量，将市场划分为不同的群体。不同年龄、受教育程度不同的消费者在价值观念、生活情趣、审美观念和生活方式等方面会有很大的差异，因而人口变量一直是细分消费者市场的重要依据。

例如，肯德基为了迎合日本人的口味，用土豆泥取代了炸薯条，蔬菜沙拉的含糖量也大大降低了，并增添了炸鱼和熏鸡等食品。

同步案例

"二战"后的美国市场

"二战"以后，美国的婴儿出生率迅速提高。20世纪60年代，美国经济繁荣，战后出生的一代已成长为青少年，面向青少年市场的产业及产品都获得了成功，其中迪士尼乐园就是成功的典范。到了20世纪70年代后期，受美国经济不景气的影响，出生率迅速下降，几乎所有原来面向婴幼儿和儿童市场的产品市场都出现了不同程度的萧条，迪士尼集团也不得不放下架子，除了继续以青少年为对象外，还增加了成人游乐项目，并经营酒店、高尔夫球等业务，使企业在新的市场环境下继续发展。

分析与思考：企业任何营销战略都不会是一成不变的，也不会是完美无缺的，随着企业营销战略外部环境和内部条件的变化，就必须进行变革，以达到企业的自我发展和自我完善。

请结合案例思考：

迪士尼乐园成功的原因是什么？

（1）年龄。不同年龄段的消费者，由于生理、性格、爱好、经济状况的不同，对消费品的需求往往存在很大的差异。因此，企业可以按年龄将市场划分为许多各具特色的消费者群，如儿童市场、青年市场、中年市场、老年市场等。从事服装、食品、保健品、药品、健身器材、书刊等商品生产经营业务的企业经常采用年龄变量来细分市场。

（2）性别。企业按性别可以将市场划分为男性市场和女性市场。不少商品在用途上有明显的性别特征，如男装和女装、男表与女表。在购买行为、购买动机等方面，男女之间也有很大的差异，如女士是服装、化妆品、节省劳动力的家庭用具、小包装食品等市场的主要购买者，男士则是饮料、体育用品等市场的主要购买者。美容美发、化妆品、珠宝首饰、服装等许多行业的企业长期以来按性别来细分市场。

（3）收入。收入的变化将直接影响消费者的需求欲望和支出模式。收入高的消费者会比收入低的消费者更易购买高价产品，如钢琴、汽车、豪华家具、珠宝首饰等；收入高的消费者一般喜欢到大百货公司或品牌专卖店购物，收入低的消费者则通常在住地附近的商店、仓储超市购物。因此，汽车、旅游、房地产等行业一般按收入变量细分市场。

（4）职业。不同职业的消费者，由于知识水平、工作条件和生活方式等的不同，其消费需求存在很大的差异，如教师比较侧重于书籍、报刊方面的需求，文艺工作者则比较侧重于美容、服装等方面的需求。

（5）教育。受教育程度不同的消费者，在志趣、生活方式、文化素养、价值观念等方面都会有所不同，因而他们的购买种类、购买行为、购买习惯也会不同。

（6）家庭状况。家庭状况主要分为单身家庭（1人）、单亲家庭（2人）、小家庭（2~3人）、大家庭（4人以上）。家庭人口数量不同，在住宅大小、家具、家用电器乃至日常消费品的包装大小等方面都会出现需求差异。

（7）民族。世界上大部分国家都拥有多种民族，我国更是一个多民族的大家庭。这些民族都有各自的传统习俗、生活方式，从而呈现出各种不同的商品需求。只有按民族对市场进行进一步细分，才能满足各族人民的不同需求，并进一步扩大企业的产品市场。

3. 按心理因素细分

按心理因素细分，就是企业将消费者按个性、生活方式、社会阶层等变量细分成不同的群体。比如美国有的服装公司就把妇女划分为"朴素型妇女""时髦型妇女""男子气质型妇女"这3种类型，分别为她们设计不同款式、颜色和质料的服装。现在越来越多的企业，尤其是在服装、化妆品、家具、餐饮、旅游等行业的企业越来越重视按照消费者的心理因素来细分市场。

4. 按行为因素细分

按行为因素细分，就是企业按照消费者购买时机、市场反应、追求利益、使用者状况、忠诚程度等变量来细分市场。比如许多产品的消费具有时间性，烟花爆竹的消费主要在春节期间，月饼的消费主要在中秋节以前，旅游点在旅游旺季生意最兴隆。

（二）生产者市场划分的标准

生产者的购买行为不同于消费者的购买行为，因此，其细分的标准与消费者市场的细分存在着不小的差异。除了使用与消费者市场共同的细分标准外，企业还要根据生产者市场的特点，补充必要的细分标准，主要有以下几个标准。

1. 按最终用户细分

企业按生产者市场上产品最终用户的不同，制订不同的营销策略，以满足不同用途生产者的需要和提供相应的售前、售中、售后服务。产品最终用户的不同要求，是生产者市场细分的最通用的标准。

2. 按用户规模细分

用户规模的大小决定其购买能力的大小，因此，用户规模也是生产者市场细分的重要依据。例如，企业对大用户市场和小用户市场应分别采取不同的营销组合。

3. 按用户地点细分

用户地点涉及当地资源条件、自然环境、地理位置、生产力布局等因素。企业按用户的地点来细分市场，选择用户较为集中的地区作为自己的目标市场，不仅联系方便，信息反馈快，而且可以更有效地规划运输路线，节省运力与运费；同时，也能更加充分地利用营销力量，降低营销成本。

4.按用户行业细分

企业按用户行业划分市场，使企业目标更加集中，容易研究掌握市场变化、发展趋势，更好地满足生产者市场的需要。

四、市场细分的方法

市场细分的方法主要有单一因素法、多种因素法、综合因素法。

（一）单一因素法

所谓单一因素法，就是指选择一个细分变量来进行市场细分的方法。企业根据市场营销调研结果，把选择影响消费者或用户需求最主要的因素作为细分变量。这种细分法是以企业的经营实践、行业经验和对组织客户的了解为基础的。比如服装市场就可以用单一因素细分法做如下细分，如图5-3所示。

图5-3　单一因素法

（二）多种因素法

所谓多种因素法，就是指选择 2～3 个细分变量来进行市场细分的方法。比如某地的皮鞋市场就可以用多种因素细分法做如下细分，如图5-4所示。

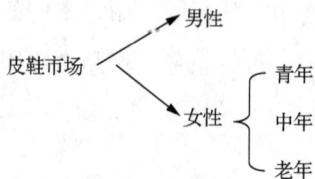

图5-4　多种因素法

（三）综合因素法

所谓综合因素法，就是指选择3个以上细分变量来进行市场细分的方法。比如玩具市场就可以用综合因素细分法做如下细分，如图5-5所示。

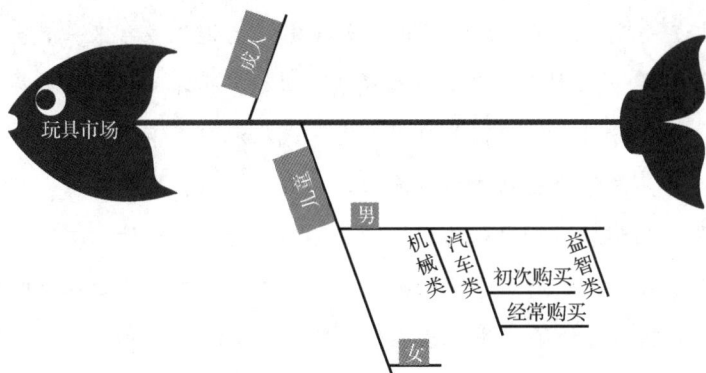

图 5-5 综合因素法

五、有效的市场细分

（一）可衡量性

可衡量性是指用来细分市场的变量及细分后的市场是可以识别和衡量的，否则，将不能作为细分市场的依据。一般来说，一些带有客观性的变量，如年龄、性别、收入、地理位置、民族等都易于确定，并且有关的信息和统计数据也比较容易获得；而一些带有主观性的变数，如心理和性格方面的变量，就比较难以确定。

（二）可盈利性

可盈利性是指所选择的细分市场有足够的需求量并且有可拓展的潜力，以使企业赢得长期稳定的利润。如一个普通大学的餐馆，如果专门开设一个西餐馆满足少数师生酷爱西餐的要求，可能由于这个细分市场太小而得不偿失。

（三）可差异性

可差异性是指在不同的细分市场上消费者的需求不同。比如普通家庭用水就没有进行细分的必要。

（四）可进入性

可进入性是指企业所选择的细分子市场是否易于进入，企业是否能够进行有效的促销和分销。可进入性实际上就是考量营销活动的可行性。

任务实施

■ **背景资料：**

日本泡泡糖市场年销售额约为 740 亿日元，大部分为"劳特"公司所垄断。江崎糖业公司也想进入泡泡糖市场，于是，它成立了市场开发团队，专门研究霸主"劳特"产品的不足和短处，寻找市场的缝隙。经过周密调查分析，终于发现"劳特"的不足：以成年人为对象的泡泡糖市场正在扩大，而"劳特"却仍旧把重点放在儿童泡泡糖市场上；"劳特"的产品主要是果味型泡泡糖，而现在消费者的需求正在多样化；"劳特"多年来一直生产单调的条板状泡泡糖，缺乏新型式样；"劳特"产品的价格是 110 日元，顾客购买时需多掏 10 日元的硬币，往往感到不方便。通过分析，江崎糖业公司决定以成人泡泡糖市场为目标市场，并制订了相应的市场营销策略。不久便推出功能性泡泡糖四大产品：司机用泡泡糖，使用了高浓度薄荷和天然牛黄，以强烈的刺激消除司机的困倦；交际用泡泡糖，可清洁口腔，祛除口臭；体育用泡泡糖，内含多种维生素，有益于消除疲劳；轻松型泡泡糖，通过添加叶绿素，可以改变人的不良情绪。同时精心设计了产品的包装和造型，价格则定为 50 日元和 100 日元两种，避免了找零钱的麻烦。功能性泡泡糖问世后，像飓风一样席卷全日本。江崎糖业公司不仅挤进了由"劳特"独霸的泡泡糖市场，而且占领了一定的市场份额，从零猛升到 25%，当年销售额达 175 亿日元。

■ **实训目标：**

通过实训，学生明确市场细分的意义，能够能根据市场环境和竞争状况的变化设计恰当的市场细分策略，以保证营销目标的实现。

■ **实训要求：**

学生结合背景资料，分析江崎糖业公司成功的原因是什么。

（1）本次实训以小组为单位，要求所有学生积极参与。

（2）小组成员要分工合作，注意团队合作意识的培养。

（3）实训报告格式规范，内容完整。

（4）结构合理、层次分明。

（5）分析正确、选择策略要得当。

■ **操作步骤：**

（1）教师将班级学生分成若干学习小组，教师布置实训任务，请全体同学明确实训目的和实训要求。

（2）学生分析背景资料，了解市场细分的标准及市场细分的方法，为分析江崎糖业公司成功的原因做好充分准备。

（3）各小组在班内进行讨论、互评、交流。

（4）教师进行归纳总结。

（5）教师汇总大家意见完成小组实训报告。

■ **实训报告：**

实训结束以小组为单位撰写实训报告。实训报告的主要内容如下：

（1）实训名称、实训日期，班级、实训组别。

（2）实训目的。学生应简明概述本实训通过何种方法，训练了哪些技能，达到了什么目的。

（3）实训心得。学生总结分析实训中的收获及存在的问题，提出改进建议。

任务二　选择目标市场

任务描述

目标市场是指在细分市场的基础上，企业准备以相应的产品和服务满足其需要的一个或几个子市场。选择目标市场是企业制订市场营销战略的第二步。通过完成本任务，学生能够根据不同目标市场采用不同的目标市场策略。

相关知识

一、目标市场的含义

目标市场是指在细分市场的基础上，企业准备以相应的产品和服务满足其需要的一个或几个子市场。

做中学

英国的一家小油漆厂，经过市场调查，对市场做了如下细分：占据 60%份额的本地市场，是一个较大的市场，对各种油漆产品都有潜在需求，但是该厂无力参与竞争。另有 4 个子市场，各占 10%的份额：第一个是家庭主妇群体，其特点是不懂室内装饰需要什么油漆，但是要求油漆质量好，希望油漆商提供设计，油漆效果美观；第二个是油漆工助手群体，他们需要购买质量较好的油漆，替住户进行室内装饰，他们过去一向从老式金属器具店或木材厂购买油漆；第三个是老油漆技工群体，他们的特点是一向不买调好的油漆，只买颜料和油料自己调配；第四个是对价格敏感的青年夫妇群体，他们收入低，租公寓居住，按照英国的习惯，公寓住户在一定时间内必须油漆住房，以保护房屋，因此，他们购买油漆不求质量，只要比白粉刷浆稍好就行，但要求油漆价格便宜。

经过研究，该厂决定选择青年夫妇作为目标市场，并制订了相应的市场营销组合：（1）产品。经营少数不同颜色、不同包装大小的油漆，并根据目标消费者的喜好，随时增加、改变或取消颜色品种和装罐大小。（2）分销。产品送抵目标消费者住处附近的每一家零售商店，目标市场范围内一旦出现新的商店，立即招徕经销本厂产品。（3）价格。保持单一低廉价格，不提供任何特价优惠，也不跟随其他厂家调整价格。（4）促销。以"低价""满意的质量"为号召，以适应目标消费者的需求特点，定期变换商店布置和广告版本，创造新颖形象，并变换使用广告媒体。

由于市场选择恰当，市场营销战略较好地适应了目标消费者，虽然经营的是低档产品，该企业仍然获得了很大成功。

分析：请说明这家小油漆厂成功的原因。

二、目标市场的选择

（一）目标市场选择原则

1. 市场容量大

企业进入某一子市场是期望能够有利可图，如果市场规模狭小或者趋于萎缩状态，企业进入后则难以获得发展。因此，企业所确定的目标市场必须足够大，有一定的规模和发展潜力，能够保证企业获得足够的经济效益，因为消费者的数量是企业利润的来源之一。

2. 竞争优势强

企业所选择的目标市场是竞争对手尚未满足的，因而有可能属于自己的市场。某些细分市场虽然有较大吸引力，但不能推动企业实现发展目标，甚至分散企业的精力，使之无法完成其主要目标，这样的市场应考虑放弃。与此同时，企业还应考虑资源条件是否适合在某一细分市场经营。只有选择那些企业有条件进入、能充分发挥其资源优势的市场作为目标市场，企业才会立于不败之地。

（二）目标市场选择策略

目标市场的选择策略，即关于企业为哪个或哪几个细分市场服务的决定。通常有 5 种模式供参考，如图 5-6 所示。

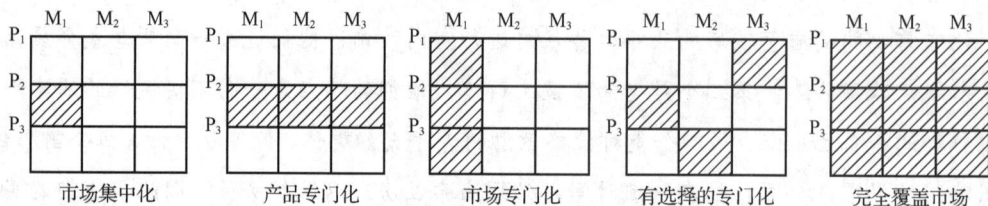

图 5-6 目标市场选择策略

注：M 是 Market，代表市场；P 是 Product，代表产品。

1. 市场集中化

企业选择一个细分子市场，集中力量为之服务。这种策略意味着企业只生产一种标准化产品，只供应某一消费者群。较小的企业通常采用这种策略，它可以帮助企业实现专业化生产和经营，企业在取得成功后再逐步向其他细分子市场扩展。

2. 产品专门化

企业集中生产一种产品，并向所有消费者销售这种产品。如服装厂商向青年、中年和老年消费者销售高档服装，而不生产其他档次的服装。这样，企业在高档服装产品方面树立很高的声誉，但一旦出现其他品牌的替代品或消费者流行的偏好转移，企业将面临巨大的威胁。

3. 市场专门化

企业向同一细分子市场提供不同类型的产品。如企业专门为老年消费者提供各种档次的服装。企业专门为这个消费者群服务，能建立良好的声誉。但一旦这个消费者群的需求潜量和特点发生突然变化，企业将要承担较大风险。

4. 有选择的专门化

企业有选择地进入多个细分子市场，每个细分子市场对企业的目标和资源利用都有一定的吸引力，企业向这些细分子市场分别提供不同类型的产品。选择这种策略的主要原因是，各细分市场之间相关性较小，每个细分子市场都有着良好的营销机会与发展潜力。这种策略的优点是，有利于分散企业的经营风险，即使失去某一细分市场，企业仍可在其他细分市场上经营盈利。较大的企业通常采用这种策略。

5. 完全覆盖市场

企业全方位进入各细分子市场，为所有细分子市场提供它们所需要的不同类型的产品，即以所有的细分子市场作为目标市场。这是大企业为在市场上占据领导地位抑或垄断全部市场时采取的目标市场范围策略。一般只有实力强大的大企业才能采用这种策略。如 IBM 公司在计算机市场、可口可乐公司在饮料市场开发众多的产品，满足各种消费需求。

三、目标市场的营销策略

根据所选择的细分市场数目和范围，目标市场营销策略可以分为无差异目标市场策略、差异性目标市场策略和集中性目标市场策略这 3 种方式。

（一）无差异目标市场策略

无差异目标市场策略是指企业不进行市场细分，而是把整个市场作为一个大的目标市场，用一种产品，统一的营销组合策略对待整个市场，如图 5-7 所示。例如，可口可乐公司在 60 年代以前曾以单一口味的品种、统一的价格和瓶装、同一广告主题将产品面向所有消费者，就是采取的无差异目标市场策略。无差异目标市场策略的优点是可以节约成本。生产单一产品，可以减少生产与储运成本；无差异的广告宣传和其他促销活动可以节省促销费用；不搞市场细分，可以减少企业在市场调研、产品开发、制订各种营销组合方案等方面的营销投入。这种策略的缺点是无法满足消费者多种多样的需求。因此这种策略对于需求广泛、市场同质性高且能大量生产、大量销售的产品比较合适，但对大多数产品并不合适。

| 市场营销策略组合 | → | 整个市场 |

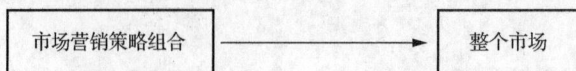

图 5-7　无差异目标市场策略

（二）差异性目标市场策略

差异性目标市场策略是指企业在对市场进行细分的基础上，根据各细分子市场的不同需要，分别设计不同的产品和运用不同的市场营销组合服务于各细分子市场，如图 5-8 所示。例如，服装生产企业针对不同性别、不同收入水平的消费者推出不同品牌、不同价格的产品，并采用不同的广告主题来宣传这些产品，就是采用的差异性目标市场策略。差异性目标市场营销策略的优点是可以有针对性地满足具有不同特征的消费者群的需求，此外，由于企业是在多个细分市场上经营，一定程度上可以减少经营风险。其缺点是增加营销成本，由于产品品种多，管理和存货成本将增加；由于企业必须针对不同的细分市场发展制订独立的营销计划，会增加企业在市场调研、促销和渠道管理等方面的营销成本。

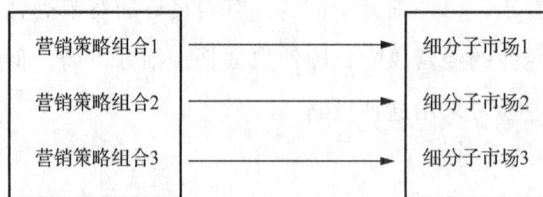

营销策略组合1	→	细分子市场1
营销策略组合2	→	细分子市场2
营销策略组合3	→	细分子市场3

图 5-8　差异性目标市场策略

（三）集中性目标市场策略

集中性目标市场策略是指企业集中全部力量于一个或极少数几个对企业最有利的细分子市场，提供能满足这些细分子市场需求的产品，以期在竞争中获取优势，如图 5-9 所示。一般来说，实力有限的中小企业多采用集中性目标市场策略。集中性目标市场策略的优点是适合资源薄弱的小企业；缺点是具有较大的集中风险。例如，专门针对大学生生产的护肤品"星纯"采用的就是集中性目标市场策略。

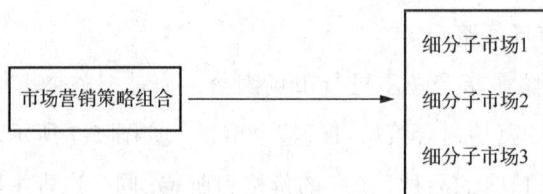

市场营销策略组合	→	细分子市场1
		细分子市场2
		细分子市场3

图 5-9　集中性目标市场策略

任务实施

■ 背景资料：

菲利普·莫里斯公司几年前买下了经营不善的米勒酿酒公司。为了了解消费者购买啤酒的原因，新的"米勒"酿酒公司调查了美国的啤酒消费者，发现啤酒的最大消费群是男性年轻人，主要是蓝领工人。同时还发现，这些蓝领工人是在酒吧里和同伴一起喝酒，而不是在家里和妻子一起饮用。在公司买下米勒啤酒公司以前，作为主要消费力量的蓝领工人几乎没有引起公司的重视。因此，新"米勒"公司决定抛弃以往"香槟"的概念，推出"米勒好生活"牌啤酒——一种适应工人口味的新啤酒。为了进入目标市场，米勒公司只在电视上做广告，这是蓝领工人们所乐于选择的传播媒介，并集中在他们所喜爱的体育节目时间播出。米勒的广告词对石油、铁路、钢铁等行业工人的工作大加赞赏，把他们描绘成健康的、干着重要工作的，并为自己是班组一员而自豪的工人。由于不少消费者在钓鱼或打猎时也要喝很多啤酒，新"米勒"公司开始使用听装，并开始向超级市场供货，而且，公司还向全国各地的酒店和保龄球场销售其产品。仅仅一年半的时间，"米勒"啤酒已跃居美国啤酒市场占有率第一位。

■ 实训目标：

通过实训，学生掌握目标市场策略，能够根据不同类型，不同档次的产品采用不同的目标市场策略。

■ 实训要求：

学生结合背景资料，了解目标市场的策略有哪些，分析"米勒"啤酒为什么能够起死回生。

（1）本次实训以小组为单位，要求所有学生积极参与。

（2）小组成员要分工合作，注意团队合作意识的培养。

（3）实训报告格式规范，内容完整。

（4）结构合理、层次分明。

（5）分析正确、选择策略要得当。

■ 操作步骤：

（1）教师将班级学生分成若干学习小组，教师布置实训任务，请全体同学明确实训目的和实训要求。

（2）学生分析市场现状，为正确评价企业目标市场策略做好充分准备。

（3）学生明确目标市场策略的类型和适用产品。

（4）学生分析"米勒"啤酒为什么能够起死回生。

（5）学生汇总大家意见完成小组实训报告。

■ 实训报告：

实训结束后，学生以小组为单位撰写实训报告。实训报告的主要内容如下：

（1）实训名称、实训日期，班级、实训组别。

（2）实训目的。学生应简明概述本实训通过何种方法，训练了哪些技能，达到了什么目的。

（3）实训心得。学生总结分析实训中的收获及存在的问题，提出改进建议。

任务三 市场定位

任务描述

市场定位是企业制订市场营销战略的第三步，是指企业根据所选定的目标市场的竞争状况和自身条件，确定企业的产品和服务在目标市场上特色、形象和位置的过程。通过完成本任务，学生能够根据企业不同情况进行战略规划。

相关知识

一、市场定位的含义

市场定位是市场营销学中的一个重要概念，它是由美国营销学家艾·里斯和杰克特劳特在 1972 年提出的。市场定位是指企业根据所选定的目标市场的竞争状况和自身条件，确定企业的产品和服务在目标市场上特色、形象和位置的过程。市场定位并不是你对一件产品本身做些什么，而是你在潜在消费者的心目中做些什么。市场定位的实质是使本企业与其他企业严格区分开来，使消费者明显感觉和认识到这种差别，从而在消费者心目中占有特殊的位置。市场定位的目的就是在目标消费者心目中树立产品独特的形象。

二、市场定位的原则

各个企业经营的产品不同，面对的消费者也不同，所处的竞争环境也不同，因而市场定位所依据的原则也不同。总的来讲，市场定位所依据的原则有以下 4 个。

（一）根据具体的产品特点定位

构成产品内在特色的许多因素都可以作为市场定位的原则，如所含成分、材料、质量、价格等。例如，"泰宁诺"止痛药的定位是"非阿司匹林的止痛药"，其显示的药物成分与以往的止痛药有本质的差异。又如，一件仿皮皮衣与一件真正的水貂皮衣的市场定位自然不会一样。同样，不锈钢餐具与纯银餐具的市场定位也不会相同。

（二）根据特定的使用场合及用途定位

为老产品找到一种新用途，是为该产品创造新的市场定位的好方法。例如，小苏打曾一度被广泛地用作家庭的刷牙剂、除臭剂和烘焙配料。又如，我国曾有一家生产曲奇饼干的厂家最初将其产品定位为家庭休闲食品，后来又发现不少消费者购买是为了馈赠，于是又将之定位为礼品。

（三）根据消费者得到的利益定位

产品提供给消费者的利益是消费者最能切实体验到的，也可以用作定位的依据。

（四）根据使用者类型定位

企业常常试图将其产品指向某类特定的使用者，以便根据这些消费者的看法塑造恰当的形象。

事实上，许多企业进行市场定位所依据的原则往往不止一个，而是多个原则同时应用。因为要体现企业及其产品的形象，市场定位必须是多维度、多侧面的。

三、市场定位的程序

（一）分析目标市场现状

企业要在调查、分析目标市场现状基础上，明确竞争者与自身状况，为市场定位的下一步骤做准备。为此，企业需要了解：目标市场上的消费者需要什么，这些需要是否得到满足，满足的程度如何；竞争者在目标市场上做了什么，做得如何，自己能为目标消费者做些什么，应如何去做。

（二）准确选择竞争优势

企业要在经营管理、技术开发、采购、生产、市场营销、财务和产品这7个方面中选出最适合本企业的优势项目，以初步确定企业在目标市场上所处的位置。

（三）展示企业竞争优势

企业要积极主动地通过广告宣传和各种促销活动与目标消费者沟通，将其独特的竞争优势传播给潜在消费者，引起消费者对本企业及产品形象特征的注意和兴趣，取得他们的认同，以便对消费者的购买行为产生影响。

四、市场定位的策略

市场定位策略是塑造一种产品在市场上位置的办法。市场定位策略是一种竞争策略，它显示了一种产品或一家企业同类似的产品或企业之间的竞争关系。

（一）迎头定位

迎头定位又称"竞争性定位""对峙性定位""针对式定位"，是指企业与市场上占支配地位的、实力较强的竞争对手发生正面竞争，采用大体相同的营销策略，与其争夺同一个市场，使自己的产品进入与对手相同的市场位置。由于竞争对手强大，这一竞争过程往往相当引人注目，企业及其产品能较快地为消费者了解，达到树立市场形象的目的。这种策略可能引发激烈的市场竞争，具有较大的风险。因此，企业必须知己知彼，了解市场容量，正确判定凭自己的资源和能力是否能比竞争者做得更好，或者能否平分秋色。迎头定位的优点是竞争过程中相当惹人注目，甚至产生所谓轰动效应，企业及其产品可以较快地为消费者或用户所了解，易于达到树立市场形象的目的；其缺点是具有较大的风险。

（二）避强定位

避强定位是指企业力图避免与实力较强的其他企业直接发生竞争，而将自己的产品定位于另一市场区域内，使自己的产品在某些特征或属性方面与较强的对手有比较显著的区别。避强定位是一种"见缝插针""拾遗补缺"的定位方法。可口可乐和百事可乐是软饮料市场的领军品牌，市场占有率都很高，在消费者心中的地位不可动摇。所以，七喜汽水将产品定位于"非可乐型饮料"就避免了与两大巨头的正面竞争。中、小型企业产品定位关键在于避强。避强定位的优点是有利于树立企业形象，使企业在市场上能快速站稳脚跟，风险小；其缺点在于企业有可能不得不放弃最佳市场位置。

（三）重新定位

重新定位是指企业发现最初选择的定位战略不科学、不合理，营销效果不明显，继续实施下去很难成功获得强势市场定位时，及时采取更换品牌、更换包装、改变广告诉求策略等一系列二次定位方法的总称。重新定位是企业摆脱经营困境，寻求新的活力的有效途径。此外，企业如果发现新的产品市场范围，也可以进行重新定位。企业重新定位的目的在于能够使企业获得新的、更大的市场活力。

任务实施

■ **背景资料：**

德国人口中约有 11% 是左撇子，左撇子要使用左手工具，如镰刀、木锯、高尔夫球棒。德国人认为自己动手干活是一种享受，因此，有一位德国商人发现商机，开设了一家左撇子工具店。左撇子工具店开张后深受欢迎，生意不错，成为当地最大的工具商店。

■ **实训目标：**

通过实训，学生掌握市场营销战略相关知识，能够根据企业不同情况进行战略规划。

■ **实训要求：**

学生结合背景资料，分析这位德国商人是从什么角度市场细分（即划分市场）的？该店的目标市场（即顾客公众）是谁？该店的市场定位（即市场位置）如何？

（1）本次实训以小组为单位，要求所有学生积极参与。

（2）小组成员要分工合作，注意团队合作意识的培养。

（3）实训报告格式规范，内容完整。

（4）结构合理、层次分明。

（5）分析正确、选择策略要得当。

■ 操作步骤:

（1）教师将班级学生分成若干学习小组，教师布置实训任务，请全体同学明确实训目的和实训要求。

（2）学生分析背景资料，为实训做好充分准备。

（3）学生明确市场营销战略的相关知识。

（4）学生分析德国商人成功之处。

（5）教师汇总大家意见完成小组实训报告。

■ 实训报告:

实训结束以小组为单位撰写实训报告。实训报告的主要内容如下。

（1）实训名称、实训日期，班级、实训组别。

（2）实训目的。学生应简明概述本实训通过何种方法，训练了哪些技能，达到了什么目的。

（3）实训心得。学生总结分析实训中的收获及存在的问题，提出改进建议。

项目小结

现代市场营销战略的核心可以被描述为 STP 营销，即市场细分、目标市场和市场定位。

市场细分是指企业从消费者需求差异出发来划分市场，把一个大市场划分为若干个相似小市场的过程。每个细分市场构成一个子市场，不同子市场之间，需求存在着明显差别。市场细分是 STP 战略的第一步。

消费者市场划分的标准有地理因素、人口因素、心理因素、人口因素。

市场细分的方法有单一因素法、多种因素法、综合因素法。

目标市场是指企业在细分市场的基础上，准备以相应的产品和服务满足其需要的一个或几个子市场。

目标市场营销策略有无差异性目标市场策略、差异性目标市场策略、集中性目标市场策略。

市场定位是指企业根据所选定的目标市场的竞争状况和自身条件，确定企业的产品和服务在目标市场上特色、形象和位置的过程。

市场定位的策略有避强定位、迎头定位、重新定位。

自我检测

一、判断题

1. 市场细分的原则是市场划分得越细越好。（　　）

2. 市场定位就是决定企业的服务对象。（　　）

3. 市场细分的基础是消费需求的差异性。（　　）

4. 集中性营销策略是用一种市场营销策略组合满足全部市场的需要。（　　）

5. 生活方式是属于行为细分范围的。（　　）

二、选择题

1. 新产品刚刚上市，采用下述（　　）目标市场营销战略较为适宜。

    A. 无差异性   B. 差异性   C. 集中性   D. 产品差异化

2. 将市场划分为城镇市场和农村市场，其划分标志是（　　）。

    A. 人口因素   B. 地理因素   C. 行为因素   D. 心理因素

3. 某公司只经营男士西服、衬衫、大衣等，这种选择属于（　　）。

    A. 市场集中化   B. 产品专门化

    C. 市场专门化   D. 有选择的专门化

4. 具有同质性且需求弹性较小的产品，宜采取（　　）市场策略。

    A. 无差异性营销策略   B. 差异营销策略

    C. 集中性营销策略   D. 以上都不对

5. 捷尔达公司生产的自行车专门满足青年人的需要，这是实施了（　　）。

    A. 无差异性营销策略   B. 差异营销策略

    C. 集中性营销策略   D. 以上都不对

三、简答题

1. 市场细分的方法有哪些？

2. 何为有效的市场细分？

3. 市场定位策略包含哪些内容？

项目六
开发产品策略

项目导入

通过前期的学习和实践，王斌对市场营销有了一定的认识，也更加喜欢这份工作。接下来，王斌又要投入到制订营销策略的工作中了。通过学习，他知道营销策略的第一个策略就是产品策略。产品策略都包括哪些内容，在营销中有什么作用，如何实施产品策略呢？他通过书本学习掌握了相关知识后，在实践中也跃跃欲试。

项目分析

产品策略是市场营销策略的核心组成部分，要想在市场营销竞争中取胜，首先需要有一定的产品。产品的生命周期、品牌知名度、产品包装以及新产品的开发，对整个营销活动具有重要意义。了解产品的组合策略、掌握产品不同生命周期的特点及营销策略，学会新产品开发的程序，掌握品牌和包装的设计，才能为市场营销竞争打好基础。本项目内容主要包括产品整体概念、产品生命周期、新产品开发策略、品牌与包装策略。

学习目标

知识目标：
1. 了解产品的层级概念及产品组合策略。
2. 明确产品生命周期的特点及营销策略。
3. 掌握新产品开发的策略。
4. 明确品牌与包装策略的种类。

技能目标：

1. 能够分析产品组合策略。

2. 能够判断产品生命周期及营销策略。

3. 能够根据原则设计品牌和商标。

学习内容思维导图如图 6-1 所示。

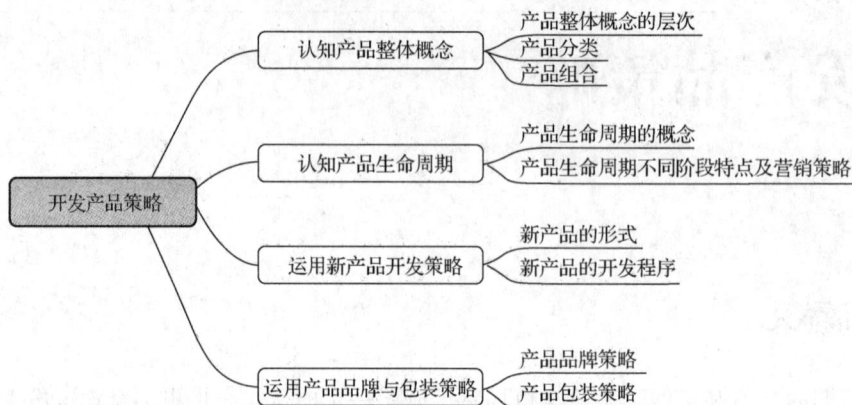

图 6-1　开发产品策略学习内容思维导图

任务一　认知产品整体概念

任务描述

在市场营销学中，产品具有 5 个层级，营销人员应了解不同层级的特点，并根据每个层级的特点有效开展营销活动。通过完成本任务，学生能够掌握产品的整体概念，为实施产品策略打好基础。

相关知识

人们通常认为产品是具有某种特定物质形状和用途的物品，是看得见、摸得着的东西。而市场营销学认为，产品是指人们通过购买而获得的能够满足某种需求和欲望的物品的总和，它既包括具有物质形态的产品实体，又包括非物质形态的利益（如服务、体验、产权、信息等）。这就是"产品的整体概念"。

一、产品整体概念的层次

著名营销大师菲利普·科特勒认为，产品整体概念包含 5 个层级，分别是核心产品、有形产品、期望产品、附加产品和潜在产品。产品整体概念的 5 个层次如图 6-2 所示。

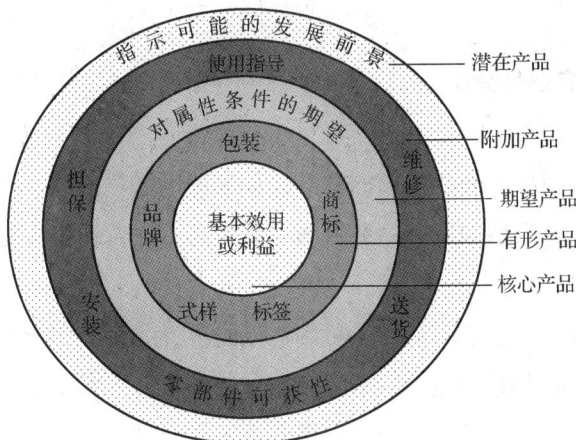

图 6-2 产品整体概念的 5 个层次

（一）核心产品

核心产品也称实质产品或核心利益，是指消费者购买某种产品时所追求的根本利益。核心产品是产品整体概念中最基本、最主要的部分。消费者购买某种产品，并不是为了获得产品本身，而是为了获得能满足某种需要的效用或利益。比如买羽绒服，首先要满足保暖御寒的需要；买化妆品，满足的是美丽的需要。

（二）有形产品

有形产品也称形式产品，是核心产品借以实现的形式，即向市场提供的实体和服务的形象。核心产品需要通过一定的形式表现出来，如羽绒服的质量水平、款式、包装、品牌、颜色等，就是它的有形产品层次。市场营销者应在满足消费者核心利益的同时，寻求利益得以实现的最佳形式，以求更完美地满足消费者需要。

（三）期望产品

期望产品指消费者在购买产品时期望得到解决的一组特性或者条件。如消费者对羽绒服的期望可以是保暖性能好，或者款式时尚。

（四）附加产品

附加产品是消费者购买有形产品时所获得的全部附加服务和利益，包括免费送货、安装、售后保障、提供信贷等。在形式产品类似的情况下，竞争主要集中在附加产品层次上。正如美国学者西奥多·莱维特曾经指出，新的竞争不是发生在各个公司的工厂生产什么产品，而是发生在其产品能提供何种附加利益。

（五）潜在产品

潜在产品指现有产品在未来所有可能的演变趋势和前景。企业在这一层次中寻找新的方式来满足消费者，并使自身产品与其他产品实现差异化。

二、产品分类

根据产品的特征或者购买方式，企业可以对产品进行分类。每个类别都有一个最适合的营销组合策略。

（一）以耐用性和有形性分类

1. 耐用品

耐用品指可以长期使用，并且有形的商品，如家用电器、家具、生产设备和服装等。耐用品营销需要更多的人员推销和服务，获取的利润较高，在营销中应提供更多的卖方保障。

2. 易耗品

易耗品也称非耐用品，是有形商品，通常有一种或几种用途，流动性大，容易损耗，需要经常购买。易耗品的营销策略是卖点多，购买方便，薄利多销，并通过广告宣传建立品牌偏好。

3. 服务

服务指无形的、不能存储的、不可分割的商品。比如美容美发、心理咨询和设备维修等。服务类产品不可触摸，更需要提供质量控制和提供者的信誉。

（二）以购买习惯分类

1. 便利品

便利品指购买方便，使用频繁的产品。比如香皂、牙膏、杂志等。便利品又可以分为日用品、冲动品和应急品三类。日用品指供消费者日常使用，有规律的购买的产品；冲动品是哪些事先没有计划，也不用费力寻找而购买的产品；应急品是在急需的情况下购买的产品。

2. 选购品

选购品指购买不太频繁，消费者通过对产品的质量、款式、功能等进行有针对性的比较，进而做出选择的产品。家具、家电、服装都属于选购品。

3. 特殊品

特殊品指价格昂贵、购买次数较少、购买风险较高的产品。产品具有独特的品牌或标识，消费者以理性购买为主，愿意为之付出购买努力。品牌汽车、珠宝、房产属于特殊品。

4. 非渴求品

非渴求品指消费者不知道的物品，或者虽然知道却没有兴趣购买的物品，如人参、人寿保险等。

（三）以产业用品分类

产业用品是指不用于个人和家庭消费，而用于生产、销售或执行某种职能的产品。

1. 进入成品的物品

进入成品的物品包括原材料、加工过的材料和零部件等。建立品牌商标和商誉，是这类产品营销的重要举措。

2. 间接进入成品的物品

间接进入成品的物品包括建筑物及土地权、重型设备、轻型设备以及维护、修理和经营用品等。这类产品在营销中应注意降低经营成本。

3. 商业服务

商业服务是指为了维护组织运作所需要购买的一些服务，其中既包括个人消费的服务，也包括企业和政府消费的服务。例如，用户购买设备时一起购买的无形的产品服务就是一种商业服务。企业加强对服务人员的管理，在服务营销中具有重要意义。

三、产品组合

企业很少只生产单一产品，大部分企业会提供不同型号或者功能的产品。比如某乳业公司生产纯牛奶、酸牛奶、奶粉、乳饮料等产品。每种产品下又有不同的规格，如纯牛奶分为盒装和袋装，酸牛奶分为瓶装、杯装和袋装等。企业通过不同规格、不同形式的产品，满足消费者不同的需要。

（一）产品组合的相关概念

1. 产品线

产品线指一群相关的产品（这类产品可能功能相似，销售给同一消费者群），经过相同的销售途径，或者在同一价格范围内销售。如某乳业公司有纯牛奶、酸牛奶、奶粉、乳饮料这 4 条产品线。

2. 产品项目

产品项目指在同一产品线中，由不同的尺码、价格、外观、品牌等相区别的具体产品。如某乳业公司的酸奶产品线中有每日活菌、纯享、老酸奶、风味酸奶等产品项目。

3. 产品组合

产品组合指一个企业在一定时期内生产经营的各种不同产品、产品项目的组合，它是企业提供给市场的全部产品线和产品项目。对于企业经营来说，经营的产品并不是越多越好，企业应该生产和经营哪些产品，这些产品之间应该有些什么配合关系，这就是产品组合问题。

（二）产品组合的要素

产品组合包括 4 个因素，分别为：产品组合的宽度、长度、深度和关联度。这 4 个因素的不同，构成了不同的产品组合。表 6-1 为某乳业公司的产品组合长度与宽度。

表 6-1　　　　　　　　　　某乳业公司的产品组合长度与宽度

某乳业公司的产品组合长度与宽度	产品线的长度	产品组合的宽度			
		纯牛奶	酸奶	奶粉	乳饮料
		优质牧场 利乐枕 麦香奶 香蕉牛奶	酪爵庄园 斯浓布丁 老酸奶 大果粒 养生酸奶	纯金装系列 超金装系列 白金装系列 小鲁班系列 磐意系列 乐钙系列 益生菌系列	每日活菌 君享

1．产品组合宽度

产品组合宽度指企业的产品线总数。如某乳业公司有纯牛奶、酸牛奶、奶粉、乳饮料这4条产品线，那么它的产品组合宽度即为4。产品组合的宽度说明了企业经营范围的大小。

2．产品组合长度

产品组合长度是一个企业的产品项目总数。如某乳业公司有奶粉纯金装系列、超金装系列、白金装系列、小小鲁班系列、馨意系列、乐钙系列、益生菌系列这7款奶粉，那么其奶粉产品线的产品项目数即为7。

3．产品组合深度

产品组合深度指产品线中每一产品项目有多少品种。如纯金装奶粉有桶装和盒装两种规格，分为3个年龄阶段，则产品的深度是6。产品组合的深度反映了企业满足各个不同细分子市场的程度。

4．产品组合关联度

产品组合关联度指一个企业的各产品线在最终用途、生产条件、分销渠道等方面的相关联程度。某乳业公司的产品在销售渠道、最终用途方面相同或相似，因此产品线的关联度比较高。较高的产品关联度能带来企业的规模效益，提高企业在某地区或某行业的声誉。

（三）产品组合策略

市场环境千变万化，企业应针对市场的变化，调整现有产品结构，保持产品结构最优化，这就是产品组合策略。常见的产品组合策略有以下几种。

1．扩大产品组合策略

扩大产品组合策略是开拓产品组合的广度和加强产品组合的深度。开拓产品组合的广度是指增添一条或几条产品线，扩展产品经营范围；加强产品组合的深度是指在原有的产品线内增加新的产品项目。具体方式如下。

（1）在维持原产品品质和价格的前提下，增加同一产品的规格、型号和款式。

（2）增加不同品质和不同价格的同一种产品。

（3）增加与原产品相类似的产品。

（4）增加与原产品毫不相关的产品。

扩大产品组合的策略不仅可以满足不同偏好的消费者多方面的需求，提高产品的市场占有率；还能够充分利用企业资源和剩余生产能力，提高经济效益，扩大经营规模；在企业遭遇竞争时，能够减少市场需求变化带来的负面影响，降低损失程度。

2．缩减产品组合策略

缩减产品组合策略指削减产品线或产品项目，特别是取消那些获利小的产品，集中力量经营获利大的产品线和产品项目。缩减产品组合可以采用减少产品线数量，实现专业化生产经营的方式，也可以采用削减产品线下的某些产品项目，停止某类产品生产的方式。

缩减产品组合策略不仅有利于企业集中优势资源和技术力量，实现生产经营专业化，提高产品品质；还能够降低企业生产成本，提高生产效率，在一定程度上提高品牌知名度。

3. 产品线延伸策略

产品线延伸策略指在现有产品线的基础上，通过增加高档或者低档的产品项目，扩大产品经营的策略。产品线延伸策略可以分为向上延伸策略和向下延伸策略。

向上延伸策略也称高档产品策略，就是在原有的产品线内增加高档次、高价格的产品项目。向上延伸经营得好，可以为企业带来丰厚的利润，提高企业产品的市场地位，增加企业品牌知名度。向上延伸也要承担一定的风险，如企业生产廉价产品的形象在消费者心目中不可能立即转变，使得高档产品不容易很快打开销路，从而影响新产品项目研制费用的迅速收回。

向下延伸策略也称低档产品策略，就是在原有的产品线中增加低档次、低价格的产品项目。向下延伸策略的实行能够迅速为企业寻求新的市场机会，借高档名牌产品的声誉，吸引消费水平较低的消费者慕名购买该产品线中的低档廉价产品；增加销售总额，扩大市场占有率。但是如果处理不当，实行向下延伸策略可能会影响企业原有产品的市场声誉和名牌产品的市场形象。此外，这一策略的实施需要有一套相应的营销系统和促销手段与之配合，这些必然会加大企业营销费用的支出。

任务实施

■ 背景资料：

斯沃琪集团总部设在瑞士比尔市，它从最初的一个摇摇欲坠的瑞士钟表公司经过 20 多年的经营发展成全球最大的钟表集团，这主要得益于创始人哈耶克对其产品组合进行的两轮调整。

斯沃琪集团的产品组合策略主要有以下几种。

（1）拓宽产品组合宽度的策略。斯沃琪集团最初主要是以中、低端产品为主，但随着石英表的逐渐普及，斯沃琪集团开始大规模收购奢侈表品牌。至今，斯沃琪集团形成了奢侈表—高档表—中端表—低端表梯度完整的钟表品牌。

（2）拓宽产品组合长度和深度的策略。斯沃琪集团的钟表品牌有若干，每个品牌中的产品品种有若干，每个品种的花色和规格又繁多。这些恰到好处地"占领"了细分群体的心智。

斯沃琪集团通过一系列的产品组合策略，将瑞士钟表市场从自由竞争转变为寡头垄断，建立了竞争对手无法动摇的市场地位，在扩大销售、增加利润的同时形成了独有的核心竞争力。

■ 实训目标：

通过实训，学生明确了产品组合策略的方法与原则，能够根据市场现状选择恰当的产品组合策略。

■ 实训要求：

学生结合背景资料，分析斯沃琪集团的产品组合策略，讨论产品组合策略对企业营销的影响。

（1）本次实训以小组为单位，要求所有学生积极参与；

（2）小组成员要分工合作，注意团队合作意识的培养；

（3）实训报告格式规范，内容完整；

（4）结构合理、层次分明；

（5）分析正确、选择策略要得当。

■ 操作步骤：

（1）教师将班级学生分成若干学习小组，教师布置实训任务，请全体同学明确实训目的和实训要求。

（2）学生分析背景资料，了解斯沃琪集团的产品现状，进行归纳整理，为分析斯沃琪集团的产品策略做好充分准备。

（3）学生确定目标，明确斯沃琪集团的产品组合策略。

（4）学生结合斯沃琪集团的成功经验，总结归纳有效的产品组合策略对企业发展的作用和意义。

（5）各小组在班级进行讨论、互评、交流。

（6）教师进行归纳总结。

（7）学生汇总大家意见，完成小组实训报告。

■ 实训报告：

实训结束后，学生以小组为单位撰写实训报告。实训报告的主要内容如下。

（1）实训名称、实训日期，班级、实训组别。

（2）实训目的。学生应简明概述本实训通过何种方法，训练了哪些技能，达到了什么目的。

（3）实训心得。学生总结分析实训中的收获及存在的问题，提出改进建议。

任务二　认知产品生命周期

任务描述

产品生命周期的不同阶段有着不同的特点。市场营销人员应能正确识别产品发展所处的阶段，并根据该阶段特点制订相应的营销策略，实现营销目标。通过完成本任务，学生能够有效识别产品所处的生命周期阶段并开展营销活动。

相关知识

一、产品生命周期的概念

产品生命周期指产品的市场寿命，即一种新产品从开始进入市场到被市场淘汰的整个过程。产品和人一样，都是有生命的，要经历形成、成长、成熟、衰退几个阶段。营销人员应在不同的阶段制订相应的市场营销策略，并灵活调整产品营销方案，以吸引更多的顾客。

（一）典型的产品市场生命周期

典型的产品市场生命周期一般可以分成 4 个阶段，分别为：引入期、成长期、成熟期和衰退期，如图 6-3 所示。

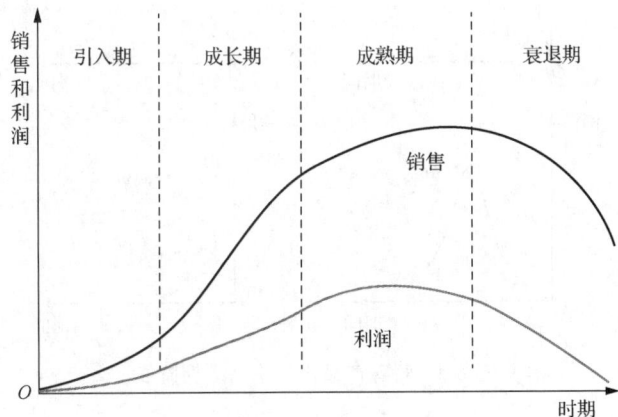

图 6-3　典型的产品市场生命周期阶段图

1．引入期

新产品投入市场，便进入了引入期。此时消费者对产品还不了解，除了少数追求新奇的消费者外，几乎没有人实际购买该产品。在此阶段，产品生产批量小，制造成本高，广告费用大，产品销售价格偏高，销售量极为有限，企业通常不能获利。

2．成长期

当产品进入引入期，销售取得成功之后，便进入了成长期。这一阶段消费者对产品已经熟悉，大量消费者开始购买该产品，需求量和销售额迅速上升，生产成本大幅度下降，利润迅速增长。

3．成熟期

经过成长期之后，随着购买产品的人数增多，市场需求趋于饱和，产品便进入了成熟期。此时，销售增长速度缓慢直至转而下降，由于竞争的加剧，导致广告费用再度提高，利润下降。

4. 衰退期

随着科技的发展、新产品和替代品的出现以及消费习惯的改变等原因，产品的销售量和利润持续下降，产品便进入了衰退期。产品的需求量和销售量迅速下降，同时市场上出现替代品和新产品，使消费者的消费习惯发生改变。此时成本较高的企业就会由于无利可图而陆续停止生产，该类产品的生命周期也就陆续结束，以致最后该产品完全撤出市场。

（二）特殊产品市场生命周期

特殊产品市场生命周期包括风格型产品生命周期、时尚型产品生命周期、热潮型产品生命周期、扇贝型产品生命周期这4种特殊的类型，它们的产品生命周期曲线并非通常的S形，如图6-4所示。

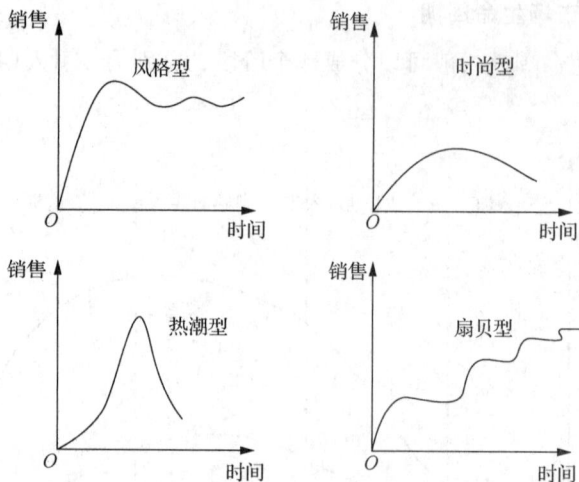

图 6-4　特殊产品市场生命周期阶段

1. 风格型产品生命周期

风格是人们活动的某一领域中所出现的主要且独特的表现方式。风格一旦产生，可能会延续数代。根据人们对它的兴趣，产品的生命周期呈现出一种循环模式，时而流行，时而又可能并不流行。

2. 时尚型产品生命周期

时尚型产品是指在某一领域里，目前为大家所接受且欢迎的风格。时尚型产品生命周期的特点是，刚上市时很少有人接纳（独特阶段），但接纳人数随着时间慢慢增长（模仿阶段），终于被广泛接受（大量流行阶段），最后缓慢衰退（衰退阶段），消费者开始将注意力转向另一种更吸引他们的时尚产品。

3. 热潮型产品生命周期

热潮是一种来势汹汹且很快就能吸引大众注意的时尚，俗称时髦。热潮型产品生命周期的特点是快速成长又快速衰退，主要是因为它只是满足人类一时的好奇心或需求，所吸引的只限于少数寻求刺激、标新立异的人，消费者需求达到高峰后会迅速衰退。

4．扇贝型产品生命周期

扇贝型产品生命周期的特点是产品生命周期不断地被延伸，这往往是由于产品创新或不时发现新用途而形成的。

二、产品生命周期不同阶段的特点及营销策略

（一）引入期

这一阶段产品刚刚进入市场，消费者对产品十分陌生，企业一方面必须通过各种促销手段把产品引入市场，力争提高产品的市场知名度；另一方面，又因引入期的生产成本和销售成本相对较高，企业在给产品定价时不得不考虑这个因素，因此企业营销的重点要集中在促销和价格方面。引入期一般有 4 种可供选择的市场战略，如图 6-5 所示。

价格 \ 促销策略	高	低
高	快速撇脂战略	缓慢撇脂战略
低	快速渗透战略	缓慢渗透战略

图 6-5　引入期的市场战略

1．快速撇脂战略

快速撇脂战略是指以高价格、高促销费用推出新产品。实行高价策略可以在每单位销售额中获取最大利润，尽快收回投资；高促销费用能够快速建立知名度，占领市场。实施这一策略必须具备以下条件：产品有较大的需求潜力；目标消费者求新心理强，急于购买新产品；企业面临潜在竞争者的威胁，需要及早树立品牌形象。一般而言，在产品引入阶段，只要新产品比替代的产品有明显的优势，市场对其价格就不会那么计较。

2．缓慢撇脂战略

缓慢撇脂战略指以高价格、低促销费用推出新产品，目的是以尽可能低的费用开支求得更多的利润。实施这一战略的条件是：市场规模较小，产品已有一定的知名度，目标消费者愿意支付高价，潜在竞争的威胁不大。

3．快速渗透战略

快速渗透战略指以低价格、高促销费用推出新产品。这种战略目的在于先发制人，以最快的速度打入市场，取得尽可能高的市场占有率，然后再随着销量和产量的扩大，使单位成本降低，取得规模效益。实施这一战略的条件是：该产品市场容量相当大；潜在消费者对产

品不了解，且对价格十分敏感；潜在竞争较为激烈；产品的单位制造成本可随生产规模和销售量的扩大迅速降低。

4. 缓慢渗透战略

缓慢渗透战略是以低价格、低促销费用推出新产品。低价可以扩大销售，低促销费用可以降低营销成本，增加利润。这种战略的适用条件：市场容量很大；市场上该产品的知名度较高；市场对价格十分敏感；存在某些潜在的竞争者，但威胁不大。

（二）成长期

产品进入成长期以后，有越来越多的消费者开始接受并使用，企业的销售额直线上升，利润增加。在此情况下，竞争对手也会纷至沓来，威胁企业的市场地位。因此，在成长期，企业的营销重点应该放在保持并且扩大自己的市场份额，加速销售额的上升方面。另外，企业还必须注意成长速度的变化，一旦发现成长的速度由递增变为递减时，必须适时调整战略。这一阶段企业可以适用的具体战略有以下几种。

（1）改进产品质量，增加产品新特色；

（2）积极开拓新的市场，创造新的用户；

（3）增加新的流通渠道，扩大产品销售面；

（4）适当降低价格，以增加竞争力；

（5）改变促销重点，从介绍产品转为建立形象，提高产品知名度。

（三）成熟期

成熟期产品进入大批量生产，在市场上处于竞争最激烈的阶段。销量和利润增长缓慢，出现零增长或者负增长，市场需求趋于饱和。竞争者需要通过各种手段打开销路，摆脱困境。对成熟期的产品，企业宜采取主动出击的策略，使成熟期延长，或使产品生命周期出现再循环。为此，企业可以采取以下 3 种策略。

1. 市场改进策略

企业通过努力开发新的市场，来保持和扩大自己的产品市场份额。采用的方法可以是进行市场细分化，努力打入新的市场；也可以是通过宣传推广，增加现有消费者的购买量。

2. 产品改良策略

企业可以通过产品特征的改良，来提高销售量。例如改良产品品质，增加产品的功能性效果；改良产品特性，增加产品的新特性以及改良式样，增加产品美感上的需求。通过产品改良，扩大或者保持市场销售份额。

3. 营销组合调整策略

企业通过调整营销组合中的某一因素或者多个因素，以刺激销售。这种调整可以是价格调整，即通过降低售价来加强竞争力；可以是销售渠道调整，改进服务方式；还可以是采用多种促销方式引发消费者兴趣。

（四）衰退期

衰退期的主要特点：产品销售量急剧下降；企业从这种产品中获得的利润很低甚至为零；大量的竞争者退出市场；消费者的消费习惯已发生改变等。面对处于衰退期的产品，企业需要进行认真的研究分析，决定采取什么策略，在什么时间退出市场。通常有以下几种策略可供选择。

1. 维持策略

企业在目标市场、价格、销售渠道、促销等方面维持现状。由于这一阶段很多企业会先行退出市场，因此，对一些有条件的企业来说，并不一定会减少销售量和利润。使用这一策略的企业可配以延长产品寿命的策略，企业延长产品寿命周期的途径是多方面的，最主要的有以下几种。

① 通过降低产品成本，进而降低产品价格；

② 增加产品功能，开辟新的用途；

③ 重新定位产品，开拓新的市场；

④ 改进产品设计，以提高产品的性能、质量、包装、外观等，从而使产品寿命周期不断实现再循环。

2. 集中策略

集中策略即把企业能力和资源集中在最有利的细分市场和分销渠道上，从中获取利润。这样既有利于缩短产品退出市场的时间，同时又能为企业创造更多的利润。

3. 收缩策略

收缩策略指企业抛弃无希望的消费者群体，大幅度降低促销水平，尽量减少促销费用，以增加利润。这样可能导致产品在市场上的衰退加速，但也能从忠实于这种产品的消费者中得到利润。

4. 放弃策略

放弃策略指企业对于衰退比较迅速的产品，应该当机立断，放弃经营。采用该策略时，可以采取完全放弃的形式，如把产品完全转移出去或立即停止生产；也可采取逐步放弃的方式，使其所占用的资源逐步转向其他产品。

任务实施

■ 背景资料：

铁皮文具盒曾经走过一段辉煌的历程，结果被涌现的塑料文具盒挤垮了，后者以不易生锈、色彩鲜明、造型多样等特点而大受青睐。铁皮文具盒为再铸辉煌，随即向豪华、高档、多功能方向发展，甚至外观形象上也与玩具接近，出现了变形金刚盒、汽车文具盒等。

尼龙是一种重量轻、强度高的材料，发明之初主要用于制作军用降落伞。随着全球和平化进程，对尼龙的军事需求随之停止，尼龙又转向非军事用途，从妇女长筒袜到轮胎芯、地毯、帐篷以及包装材料，通过不断发现尼龙的用途，尼龙成功地延长了生命周期，走出了"衰退期产品"的困境。

豆奶最初是以"廉价饮品"形象出现的，它以"维他奶"来命名，其意为生命、营养、活力等。20世纪70年代随着生活水平的提高，营养对一般人并不缺乏，标榜"廉价牛奶"的豆奶销量陷入低潮。企业通过调研和重新定位，将豆奶以一种"消闲饮品"的形象再度推向市场。之后随着喝豆奶的一代人年龄的增长，豆奶转变策略，开始树立起一个"经典饮品"的形象，以争取消费者的忠诚度。当前随着生活水平的进一步提高，豆奶又以"天然、健康"的理念赢得了市场。

■ **实训目标：**

通过实训，学生知道了处于衰退期的产品，通过一定的策略，可以延缓衰退，甚至能够重新焕发活力。

■ **实训要求：**

学生结合背景资料，分析处于衰退期的产品如何走出困境，重新焕发生命力。

（1）本次实训以小组为单位，要求所有学生积极参与；

（2）小组成员要分工合作，注意团队合作意识的培养；

（3）实训报告格式规范，内容完整；

（4）结构合理、层次分明；

（5）分析正确、选择策略要得当。

■ **操作步骤：**

（1）教师将班级学生分成若干学习小组，教师布置实训任务，请全体同学明确实训目的和实训要求。

（2）学生分析产品市场现状，为正确实施产品生命周期策略做好充分准备。

（3）学生明确衰退期产品生命周期策略的类型。

（4）学生结合背景资料，分析衰退期的营销组合策略。

（5）头脑风暴：如果你经营上述产品，你还有哪些方法使产品获得新的生机。

（6）学生汇总大家意见，完成小组实训报告。

■ **实训报告：**

实训结束后，学生以小组为单位撰写实训报告。实训报告的主要内容如下。

（1）实训名称、实训日期，班级、实训组别。

（2）实训目的。学生应简明概述本实训通过何种方法，训练了哪些技能，达到了什么目的。

（3）实训心得。学生总结分析实训中的收获及存在的问题，提出改进建议。

任务三　运用新产品开发策略

任务描述

　　任何企业都不可能单纯依赖现有产品占领市场，企业必须不断推陈出新，研发满足需求的新产品，才能在竞争中生存和发展壮大。新产品开发是产品策略的重要一环，是企业发展的动力。通过完成本任务，学生能够掌握新产品开发的程序。

相关知识

一、新产品的形式

　　新产品，一般指采用新技术原理、新设计构思研制、生产的全新产品，或在某一方面比原有产品有明显改进，从而显著提高了产品性能的产品。市场营销学认为，只要产品在功能或形态上发生改变，与原来的产品产生差异，或者给消费者提供新的利益或新的效用就可以视为新产品。基于新产品的含义，新产品可以分为以下5种类型。

（一）全新产品

　　全新产品指应用新原理、新技术、新材料，具有新结构、新功能的产品。该新产品在全世界首先开发，能开创全新的市场。如第一列火车、第一辆汽车都属于全新产品。

（二）换代型新产品

　　换代型新产品也称部分新产品，指在原有产品基础上部分采用新技术、新材料制成的，性能显著高于原有产品的新产品。如变速自行车属于换代型新产品。

（三）改进型新产品

　　改进型新产品指在原有老产品的基础上进行改进，使产品在结构、功能、品质、花色、款式及包装上具有新的特点和新的突破的产品。如某饮料由瓶装改为罐装，属于改进型新产品。

（四）模仿型新产品

　　模仿型新产品也称仿制型新产品，是企业对国内外市场上已有的产品进行模仿生产，也称为本企业的新产品。

（五）重新定位型新产品

　　重新定位型新产品指企业的老产品进入新市场而被称为该市场的新产品。

二、新产品的开发程序

　　新产品开发是一项极其复杂的工作，主要经历7个阶段，如图6-6所示。

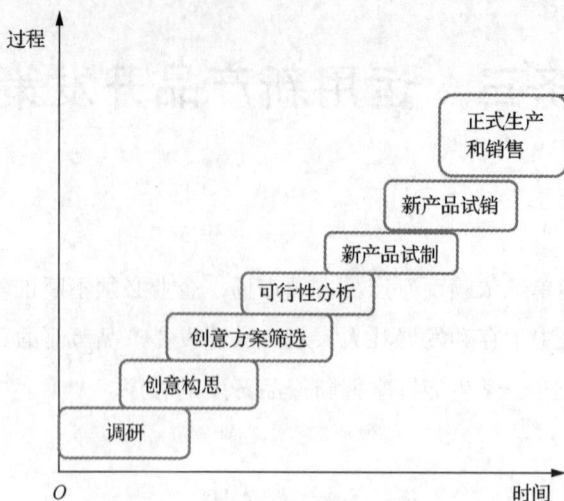

图 6-6 新产品开发的 7 个阶段

（一）调研

调研主要是提出新产品构思以及新产品的原理、结构、功能、材料和工艺方面的开发设想和总体方案。用户的要求是新产品开发选择决策的主要依据，为此，企业必须认真做好调研工作。

（二）创意构思

产品创意是开发新产品的关键，对新产品能否开发成功有至关重要的意义和作用。企业着手开发新产品，首先要通过各种渠道掌握用户的需求，了解用户在使用老产品过程中有哪些改进意见和新的需求，并在此基础上形成新产品开发创意。

（三）创意方案筛选

并非所有的产品创意方案都能发展成为新产品。有的产品创意可能很好，但与企业的发展目标不符合，也缺乏相应的资源条件；有的产品创意可能本身就不切实际，缺乏开发的可能性。因此，企业必须进行筛选，选出可行的创意构思。

（四）可行性分析

可行性分析的主要任务是对筛选出的创意构思进行可行性论证，经过论证可行，则进入下一阶段；如果不可行，则放弃该方案，重新进行创意构思。

（五）新产品试制

新产品试制的目的是考核产品设计质量，考验产品结构、性能及主要工艺，验证它在正常生产条件下能否达到所规定的技术条件、质量和良好的经济效果。

（六）新产品试销

新产品试销指将新产品投入到有代表性的小范围市场上进行的实验性销售。其主要目的用于检验市场对新产品的反应，以决定是否进行大批量生产。

（七）正式生产和销售

正式生产和销售阶段，企业不仅需要做好生产计划、劳动组织、物资供应、设备管理等一系列工作，还要考虑如何把新产品引入市场，如研究产品的促销宣传方式、价格策略、销售渠道和提供服务等方面的问题。

任务实施

■ **背景资料：**

特仑苏是蒙牛集团在适当的时机和适当的市场中推出的"金牌"牛奶，位于中国的高端消费市场。在开发特仑苏产品之前，蒙牛在常规市场中面临着极大的压力：常温奶市场饱和，市场恶性竞争和价格战不断；与此同时，高端消费者在牛奶中寻求象征性消费的需求没有得到很好的满足。蒙牛强大的开发新产品的能力、自主的研发技术和丰富的奶源地等优势为蒙牛特仑苏产品的推出提供了可能。

奶源地对乳饮品的影响很大，而蒙牛的乳饮品正是来自世界公认的优质奶源带——中国"乳都"的核心区和林格尔。优质的奶源使得蒙牛意欲开发的高端乳饮品能够从"出生"之际就尽显"高贵"。

创新技术是开发新产品的基石。蒙牛长期注重对牛奶产业科技的投入，始终倡导"用科技改变生活"，通过对国内外技术的研究，蒙牛发现了造骨牛奶蛋白。该物质可以增加造骨细胞活力，从而使骨骼可以留住钙质，达到直接增加骨密度的作用。

在顺应消费者追求高品质生活的趋势下，作为一个高端牛奶品牌，特仑苏定位于追求高品质精致生活的人群，希望能够给这些人带来天然健康的生活体验。高端牛奶特仑苏推出后，在国内中产阶层人群中形成了一股潮流，并形成了"我只喝特仑苏"的消费口碑。

■ **实训目标：**

通过实训，学生明确了新产品的类型和新产品开发的程序，能够能根据市场环境和竞争状况设计相应的新产品，以保证在营销竞争中取胜。

■ **实训要求：**

学生结合背景资料，分析蒙牛集团的新产品策略实施过程，以及对企业经营发展所产生的影响。

（1）本次实训以小组为单位，要求所有学生积极参与；

（2）小组成员要分工合作，注意团队合作意识的培养；

（3）实训报告格式规范，内容完整；

（4）结构合理、层次分明；

（5）分析正确、选择策略要得当。

■ 操作步骤：

（1）教师将班级学生分成若干学习小组，教师布置实训任务，请全体同学明确实训目的和实训要求。

（2）学生搜集资料，了解蒙牛企业及经营产品的基本情况，进行归纳分析，为实施新产品策略做好充分准备。

（3）学生根据新产品开发策略要求，首先确定特仑苏属于哪种类型的新产品。

（4）各小组讨论特仑苏的新产品策略成功的基础。

（5）各小组在班级分享讨论结果

（6）教师对讨论结果进行总结归纳。

（7）学生汇总大家意见，完成小组实训报告。

■ 实训报告：

实训结束后，学生以小组为单位撰写实训报告。实训报告的主要内容如下。

（1）实训名称、实训日期，班级、实训组别。

（2）实训目的。学生应简明概述本实训通过何种方法，训练了哪些技能，达到了什么目的。

（3）实训心得。学生总结分析实训中的收获及存在的问题，提出改进建议。

任务四　运用产品品牌与包装策略

任务描述

品牌可以方便消费者进行产品选择，缩短购买决策过程；包装直接影响消费者的购买心理，能够帮助企业在众多竞争品牌中脱颖而出。营销人员需要重视品牌塑造与推广，使品牌深入人心，并掌握一定的产品包装策略，促进消费者的购买。通过完成本任务，学生能够制订品牌策略，进行包装设计。

相关知识

一、产品品牌策略

（一）产品品牌的概念

产品品牌包含两个层次的含义：一是指产品的名称、术语、标记、符号、设计等方面的组合体。二是代表有关产品的一系列附加值，包含功能和心理两方面的利益点，如产品所能代表的效用、功能、品位、形式、价格、便利、服务等。产品品牌的第一层含义，即作为一种识别标志通常由品牌名称、品牌标识和商标三部分构成。

品牌名称，指品牌中可以读出的部分——词语、字母、数字或词组等的组合，如华为、苹果、小米等。

品牌标识，指品牌中不可以发声的部分，包括符号、图案或明显的色彩或字体，如耐克的打勾造型，小天鹅的天鹅造型等。

商标是受到法律保护的整个品牌、品牌标志或者各要素的组合。商标在使用时，要用"R"或"注"明示，意指注册商标。

做中学

请指出图 6-7 中伊利品牌的 3 个部分，并填入表 6-2 中的相应位置。

图 6-7 伊利品牌标识

表 6-2 伊利品牌构成表

品牌构成	品牌内容
品牌名称	
品牌标识	
商标	

（二）品牌策略

品牌策略有 5 种，即产品线扩展策略、多品牌策略、品牌延伸策略、新品牌策略、合作品牌策略。

1. 产品线扩展策略

产品线扩展策略指企业现有的产品线使用同一品牌，当增加该产品线的产品时，仍沿用原有的品牌。增加的新产品往往都是现有产品的局部改进，如增加新的功能、包装、式样和风格等。通常厂家会在这些商品的包装上标明不同的规格，不同的功能特色或不同的使用者。

2. 多品牌策略

在相同的产品类别中引进多个品牌的策略称为多品牌策略。一个企业建立品牌组合，实施多品牌战略，往往这种品牌组合的各个品牌形象相互之间是既有差别又有联系的，组合的概念蕴含着整体大于个别的意义。比如美国通用公司旗下就有众多汽车品牌，如别克、凯迪拉克、霍顿等。

3. 品牌延伸策略

品牌延伸策略是指将一个现有的品牌名称使用到一个新类别的产品上。品牌延伸并非只借用表面上的品牌名称，而是对整个品牌资产的策略性使用。随着全球经济一体化进程的加速，市场竞争愈加激烈，厂商之间的同类产品在性能、质量、价格等方面强调差异化变得越来越困难。厂商的有形营销威力大大减弱，品牌资源的独占性使得品牌成为厂商之间竞争力较量的一个重要筹码。于是，使用新品牌或延伸旧品牌便成了企业推出新产品时必须面对的品牌决策。品牌延伸一方面在新产品上实现了品牌资产的转移，另一方面又以新产品形象延续了品牌寿命。

4. 新品牌策略

为新产品设计新品牌的策略称为新品牌策略。当企业在新产品类别中推出一个产品时，它可能发现原有的品牌名不适用于新推出的产品，或是对新产品来说有更合适的品牌名称，因此企业需要设计新品牌。例如，海尔集团以生产家电著名，而它还有一个自建的物流品牌——"日日顺"，该品牌更符合物流公司每天顺利送达的寓意。

5. 合作品牌策略

合作品牌策略是两个或更多的品牌在一个产品上联合起来，希望能够产生"1+1 > 2"的协同效果。比如索尼和爱立信是两个品牌，它们在中国的销路并不是很好，之后两者结合为"索尼爱立信"品牌，结果在中国市场上大获成功。

二、产品包装策略

（一）包装的含义与作用

包装指在流通过程中为保护产品，方便储运，促进销售，按一定的技术方法所用的容器、材料和辅助物等的总体名称；也指为达到上述目的在采用容器、材料和辅助物的过程中施加一定技术方法等的操作活动。

产品的包装通常有 3 个层次，分别是内包装、中包装和外包装，如图 6-8 所示。

内包装　　　　　　　中包装　　　　　　　外包装

图 6-8　产品包装的三个层次

包装的功能主要体现在以下 3 个方面。

1. 保护商品

商品包装的保护性是商品包装最基本，同时也是最重要的功能，即包装能够保护商品不受损害。

2. 方便储存

一个好的包装作品，应该以"人"为本，站在消费者的角度考虑，这样会拉近商品与消费者之间的距离，增加消费者的购买欲和对商品的信任度，也能够促进消费者与企业之间的沟通。

3. 促进销售

商品包装的精心设计是良好的促销手段之一。精美的包装能够吸引消费者的目光，能够唤起人们的消费欲望，从而促进销售。同时，包装可以用来对商品做介绍、宣传，便于人们了解这种商品，成为商品无声的促销员。

（二）包装策略

包装已成为强有力的营销手段。设计良好的包装能够为消费者创造方便价值，为生产者创造促销价值。在发挥包装的营销作用方面，企业需要掌握以下策略。

1. 类似包装策略

类似包装策略即企业所有产品的包装，在图案、色彩等方面，均采用统一的形式。这种方法，可以降低包装的成本，扩大企业的影响，特别是在推出新产品时，可以利用企业的声誉，使消费者首先从包装上辨认出产品，以便企业迅速打开市场。

2. 组合包装策略

组合包装策略即把若干有关联的产品，包装在同一容器中。如化妆品的组合包装、节日礼品盒包装等，都属于这种包装方法。组合包装不仅能够促进消费者的购买，也有利于企业推销产品，特别是在推销新产品时，企业可将其与老产品组合出售，创造条件使消费者接受、试用。

3. 附赠品包装策略

附赠品包装策略是在包装物中附赠一些物品，从而引起消费者的购买兴趣。这种方法有时还能够引发消费者重复购买的意愿。例如，商家在珍珠霜的包装盒里放一颗珍珠，消费者买了一定数量的珍珠霜之后就能搜集更多珍珠，从而能串成一根项链。

4. 再使用包装策略

包装物在产品使用完后，还可以有别的用处。这样消费者可以得到一种额外的满足，从而激发其购买产品的欲望。如对于设计精巧的果酱瓶，消费者在吃完果酱后可以将其作为茶杯之用。

5. 分组包装策略

分组包装策略即对同一种产品，可以根据消费者的不同需要，采用不同级别的包装。如用作礼品，则可以精致地包装；若自己使用，则只需简单包装。此外，对不同等级的产品，也可以采用不同包装。高档产品，包装精致些，表示产品的身份；中低档产品，包装简略些，以减少产品成本。

6. 改变包装策略

当由于某种原因使产品销量下降，市场声誉跌落时，企业可以在改进产品质量的同时，改变包装的形式，从而以新的产品形象出现在市场，改变产品在消费者心目中的不良地位。这种做法有利于企业迅速恢复声誉，重新扩大市场份额。

任务实施

■ 背景资料：

大山兄弟土特产公司是河北一家农产品商贸公司，主要从事以土特产品为主的农副产品加工贸易。目前该公司推出了黑花生系列休闲食品。黑花生营养丰富，富含优质蛋白质、不饱和脂肪酸，同时也含有大量的硒元素、钾元素等矿物质元素，其含有的花青素具有抑制自由基、抗氧化、抗辐射、抗肿瘤、抗衰老和心血管活性、抗发炎，对非菌性炎症如关节炎等有防治的作用，还能有效保护皮肤，促进皮肤健康，尤其适合中青年白领食用。请你针对该产品，为公司设计一个适合的包装，并将设计构思写下来。

■ 实训目标：

通过实训，学生能够明确包装的作用和包装策略，能够根据市场需求设计恰当的产品包装，以促进营销目标的实现。

■ 实训要求：

学生根据背景资料，结合专业知识的学习，为大山兄弟土特产公司的黑花生进行包装设计。

（1）本次实训以小组为单位，要求所有学生积极参与；

（2）小组成员要分工合作，注意团队合作意识的培养；

（3）实训报告格式规范，内容完整；

（4）结构合理、层次分明；

（5）分析正确、选择策略要得当。

■ 操作步骤：

（1）教师将班级学生分成若干学习小组，教师布置实训任务，请全体同学明确实训目的和实训要求。

（2）学生搜集资料，了解企业及经营产品的基本情况，进行归纳分析，为进行包装设计做好充分准备。

（3）学生根据营销目标，首先确定黑花生休闲食品的包装策略。

（4）学生根据包装策略，通过小组讨论，确定适当的包装，设计包装方案。设计的包装要能促进销售，激发消费者的兴趣。

（5）教师对各小组的包装设计方案进行指导。

（6）各小组对设计方案进行修改，完成小组实训报告。

■ **实训报告：**

实训结束后，学生以小组为单位撰写实训报告。实训报告的主要内容如下。

（1）实训名称、实训日期，班级、实训组别。

（2）实训目的。学生应简明概述本实训通过何种方法，训练了哪些技能，达到了什么目的。

（3）实训心得。学生总结分析实训中的收获及存在的问题，提出改进建议。

项目小结

产品整体概念包含 5 个层级，分别是核心产品、有形产品、期望产品、附加产品和潜在产品。

产品组合包括 4 个因素：产品组合的宽度、长度、深度和关联度。

常见的产品组合策略有扩大产品组合策略、缩减产品组合策略和产品线延伸策略

典型的产品市场生命周期一般可以分成 4 个阶段：引入期、成长期、成熟期和衰退期。不同阶段有不同的特点，应采用不同的营销策略。

新产品可以分为 5 种类型：全新产品、换代型新产品、改进型新产品、模仿型新产品和重新定位型新产品。

品牌策略有 5 种：产品线扩展策略、多品牌策略、品牌延伸策略、新品牌策略、合作品牌策略

包装策略主要有类似包装策略、组合包装策略、附赠品包装策略、再使用包装策略、分组包装策略和改变包装策略。

自我检测

一、判断题

1. 形式产品是指向消费者提供的产品的基本效用和利益。（　　）

2. 品牌的实质是卖者对交付给买者的产品特征、利益和服务的一贯性承诺。（　　）

3. 商品包装既可以保护商品在流通过程中品质完好和数量完整，同时，还可以增加商品的价值。（　　）

二、选择题

1. 产品整体概念中，最基本、最重要的部分是（　　）。

　　A. 附加产品　　　B. 形式产品　　　C. 核心产品　　　D. 期望产品

2. 某汽车公司原来生产高档轿车，后来又生产一些中低档轿车，这种产品延伸的策略是（　　　）。

    A. 向上延伸　　　　B. 向下延伸　　　　C. 双向延伸　　　　D. 产品线扩充

3. 三叉星圆环是奔驰的（　　　）。

    A. 品牌名称　　　　B. 品牌标志　　　　C. 品牌象征　　　　D. 品牌图案

三、简答题

1. 简述产品组合策略。

2. 简述企业采取多品牌决策的主要原因。

3. 简述产品品牌延伸的利与弊。

项目七
实施价格策略

📖 **项目导入**

通过对产品策略的学习和实践，王斌认识到产品策略在营销中的重要性，也意识到要想实现利益最大化，在提供恰当产品的同时，制订合理的价格也至关重要。根据什么原则来定价，如何使定价让消费者容易接受，已确定的价格如何调整，这都是摆在王斌面前的难题。

✖ **项目分析**

产品定价需要按照一定的方法，采用一定的策略，力图使消费者容易接受，并能产生较好的收益。企业在定价时，应全面分析影响定价的因素，在此基础上灵活运用定价方法和定价策略，力争通过定价策略有效提高企业营销竞争力。本项目主要介绍影响产品定价的因素，产品定价的方法与策略。

📋 **学习目标**

知识目标：

1. 了解定价的基本目标。
2. 明确定价的影响因素。
3. 掌握定价的方法和策略。

技能目标：

1. 能够运用定价方法确定产品价格。
2. 能够采用恰当的定价策略吸引消费者。

3. 能够有效地进行价格调整。

学习内容思维导图如图 7-1 所示。

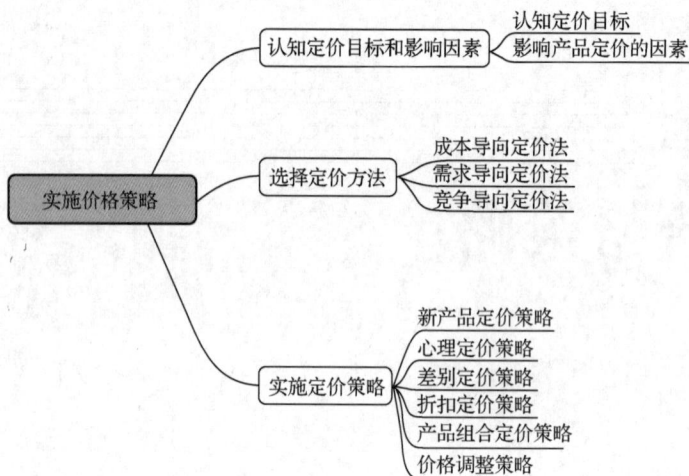

图 7-1 实施价格策略学习内容思维导图

任务一 认知定价目标和影响因素

任务描述

产品定价前，首先需要考虑定价目标，并综合分析影响定价的因素，如成本、竞争对手、需求等，为合理定价提供依据。通过完成本任务，学生能够根据不同目的确定定价目标，并能够有效分析影响定价的因素。

相关知识

一、认知定价目标

定价目标是企业在对其生产或经营的产品定价时，有意识地要求达到的目的和标准，它是指导企业进行价格决策的主要因素。定价目标取决于企业的总体目标。同一行业的不同企业可能采用不同的定价目标；同一企业在不同的时期、不同的市场条件下，也可能会采用不同的定价目标。一般情况下，企业的定价目标有以下几种。

（一）维持企业生存

当企业出现经营不佳，消费者需求发生了变化；或者竞争比较激烈，企业产能过剩时，企业为了维持生存，渡过难关，采用一种短期定价目标。在这一定价目标的指引下，企业确定的价格缺乏竞争力，但企业仍可以继续运营，从而在一定程度上缓解资金周转问题。一旦企业经营状况好转，企业就需要及时调整定价目标和定价策略。

（二）实现企业利润最大化

企业经营都力图使利润最大化。利润最大化取决于合理价格所推动的销售规模，追求最大利润的定价目标并不意味着企业要定最高单价，而是使价格和销售量达到一个最佳匹配值。最大利润有长期和短期之分，有远见的企业经营者，常着眼于追求长期利润的最大化。但是在某种特定时期及情况下，对产品定高价以获取短期最大利润也是可行的方法。例如有些企业在新产品上市时，采用定高价的方法，在短时间内实现利润最大化；而一些经营多品类的企业，使用组合定价策略，将有些产品的价格定得比较低，有时甚至低于成本以招徕消费者，借以带动其他产品的销售，从而使企业利润最大化。

（三）提高企业市场占有率

市场占有率也称市场份额。在许多情形下市场占有率的高低比投资收益率更能说明企业的营销状况。比如，由于市场的不断扩大，一个企业可能获得可观的利润，但相对于整个市场来说，利润所占比例可能很小，或本企业占有率正在下降。因此市场占有率是一个企业经营状况和企业产品在市场上竞争能力的直接反映，关系到企业的兴衰存亡。较高的市场占有率可以保证企业产品的销路，巩固企业的市场地位，从而使企业的利润稳步增长。

（四）维护品牌形象或应对竞争

有些企业在行业中处于领导者地位，品牌形象深入人心，消费者更注重产品的品质和品位。比如 LV 品牌的皮包，即使价格相比其他皮包贵，但是消费者看重品牌所代表的奢华和身份象征，愿意出高价购买。因此企业可以定较高的价格，维护品牌形象。另外，当企业面临的竞争比较激烈时，需要考虑通过定价在竞争中取胜。

二、影响产品定价的因素

影响产品定价的因素有企业定价目标、产品成本、市场需求、竞争因素和国家政策因素几个方面，如图 7-2 所示。

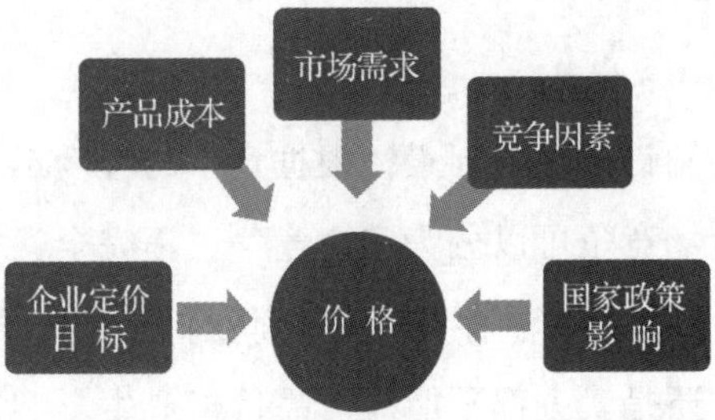

图 7-2　影响产品定价的因素

（一）企业定价目标

企业定价目标直接影响产品定价。企业是以生存为目标，还是以维护品牌形象为目标，在定价上会完全不同。营销部门应首先对企业定价目标有一个清晰的把握，使定价与企业目标相契合。

（二）产品成本

产品成本是价格的最低限度，一般来说，产品价格只有高于成本，企业才能补偿生产上的耗费，从而获得一定盈利。但这并不排斥在一段时期个别产品价格低于成本。成本可分为固定成本和变动成本。固定成本又称间接成本，是指在一定的范围内不随产品产量或产品流转量变动的那部分成本，如企业管理人员的薪金和保险费、固定资产的折旧和维护费、办公费等。变动成本又称直接成本，是指产品生产过程中所消耗的直接材料、直接人工和变动制造费用。企业要盈利，产品的价格就不能低于总成本。但是在市场情况恶劣的情况下，作为短期权宜之计，企业可以把价格降到比变动成本稍高一点卖出。产品定价时，不应将成本孤立地对待，还应同产量、销量、资金周转等因素综合起来考虑。

（三）市场需求

价格与需求是相互影响的。在正常情况下，市场需求会按照与价格相反的方向变动。价格上升，需求减少；价格降低，需求增加。企业定价时必须依据需求的价格弹性，即了解市场需求对价格变动的反应。价格变动对需求影响小，这种情况称为需求缺乏弹性；价格变动对需求影响大，则叫作需求富有弹性。

影响产品需求弹性大小的因素主要有以下几个。

（1）产品对人民生活的重要程度。通常是生活必需品需求弹性小，奢侈品需求弹性大。

（2）商品的替代性。难于替代的商品需求弹性小，易于替代的商品需求弹性大。

（3）产品用途的多少。用途单一的需求弹性小，用途广泛的需求弹性大。

（4）产品的普及程度。社会已普及、饱和的产品需求弹性小，普及低的产品需求弹性大。

（5）产品单价大小。单价小的日用小商品需求弹性小，单价大的高档消费品需求弹性大。

缺乏弹性的商品，价格变化对产品需求的变化不大，稳定价格或适当提价可以获取更大的利润；需求富有弹性的产品，价格变化会引起较大的需求变化，适当降价可以有效促进销量。

（四）竞争因素

市场竞争也是影响价格制订的重要因素。根据竞争的程度不同，企业定价策略会有所不同。按照市场竞争程度，市场竞争可以分为完全竞争、不完全竞争与完全垄断这3种情况。在完全竞争条件下，买者和卖者都大量存在，产品都是同质的，不存在质量与功能上的差异。在这种情况下，无论是买方还是卖方都不能对产品价格产生影响，只能在市场既定价格下从事生产和交易。不完全竞争条件下，最少有两个以上买者或卖者，少数买者或卖者对价格和交易数量起着较大的影响作用。在不完全竞争情况下，企业的定价策略有比较大的回旋余地，它既要考虑竞争对象的价格策略，也要考虑本企业定价策略对竞争态势的影响。在完全垄断竞争情况下，交易的数量与价格由垄断者单方面决定。完全垄断在现实中很少见。

（五）国家政策影响

国家运用经济、法律、行政等手段对商品价格进行管理和调控是社会主义市场经济中国家宏观调控的重要方面，我国已经制定了《价格法》。关系国计民生的重要商品，则由国家定价，或实行限价，或规定指导价、保护价等。例如，国家适当提高粮食收购价格，控制化肥、农药等生产资料销售价格的上涨，从而调动农民的生产积极性。

任务实施

■ 背景资料：

休布雷公司在美国伏特加酒的市场上，属于营销出色的公司。其生产的史密诺夫酒，在伏特加酒的市场占有率达23%。近期另一家公司推出了一种新型伏特加酒，其质量不比史密诺夫酒差，每瓶价格却比它低1美元。按照惯例，休布雷公司有3条对策可选择：

（1）降低1美元，以保住市场占有率；

（2）维持原价，通过增加广告费用和销售支出来与对手竞争；

（3）维持原价，听任其市场占有率降低。

由此看出，不论休布雷公司采取上述哪种对策，公司都处于市场的被动地位。

但是，该公司的市场营销人员经过深思熟虑后，却采取了对方意想不到的第4种对策。那就是，将史密诺夫酒的价格再提高1美元，同时推出一种与竞争对手新伏特加酒价格一样的瑞色加酒和另一种价格更低的波波酒。

这一对策，一方面提高了史密诺夫酒的地位，另一方面使竞争对手新产品沦为一种普通的品牌。结果，休布雷公司不仅渡过了难关，而且利润大增。实际上，休布雷公司的上述3种产品的味道和成分几乎相同，只是该公司懂得以不同的价格来销售相同的产品策略而已。

■ 实训目标：

通过实训，学生能够明确市场定价的目标和影响因素，能够能根据市场环境和竞争状况的变化适时调整定价目标，以保证营销总目标的实现。

■ 实训要求：

学生结合背景资料，分析休布雷公司的定价目标是什么，以及影响该定价目标的因素有哪些。

（1）本次实训以小组为单位，要求所有学生积极参与；

（2）小组成员要分工合作，注意团队合作意识的培养；

（3）实训报告格式规范，内容完整；

（4）结构合理、层次分明；

（5）分析正确、选择策略要得当。

■ **操作步骤：**

（1）教师将班级学生分成若干学习小组，教师布置实训任务，请全体同学明确实训目的和实训要求。

（2）学生分析休布雷公司的市场竞争状况，为正确评价企业定价目标做好充分准备。

（3）学生明确定价目标的类型和影响因素。

（4）学生根据定价目标的类型，首先确定休布雷公司采用的定价目标和影响因素。

（5）头脑风暴，休布雷公司还可以如何定价？

（6）教师汇总大家意见，完成小组实训报告。

■ **实训报告：**

实训结束后，学生以小组为单位撰写实训报告。实训报告的主要内容如下。

（1）实训名称、实训日期，班级、实训组别。

（2）实训目的。学生应简明概述本实训通过何种方法，训练了哪些技能，达到了什么目的。

（3）实训心得。学生总结分析实训中的收获及存在的问题，提出改进建议。

任务二　选择定价方法

任务描述

定价方法是企业为实现定价目标所采取的具体方法，定价时可以依据具体情况使用一种定价方法或者多种方法的结合。这就需要营销人员熟练掌握并能灵活运用各种定价方法。通过完成本任务，学生能够根据定价目标选择恰当的定价方法。

相关知识

定价方法，是企业在特定的定价目标指导下，依据对成本、需求及竞争等状况的研究，运用价格决策理论，对产品价格进行计算的具体方法。定价方法主要包括成本导向定价法、需求导向定价法和竞争导向定价法这 3 种类型。

一、成本导向定价法

成本导向定价法是以产品单位成本为基本依据，再加上预期利润来确定价格的定价法，是企业最常用、最基本的定价方法。成本导向定价法又分为总成本加成定价法、变动成本定价法、目标收益定价法等几种具体的定价方法。

（一）成本加成定价法

在这种定价方法下，把所有为生产某种产品而发生的耗费均计入成本的范围，计算单位产品的变动成本，合理分摊相应的固定成本，再按一定的目标利润率来决定价格。计算公式为：

$$单位产品价格=单位产品总成本×（1+目标利润率）$$

做中学

飞跃公司生产智能开关 1000 件，总固定成本 10000 元，总变动成本 20000 元，预期利润为 20%，按成本加成定价法确定其单位销售价格是多少。请将计算过程写入下面的方框中。

（二）变动成本定价法

变动成本定价法以变动成本作为定价基础，只要产品价格高于单位变动成本，产品的边际收入就大于零，销量增加就能导致总收入的增加，该价格就可以接受。此方法重点是在考虑变动成本的回收后，尽量补偿固定成本。这种方法适用于产品供过于求，卖方市场竞争激烈的情况。企业与其维持高价，导致产品滞销积压，丧失市场，不如以低价保持市场，尽量维持生产。

（三）目标收益定价法

目标收益定价法又称投资收益率定价法，是根据企业的投资总额、预期销量和目标收益率等因素来确定价格的方法。如果产品的销售量能够达到预期销售量，那么目标收益就可以实现。该方法计算公式为：

$$单位产品价格=总成本×（1+投资收益率）/预期销售总量+单位成本$$

做中学

某企业当年生产某产品的成本为 100 元/件，总投资额为 100000 元，企业期望能获得20% 的收益率，预期销售总量为 5000 件。如果采用目标收益定价法，产品的售价应该是多少？请将计算过程写入下面的方框中。

　　这种定价方法比较简便，可以保证实现既定的利润目标。但是企业只有在实际销售量超过预期销售量时，才能获得期望收益。这种方法的关键在于准确预测产品销售量，避免出现因未达到预期销量而不能实现期望收益的情况。

二、需求导向定价法

　　现代市场营销观念要求企业的一切生产经营必须以消费者需求为中心，并在产品、价格、分销和促销等方面予以充分体现。需求导向定价法是以消费者需求为出发点，根据市场需求状况和消费者对产品的需求差异来确定价格的方法。需求导向定价法主要包括认知价值定价法、需求差异定价法和习惯定价法这3种。

（一）认知价值定价法

　　认知价值定价法是企业利用产品在消费者心目中的价值，也就是消费者心中对价值的理解程度来确定产品价格水平的一种方法。这种定价方法认为，某一产品的性能、质量、服务、品牌、包装和价格等，在消费者心目中都有一定的认识和评价。消费者往往根据他们对产品的认识、感受或理解的价值水平，综合购物经验、对市场行情和同类产品的了解而对价格做出评判。当商品价格水平与消费者对商品价值的理解水平大体一致时，消费者就会接受这种价格；反之，消费者就不会接受这个价格，商品就卖不出去。

同步案例

　　在比利时的一间画廊里，一位美国画商正和一位印度画家在讨价还价，两人争辩得很激烈。其实，印度画家的每幅画底价约在10～100美元。但当印度画家看出美国画商购画心切时，对其看中的3幅画单价非要250美元不可。美国画商对印度画家敲竹杠的宰客行为很不满意，吹胡子瞪眼睛要求其降价。印度画家也毫不示弱，竟将其中的一幅画用火柴点燃，烧掉了。美国画商亲眼看着自己喜爱的画被焚烧，很是惋惜，随即又问剩下的两幅画卖多少钱。印度画家仍然坚持每幅画卖250美元。从对方的表情中，印度画家看出美国画商还是不愿意接受这个价格。这时，印度画家气愤地点燃火柴，竟然又烧掉了另一幅画。至此，酷爱收藏的画商再也沉不住气了，态度和蔼多了，乞求说："请不要再烧最后一幅画了，我愿意出高价买下。"最后，双方竟以800美元的价格成交。

　　请结合案例思考：

　　该画家采用了哪种定价方法，这一方法有什么特点？

（二）需求差异定价法

在不同时间、不同地点，消费者对某些产品的需求存在差异。需求差异定价法是根据消费者需求的不同，采用不同价格的差别定价方法。例如，在节假日期间，外出旅游人数增加，机票价格就会高于平时的价格；周末时，电影院、体育馆等一些休闲场所的价格就会高于非周末时段；反季销售的服装价格往往较低；旅游景点、车站、机场等场所的餐饮价格高于其他场所等。这种定价方法可以使企业定价最大限度地符合市场需求，促进商品销售，有利于企业获取较好的经济效益。

（三）习惯定价法

某些产品在长期经营过程中，消费者已经接受并习惯于某一价格，价格变动会引起消费者的心理排斥，因此企业需要按照长期被消费者接受的价格进行定价。对已形成习惯价格的产品或商品，即使生产成本降低，企业也不能轻易降价，否则易引起消费者对其品质的怀疑；即使生产成本增加亦不能轻易涨价，否则容易引起消费者的反感，企业只能靠薄利多销来弥补低价的损失。

三、竞争导向定价法

在市场竞争比较激烈的情况下，企业通过研究竞争对手的生产条件、服务状况、价格水平等因素，依据自身的竞争实力，参考成本和供求状况来确定商品价格。竞争导向定价法包括随行就市定价法、产品差别定价法和密封投标定价法。

（一）随行就市定价法

行业竞争较激烈的情况下，企业无法凭借自己的实力在市场上取得绝对优势，为了避免价格竞争带来的损失，大多数企业采用随行就市定价法，即将本企业某产品价格保持在市场平均价格水平上，利用这样的价格来获得平均报酬。此外，采用随行就市定价法，企业就不必去全面了解消费者对不同价差的反应，也不会引起价格波动。

（二）产品差别定价法

产品差别定价法是指企业通过不同营销努力，使同种、同质的产品在消费者心目中树立起不同的产品形象，进而根据自身特点，选取低于或高于竞争者的价格作为本企业产品价格。因此，产品差别定价法是一种进攻性的定价方法。

（三）密封投标定价法

密封投标定价法主要用于投标交易方式。许多大宗商品、原材料、成套设备和建筑工程项目的买卖和承包，以及出售小型企业等，往往采用这种方式。一般来说，招标方只有一个，处于相对垄断地位；而投标方有多个，处于相互竞争地位。标的物的价格由参与投标的各个企业在相互独立的条件下来确定。在买方招标的所有投标者中，报价最低的投标者通常中标，它的报价就是承包价格。这样一种竞争性的定价方法就称密封投标定价法。

任务实施

■ 背景资料：

近日史密斯总决赛首战的球衣在官网拍卖，没想到竞拍者众多，如今价位已经突破 1800 美元。史密斯之所以被人"嘲讽"，和总决赛首战最后一刻"贻误战机"有很大关系。当时比赛还剩下 4.7 秒，骑士的乔治·希尔两罚一中将比分扳成 107，不过罚丢第二个罚球后，史密斯抢到关键的前场篮板，但是他做了一个错误的选择，拿到球后直接运球到三分线外，结果骑士惜败，白白浪费了詹姆斯首战"51 分、8 篮板、8 助攻"的优秀表现。

赛后外界普遍猜测史密斯肯定是"犯浑"，以为骑士领先，不管史密斯是否承认忘记比分，总之他的这次重大失误一直被外界所"铭记"，没想到的是 NBA 官方也要凑热闹，最近 NBA 官方拍卖网上放出了史密斯在总决赛首战的比赛球衣，起价 250 美元进行公开拍卖，结果网友热情还挺高，在距离拍卖结束还有四天时间，球衣的价格已经被拍到 1810 美元。

通常情况下只有具备特殊意义的球员物品才会在拍卖网上竞拍，多数是代表球员或者球队最激情的荣耀时刻，而史密斯因为总决赛首战的失误"上榜"，此中酸甜苦辣，只有史密斯本人自己知晓了。

（资料来源：腾讯网）

■ 实训目标：

通过实训，学生将了解产品定价方法，能够能根据不同产品的特点确定不同的定价方法，以保证营销目标的实现。

■ 实训要求：

学生结合背景资料，分析卖家对史密斯球衣的定价方法，如果你是卖家，你还有什么好的定价方法。

（1）本次实训以小组为单位，要求所有学生积极参与；

（2）小组成员要分工合作，注意团队合作意识的培养；

（3）实训报告格式规范，内容完整；

（4）结构合理、层次分明；

（5）分析正确、选择策略要得当。

■ 操作步骤：

（1）教师将班级学生分成若干学习小组，教师布置实训任务，请全体同学明确实训目的和实训要求。

（2）学生了解背景资料，为正确选择定价法方做好充分准备。

（3）学生根据背景资料，分析史密斯球衣所采用的定价方法。

（4）学生讨论这一定价方法所适用的产品类型。

（5）头脑风暴：如何将史密斯球衣卖出一个更高的价格。

（6）学生汇总大家意见，完成小组实训报告。

■ **实训报告：**

实训结束后，学生以小组为单位撰写实训报告。实训报告的主要内容如下。

（1）实训名称、实训日期，班级、实训组别。

（2）实训目的。学生应简明概述本实训通过何种方法，训练了哪些技能，达到了什么目的。

（3）实训心得。学生总结分析实训中的收获及存在的问题，提出改进建议。

任务三　实施定价策略

任务描述

定价方法确定了价格的取值范围，在制订产品的最终价格以及调整价格时，企业还应该考虑一些其他因素，采用一定的策略，使产品价格更能打动消费者。通过完成本任务，学生能够根据产品特点制订相应的价格策略。

相关知识

一、新产品定价策略

新产品的定价可以采用撇脂定价策略和渗透定价策略。

（一）撇脂定价策略

新产品上市之初，将价格定得较高，在短期内获取厚利，尽快收回投资，就像从牛奶中撇取所含的奶油一样，取其精华，称为"撇脂定价"法。撇脂定价策略的优点如下：新产品上市，利用较高价格可以提高身价，适应消费者求新心理，有助于开拓市场；产品进入成熟期后，为价格下降提供空间，价格可分阶段逐步下降，有利于吸引新的消费者。该方法的缺点是容易招来竞争者，导致竞争加剧。

（二）渗透定价策略

渗透定价策略指在新产品投放市场时，价格定得尽可能低一些，其目的是获得最高销售量和最大市场占有率。当新产品没有显著特色，竞争激烈，需求弹性较大时宜采用渗透定价策略。渗透策略的优点是产品能迅速为市场所接受，打开销路，增加产量，使成本随生产发展而下降；低价薄利，使竞争者望而却步、减缓竞争，获得一定市场优势。

企业是采取撇脂定价还是渗透定价，需要综合考虑市场需求、竞争、供给、市场潜力、价格弹性、产品特性、企业发展战略等因素。

同步案例

　　资料1：当索尼在日本市场首先引入高清晰度彩电时，这个高科技产品价值43000美元。这种电视机定位于那些可以为高科技负担高价格的消费者。其后的三年，索尼不断降低价格以吸引更多的消费者，三年后日本消费者只要花费6000美元就可以购得一台28寸高清晰度彩电。10年后，日本消费者仅需2000美元就可以买到40英寸的高清晰度彩电，而这个价格是大多数人都可以接受的。索尼以这种方式从不同的消费者群中获得了最大限度的利润。

　　资料2：2011年，200多家媒体以及400名粉丝齐聚北京，共同见证发烧友级重量手机小米手机的发布。发布会上，小米总裁先详细地介绍了小米手机的各种参数，展示了其优点。在激发起人们的兴趣之后，临近结束之时，他用一张极其庞大醒目的页面公布了它的价格：1999元。作为首款全球1.5G双核处理器，搭配1G内存，以及板载4G存储空间，最高支持32G存储卡的扩展，超强的配置的手机，却仅售1999元，这不得不让人为之一震。在当时，类似的手机市场价格在3000~4000元，1999元就能够买到相当不错的智能手机，对消费者是一种巨大的诱惑，小米手机第一次网上销售就被一抢而空，这一定价策略对小米手机提高市场占有率起到了非常重要的作用。

　　请结合案例思考：

　　索尼公司和小米公司在新产品上市时各采用了哪种定价策略，对企业产生了哪些影响？

二、心理定价策略

　　心理定价策略是根据消费者的消费心理定价，使产品价格对消费者具有吸引力，能够促使消费者做出购买决定的定价策略。心理定价策略有以下几种。

（一）尾数定价

　　去超市购物，人们经常会看到价格的9.9元、99.8元的商品，而非整数的10元、100元。这种定价方法称为尾数定价，即给产品定一个非整数价格。对于日常用品，消费者乐于接受带有零头的价格。这种尾数价格往往能使消费者产生一种似乎便宜且定价精确的感受。一般情况下低值易耗的产品，经常采用尾数定价的方法。比如飘柔日常护理洗发液，超市零售飘柔建议价为9.9元，特意留几分钱或者几角零头。这种定价法给消费者一种很实惠的感觉。

（二）整数定价

　　与尾数定价相反，某些商品在定价时，有意将产品价格定为整数，以显示产品具有一定的质量，从而迎合消费者"便宜无好货，好货不便宜"的心理。有些商品如高档商品、耐用品，价值较高，顾客也难以掌握其质量性能，因此在外观条件相近的情况下，消费者会产生价高品质也高的心理作用。对于一些礼品、工艺品，企业采用整数定价，会使商品越发显得高贵，能够满足部分消费者的虚荣心理。对方便食品、快餐以及在人口流动比较多的地方的商品，企业制订整数价格，迎合了人们的"惜时心理"，同时也便于消费者做出购买决策。

（三）声望定价

声望定价是指企业利用消费者仰慕名牌商品的某种心理来定价，故意把价格定为高价。高价维护了企业或产品的良好声誉，增加了在消费者心目中的"神秘感"和"优越感"。有些名牌产品即使在销售的淡季也不降价，对有质量问题的产品宁可销毁也不降价销售，始终保持该产品在市场上的良好形象和稳固地位，进一步坚定了消费者对该产品的信心。"借声望定高价，以高价扬声望"是该定价方法的基本要领。此种定价法有两个目的：一是提高产品的形象，以价格说明其名贵名优；二是满足消费者的地位欲望，适应消费者的消费心理。

（四）习惯性定价

某种商品，由于同类产品多，在市场上形成了一种习惯价格，个别生产者难于改变。有些商品尤其是家庭日常生活用品，在市场上已经形成了一个习惯价格。消费者已经习惯于消费这种商品时，只愿付出这么大的代价，如买一块肥皂、一瓶洗涤灵等。这些商品的定价，一般应依照习惯确定，不要随便改变价格。因为一旦降价，容易引起消费者对品质的怀疑，涨价则可能受到消费者的抵制。

（五）招徕定价

招徕定价又称特价商品定价，是一种有意将少数产品降价以招徕吸引消费者的定价方式。产品价格低于市场价格，一般都能引起消费者的注意，满足了消费者的"求廉"心理。这种策略一般是对部分产品降价，从而带动其他产品的销售。比如一些大型超市将特定的产品以低价出售，作为宣传来吸引消费者。在新店开业时这种情况比较常见，店家为了吸引消费者，选择一种或少数几种产品，以远远低于市场价格的价格出售，这一产品本身无利润，但是通过店内其他产品的销售而获利。

同步案例

北京地铁有家每日商场，每逢节假日都要举办"1元拍卖活动"，所有参加拍卖的商品均以1元起价，报价每次增加5元，直至最后定夺。但这种由每日商场举办的拍卖活动由于基价定得过低，最后的成交价就比市场价低得多，给人们产生一种"卖得越多，赔得越多"的感觉。岂不知，该商场用的是招徕定价策略。它以低廉的拍卖品活跃商场气氛，增大客流量，带动了整个商场的销售额上升。

请结合案例思考：

哪些商品适用于招徕定价的策略？

三、差别定价策略

企业往往根据不同消费者、不同时间和场所来调整产品价格，实行差别定价，即对同一产品定出两种或多种价格，但这种差别不反映成本的变化。当一种产品对不同的消费者，或在不同的市场上的定价与它的成本不成比例时，就形成差别定价。差别定价策略有以下几种形式，如图 7-3 所示。

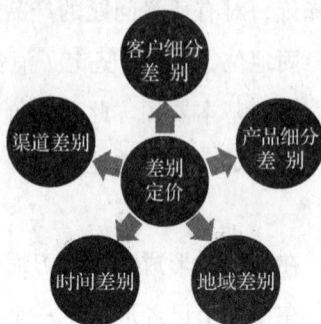

图 7-3　差别定价策略

客户细分差别定价，指对不同的客户群在消费同种产品时支付不同的价格，如火车票分成人票和儿童票。

产品细分差别定价，即产品不同的花色品种、式样定不同的价格，如方便面桶装和袋装的价格。

地域差别定价，如同一产品在不同省份，有不同价格。

时间差别定价，如午夜场的电影票一般低于其他时段；旺季旅游景点的门票价格高于淡季的门票价格。

渠道差别定价，指同种产品在不同销售渠道定不同的价格，如相同的饮料在超市和饭店价格有差别。

四、折扣定价策略

折扣定价是指对基本价格做出一定的让步，直接或间接降低价格，以争取消费者，扩大销量。折扣定价的形式有数量折扣、现金折扣、功能折扣、季节折扣等形式。

（一）数量折扣

数量折扣指按购买数量的多少，分别给予不同的折扣，购买数量越多，折扣越大。其目的是鼓励大量购买，或集中向本企业购买。例如，消费者购买 1 件商品按原价，购买 2 件按 8 折，购买 3 件按 7 折。某商品在天猫超市的数量折扣如图 7-4 所示。

图 7-4　天猫超市的数量折扣

数量折扣的促销作用非常明显，企业因单位产品利润减少而产生的损失完全可以从销量的增加中得到补偿。此外，销售速度的加快，使企业资金周转次数增加，流通费用下降，产品成本降低，从而导致企业总盈利水平上升。

（二）现金折扣

现金折扣是对在规定的时间内提前付款或用现金付款者所给予的一种价格折扣，其目的是鼓励消费者尽早付款，加速资金周转，降低销售费用，减少财务风险。提供现金折扣等于降低价格，所以，企业在运用这种手段时要考虑商品是否有足够的需求弹性，保证通过需求量的增加使企业获得足够利润。

（三）功能折扣

功能折扣是制造商给予中间商的一种额外折扣。中间商在产品分销过程中所处的环节不同，其所承担的功能、责任和风险也不同，企业据此给予不同的折扣称为功能折扣。鼓励中间商大批量订货，扩大销售，争取消费者，并与生产企业建立长期、稳定、良好的合作关系是采用功能折扣的一个主要目的。功能折扣的另一个目的是对中间商经营的有关产品的成本和费用进行补偿，并让中间商有一定的盈利。

（四）季节折扣

有些商品的消费具有明显的季节性。为了调节供需矛盾，这些商品的生产企业便采用季节折扣的方式，对在淡季购买商品的消费者给予一定的优惠，使企业的生产和销售在一年四季能保持相对稳定。淘宝网上的季节折扣活动如图 7-5 所示。

图 7-5　淘宝网上的季节折扣活动

季节折扣比例的确定，应考虑成本、储存费用、基价和资金利息等因素。季节折扣有利于减少库存，加速商品流通，迅速收回资金，促进企业均衡生产，充分发挥生产和销售潜力，避免因季节需求变化所带来的市场风险。

五、产品组合定价策略

产品组合是企业全部产品线和产品项目的组合。企业对相互关联、相互补充的产品，采用成套购买给予优惠价格进行定价的策略，称为产品组合定价策略。产品组合定价策略是一种较好的营销增值方法。

（一）产品线定价策略

产品线定价策略是指针对整个产品线定价，而不是对单个产品定价。当生产的系列产品存在需求和成本的内在关联性时，为了充分发挥这种内在关联性的积极效应，企业可以采用产品线定价策略。对产品线内的不同产品，企业要根据产品的质量和档次、消费者的不同需求及竞争者产品的情况确定不同的价格。如某家电公司电视机定价有 1999 元、3999 元、7999 元这 3 级水平，消费者自然会以 3 个质量等级来对应选购 3 种价格的产品。营销者的任务就是使消费者确信本企业是按质论价："一分钱，一分货。"

（二）附属产品定价策略

附属产品定价策略指以较低价销售主产品来吸引消费者，以较高价销售备选和附属产品来增加利润。如打印机的定价较低，而墨盒的定价较高，当消费者购买了打印机以后，就不得不经常为更换墨盒支付费用。

（三）任选品定价策略

任选品定价策略是针对那些与主要产品密切关联且可任意选择的产品的定价策略。许多企业不仅提供主要产品，还提供某些与主要产品密切关联的任选产品。例如，消费者去饭店吃饭，除了点饭菜之外，可能还会点酒、饮料等。在这里饭菜是主要产品，酒、饮料等就是任选产品。

（四）捆绑定价策略

捆绑定价策略指将两种或两种以上的相关产品捆绑打包出售，并制订一个合理的价格。捆绑定价的产品在用途上具有互补性。例如，饭店将几种不同的菜捆绑成一份套餐进行定价；银行对其提供的一整套不可分的服务进行定价；旅行社对整个旅行线路进行定价。

六、价格调整策略

企业在产品价格确定后，由于客观环境、市场需求、竞争情况的变化，往往会对价格进行修改和调整。

（一）价格调整的动因

价格调整分为降价和涨价两种情况。不论哪种情况，企业都需要先明确价格调整的动因。

1. 降价的动因

（1）企业生产能力过剩、产量过多，库存积压严重，市场供过于求，企业以降价来刺激市场需求。

（2）面对竞争者的价格战，企业不降价将会失去顾客或减少市场份额。

（3）生产成本下降，科技进步，劳动生产率不断提高，生产成本逐步下降，其市场价格也应下降。

2. 提价的动因

提价一般会遭到消费者和经销商的反对，但在许多情况下企业不得不提价：

（1）通货膨胀。物价普遍上涨，企业生产成本必然增加，为保证利润，企业不得不提价。

（2）产品供不应求。此时提价一方面买方之间展开激烈竞争，争夺货源，为企业创造有利条件；另一方面也可以抑制需求过快增长，保持供求平衡。

（二）消费者对价格调整的反应

当产品降价时，消费者可能会有以下几种反应：（1）产品样式过时了，马上将被新产品代替；（2）产品有缺点，销量不好，降价销售；（3）企业财务困难，难以继续经营；（4）价格还要进一步下跌；（5）价格下跌意味着产品质量下降。

当产品提价时，消费者的反应为：（1）产品很畅销，不赶快买就买不到了，因此购买欲望更高；（2）产品很有价值；（3）卖主想赚取更多利润。

（三）价格调整策略

1. 降价策略

（1）单个产品直接降价。如一件毛衣原价 200 元，现价 158 元。

（2）捆绑降价。如一件衣服 120 元，两件 200 元。

（3）裸装降价。去除产品包装，降低成本进而降低价格。如带包装纸的月饼 5 元一块，散装月饼 4 元一块。

（4）增加产品质量或服务内容。比如手机增加新功能，虽然价格不变，但在消费者看来价值增加了，实际上这是一种隐性的降价。

2. 提价策略

（1）直接提价。对于某些价格不敏感的产品，企业可以采用直接提价的方式。比如一台冰箱，原价 3500 元，由于成本上涨，企业可以将产品价格直接调到 3800 元。因为消费者对这类产品并不经常购买，直接提价对他们影响不大。

（2）间接提价。间接提价指企业采取一定方法使产品价格表面保持不变，但实际隐性上升。间接提价包括以下几种方法。

① 减少免费服务项目或增加收费项目。如企业产品价格不变，但是原来提供的免费维修改为收费。

② 原材料成本增加的情况下，企业可以使用便宜的材料或配件；或者使用低廉的包装材料或推销大容量包装的产品，以降低保障的相对成本。

③ 提价并同时提高产品质量，树立本企业产品的高品质形象。

一般而言，降价容易，提价难。调高产品价格往往会遭到消费者的反对。因此，在使用提价策略时必须慎重，尤其应掌握好提价幅度、提价时机，并注意与消费者及时进行沟通。

任务实施

■ 背景资料：

老李开了一家牛肉馆，对于一个小饭店来说，要赚钱，必须把成本控制好。老李通过观察发现，人们都有一种普遍的特点，无论去狗肉馆、羊肉馆还是牛肉馆，关注的都是主菜的价格，而对配菜价格并不关心。老李利用人们这种心理，在定价上做了把文章。

他把主菜价格定得接近成本价，而把不被消费者关注的配菜价格适当定得高一些，这就给消费者一种价廉物美的感觉，既提高了餐馆的吸引力，又保证了餐馆的利润。老李说，他现在每个月都会做饭菜的生产成本核算，以菜谱定价为 30 元的小锅"泡椒牛背筋"为例，这道菜的主料牛背筋控制在 6 两左右，主辅料牛肉、鸡肉等控制在 3 两到 4 两，泡制的小米辣根据消费者口味要求控制在 0.5 两至 2 两。这样，在根据近期的原料采购市场价格，就能在保证菜量和口味满足消费者要求的情况下，把这道"泡椒牛背筋"的成本价保持在 25 元上下，保证了每锅有 5 元的毛利润。这样看来并不符合做餐饮低于 20% 的毛利就不赚钱的规律。老李其实算过一笔账：牛背筋是火锅，除了以上的底料外，还需要点一些蔬菜搭配煮着吃，土豆片每盘 5 元，豌豆苗菜每盘 5 元，海带、木耳等每盘 8 元，十几种配菜，毛利率均在 40%以上，加上酒水的利润，高低拉扯下来，平均在 30% 左右的毛利。虽然不算高，但这样做却能吸引回头客，让生意越来越红火。

■ 实训目标：

通过实训，学生能够掌握定价策略，能够根据不同类型、不同档次的产品采用不同的定价策略。

■ 实训要求：

学生结合背景资料，了解定价的策略有哪些，分析老李在定价上有哪些成功之处。

（1）本次实训以小组为单位，要求所有学生积极参与；

（2）小组成员要分工合作，注意团队合作意识的培养；

（3）实训报告格式规范，内容完整；

（4）结构合理、层次分明；

（5）分析正确、选择策略要得当。

■ **操作步骤：**

（1）教师将班级学生分成若干学习小组，教师布置实训任务，请全体同学明确实训目的和实训要求。

（2）学生分析市场现状，为正确评价企业定价策略做好充分准备。

（3）学生明确定价策略的类型和适用产品。

（4）学生分析牛肉馆的定价策略及成功之处。

（5）头脑风暴：如果你是老王，你将如何定价？

（6）学生汇总大家意见，完成小组实训报告。

■ **实训报告：**

实训结束后，学生以小组为单位撰写实训报告。实训报告的主要内容如下。

（1）实训名称、实训日期，班级、实训组别。

（2）实训目的。学生应简明概述本实训通过何种方法，训练了哪些技能，达到了什么目的。

（3）实训心得。学生总结分析实训中的收获及存在的问题，提出改进建议。

项目小结

企业的定价目标有以下几种：维持企业生存，实现企业利润最大，提高企业市场占有率，维护品牌形象或应对竞争。

影响产品定价的因素有企业目标、产品成本、市场需求、竞争因素和国家政策政策因素几个方面。

定价方法，是企业在特定的定价目标指导下，依据对成本、需求及竞争等状况的研究，运用价格决策理论，对产品价格进行计算的具体方法。定价方法主要包括成本导向、竞争导向和顾客导向这 3 种类型。

新产品的定价可采用撇脂定价策略和渗透定价策略。

心理定价是根据消费者的消费心理定价，心理定价策略主要包括尾数定价策略、整数定价策略、声望定价策略、习惯定价策略和招徕定价策略。

差别定价是对不同的消费者，或在不同的市场上形成的差异定价。

折扣定价是指对基本价格做出一定的让步，直接或间接降低价格，以争取消费者，扩大销量。折扣定价的形式有数量折扣、现金折扣、功能折扣、季节折扣等。

产品组合定价策略包括产品线定价策略、附属产品定价策略、任选品定价策略和捆绑定价策略。

价格调整策略分为降价策略和提价策略两种。

自我检测

一、判断题

1. 竞争导向定价法包括随行就市定价法和需求差异定价法。（　　　）

2. 面对激烈的竞争，企业为了生存和发展，在任何时候都应始终坚持只降价不提价的原则。（　　　）

3. 提价会引起消费者、经销商和企业推销人员的不满，因此提价不仅不会使企业的利润增加，反而会导致利润的下降。（　　　）

二、选择题

1. 在企业产量过剩、面临激烈竞争或试图改变消费者需求的情况下，企业的主要定价目标是（　　　）。

　　A. 维持企业生存　　　　　　　　B. 当期利润最大化

　　C. 市场占有率最大化　　　　　　D. 维护品牌形象

2. 某服装店售货员把相同的服装以 800 元卖给消费者 A，以 600 元卖给消费者 B，该服装店的定价属于（　　　）。

　　A. 消费者差别定价　　　　　　　B. 产品形式差别定价

　　C. 产品部位差别定价　　　　　　D. 销售时间差别定价

3. 为鼓励消费者购买更多的物品，企业给那些大量购买产品的消费者的一种减价称为（　　　）。

　　A. 功能折扣　　　B. 数量折扣　　　C. 季节折扣　　　D. 现金折扣

4. 企业利用消费者具有仰慕名牌商品或名店声望所产生的某种心理，对质量不易鉴别的商品的定价最适宜用（　　　）策略。

　　A. 尾数定价　　　B. 招徕定价　　　C. 声望定价　　　D. 反向定价

5. 在产品组合定价中，企业出售一组产品的价格应（　　　）单独购买其中每一产品的费用总和。

　　A. 高于　　　　　B. 等于　　　　　C. 低于　　　　　D. 不低于

三、简答题

1. 影响定价的因素有哪些？

2. 折扣定价的方法是什么？

3. 价格调整的动因有哪些？

项目八
建立渠道策略

项目导入

随着轮岗工作的继续开展,王斌又接触到了新的工作岗位——分销事业部渠道主管助理。起初,他主要负责统计与分析渠道商家的各项数据资料,由于工作比较扎实,他很快就被委派协助负责某市场的开发工作。一时间,市场如何划分,分销渠道的结构如何构建,各渠道成员如何选定等问题都成了王斌和同事们着急解决的问题,他希望尽快攻克难题,从而能够有效地完成市场渠道的开发工作。

项目分析

某种全新的产品如果想在短时间内获取一定的市场占有率,在明确其市场战略后,应当根据产品策略和价格策略确定产品的品牌、包装以及价格,并通过多种方式实现产品的价值。产品价值的实现事实上就是在适当的时间和地点,以合适的方式,将产品配送到适当的消费者手中的过程。这一过程如何实施,也就是分销渠道所承担的功能。

学习目标

知识目标:

1. 了解分销渠道的概念及其构成。
2. 认识分销渠道中间商的特殊作用。
3. 理解分销渠道的类型及其职能。
4. 掌握分销渠道设计的方法。
5. 掌握分销渠道管理的方法。

技能目标：

1. 能够对特定的市场进行恰当的分销渠道类型选择。

2. 能对分销渠道进行合理的设计。

3. 能够对分销渠道进行有效的管理。

学习内容思维导图如图 8-1 所示。

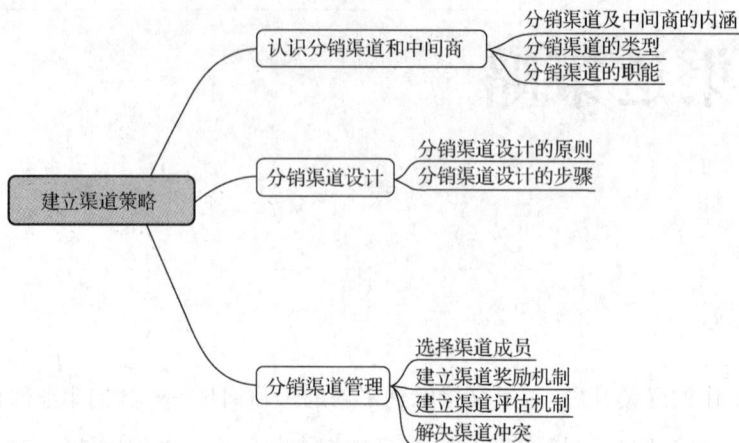

图 8-1 分销渠道策略学习内容思维导图

任务一 认识分销渠道和中间商

任务描述

有效的分销渠道有利于实现产销双方信息的高效互通，可以保证产品在正确的时间以正确的数量到达正确的地点。企业只有充分认识了分销渠道，才能合理选择渠道类型，准确筛选渠道成员，确定渠道的长度和宽度。通过完成本任务，学生能够结合实践经验，完成合理确定中间商的工作，从而为营销渠道的建立奠定坚实的基础。

相关知识

一、分销渠道和中间商的内涵

（一）分销渠道的概念

通常情况下，商品（或服务）的流通并非是由生产者直接流向最终顾客的，往往都需要经过多个流通环节才可以转卖到最终顾客手中。这若干个环节所构成的路径，就是分销渠道。

（二）分销渠道的构成

分销渠道也可称为流通渠道、销售通路等，其构成如图 8-2 所示。分销渠道的起点和终点分别是生产者和最终消费者，中间环节的参与者一般包括批发商、零售商、代理商以及一些其他辅助机构。分销渠道的有效延伸通常都是伴随着商品（或服务）所有权转移的完成或推进而实现的。

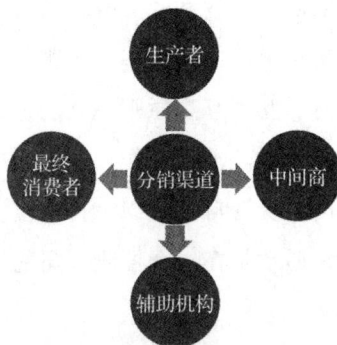

图 8-2　分销渠道的构成

1. 生产者

生产者除了具有将原料或零部件经过一系列的生产工序制成最终产品的职责外，还负责渠道设计管理、协调运作等工作，在建立和维护分销系统方面发挥主要作用。

2. 中间商

中间商是指介于生产者和消费者之间，专门从事商品买卖或促进交易行为发生的组织或个人。按照对分销商品是否具有所有权，中间商可以被分为经销商（或称买卖中间商）和代理商。

（1）经销商。经销商是指在分销渠道中取得商品所有权后进行商品再交易的中间商，如批发商和零售商。他们可以通过商品的转卖，利用购销差价来获取经营利润。

（2）代理商。代理商是指在分销渠道中受商品生产企业委托，从事商品交易，但不取得商品所有权的中间商，如制造代理人、销售代理人、采购代理商和佣金代理人等。还有一种特殊的代理商——经济人，他们只负责参与顾客寻找，偶尔还会代表生产商同顾客进行谈判以促成交易，但不持有任何现货。这种代理商多存在于房地产、证券交易、保险等行业。代理商的利润来源一般是通过抽取一定比例的佣金来实现的。

如果按照商品销售对象的不同，中间商也可以被分为批发商和零售商。批发商一般是指将购入商品批量转售给具有再出售能力的组织或个人的中间商；零售商则是指向最终消费者直接销售商品的企业或个人。一般情况下，零售商还可以做以下的细分。

① 商店零售，也称店铺零售，即通过一家或若干家实体店面开展商品零售或服务业务，其形式主要有：专用品商店、百货商店、超级市场、便利店、折扣店、仓储商店等。

② 无门市零售。这种方式与商店零售的最大区别在于不通过实体店面开展相关业务，主要存在形式包括：直复营销（如电话、电视销售等）、直接销售（如上门推销等）、自动售货和购物服务公司。

③ 联合零售。这是近年来新兴起的一种零售方式，主要有批发联号、零售商合作社、消费合作社和商店集团这4种形式。其中，批发联号是指中小型零售商自愿参加批发商的联号，联号成员以契约作为联结，明确各方权利和义务，通过这种模式，批发商可以获得一批忠实的客户，零售商则保证了供货渠道，此模式多用于服装批发商等行业。零售商合作社主要是由一群独立的零售商按照自愿、互利互惠原则成立的，以统一采购和联合促销为目的的联合组织，食品加工业常采用这种模式。消费合作社一般是在社区没有零售商店、零售商店服务欠佳或售价太高等情况下，由消费者自发组织、自愿出资、自己拥有的零售组织。商店集团是零售业的组织规模化形式，通常是在一个控股公司的控制下，若干行业的若干商店集中参与经营的一种模式。

3．辅助机构

商品在分销过程中通常会涉及一些独立机构的参与，它们既不会取得产品的所有权，也不会参与买卖谈判，这种类型的机构被统称为辅助机构。如商品在流通过程中，运输公司会承担商品的空间转移运输职能，仓储公司会承担商品的储存与保管职能，银行会承担交易资金流转与贷款结算的职能，广告公司会承担企业形象和产品信息宣传的职能等。

需要注意的是，辅助机构和中间商都是独立于生产商的市场经营主体，但中间商会直接参与或帮助商品所有权的转移，而辅助机构只需要为商品的交换提供便利条件，其承担的是服务性职能。

4．最终消费者

最终消费者也就是商品最终的买家，它们既是分销渠道的目标，也是商品价值和使用价值的实现者。最终消费者对每条分销渠道起着导向作用，整个系统的运作都要根据最终用户的需要来进行。

二、分销渠道的类型

分销渠道类型可以从不同的角度，按照不同的标准进行划分。

（一）按照分销渠道的长度进行划分

分销渠道的长度是指商品在流通过程中所需经过的流通环节的多少。商品通过分销渠道从生产者转移到最终消费者的过程中，所有对商品拥有所有权或具有销售责任的机构，即可称为一个渠道层级。商品流通所经历的环节越多，渠道层级就越多，渠道也就会越长。

1．零级渠道

零级渠道是指商品直接由生产者供应给最终消费者，没有任何中间商介入的分销渠道。

这种渠道模式有利于产、需双方沟通信息，可以按需生产，更好地满足目标消费者的需要，降低产品在流通过程中的损耗，使购销双方在营销上都能保持相对的稳定。

分销渠道层级结构构成示意图如图 8-3 所示。

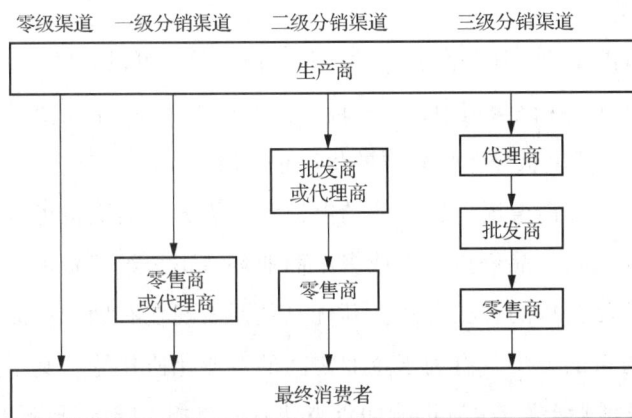

图 8-3　分销渠道层级结构构成示意图

零级渠道也可称为直接分销渠道，简称直销。直销是工业品分销的主要渠道，如大型设备、专用工具，及专业性较强需要生产商提供专门支撑服务的产品等，多数都采用直销的模式；另外，专业服务和个人服务行业，如法律顾问、健康顾问等，一般也多采用直销模式；消费品市场中也有部分采用直销模式，如安利、玫凯琳和雅芳等品牌，都是通过独立的营销网络完成商品的销售。一般情况下，常用的直销方式主要有以下几种。

（1）订购分销。生产商与最终消费者提前签订购销合同或协议，在规定时间内按相关条款完成商品供应及款项交付等事项。

（2）自营店销售。生产商自行设立自营店面（可以是实体店面也可以是网络店面），以实现商品的直接售卖。

（3）联营分销。某些经营同类商品但各自独立的法人企业，为了向厂商或供货商争取一个较低的采购价格，便通过共同协商的方式自愿联合起来，将各企业所需要的采购量加总在一起统一采购，使采购数量规模增大，从而创造了向厂商或者供货商讨价还价的条件，以较低的价格批量购进商品，之后再由各企业分散销售原来各自所需采购量的经营模式。

2．一级分销渠道

一级分销渠道即生产商通过一个中间商完成商品流通的分销渠道。在消费品市场，该中间商往往是零售商；在工业品市场，该中间商一般是代理商。

3．二级分销渠道

二级分销渠道即商品需要经过两个层级的中间商才可以完成由生产商到最终消费者的传递过程的分销渠道。二级分销渠道一般有两种表现形式：一种是"生产商—批发商—零售商—最终消费者"的消费品分销模式，这种模式也称二级经销模式，多被商品生产规模较小的企业所采用；另一种是"生产商—代理商—零售商—最终消费者"的模式，也称二级分销代理模式，这种模式多被商品生产规模较大的企业所采用。

4. 三级分销渠道

三级分销渠道是指商品经代理商、批发商和零售商后才可以完成由生产商到最终消费者的传递过程的分销渠道。在该渠道中，生产商直接面对代理商，由代理商开发市场，并为批发商提供货源，这种模式多被技术性较强的生产企业所采用。

以上所提到的一级分销渠道、二级分销渠道和三级分销渠道也可以统称为间接分销渠道。间接分销渠道就是指产品经由一个或多个商业环节销售给消费者和用户的渠道类型。间接分销渠道是消费品销售的主要方式。其优点主要表现在有助于产品广泛分销，缓解生产者人、财、物等力量的不足，有利于企业之间的专业化协作等，其不足主要有中间商的介入可能形成"需求滞后差"，也有可能加重消费者的负担，导致抵触情绪，不便于信息的直接沟通。

做中学

通常情况下，我们习惯将经过两个或两个以上中间商才完成分销的渠道称为长渠道，经过一个或不需要经过任何中间商就可以完成的分销渠道称为短渠道，也就是说直销是最短销售渠道。

学生以小组为单位，搜集 2～3 款熟悉的日用品的促销案例，分析其促销方案中所选用的分销渠道是长渠道还是短渠道，都选用了哪种类型的中间商。

（二）按照分销渠道的宽度进行划分

分销渠道的宽度，是指每一层级渠道中间商数量的多少。一般情况下，产品的性质、市场特征、用户分布以及企业分销战略等因素都会给分销渠道的宽度带来一定的影响。按照渠道宽度的不同，我们可以将分销渠道分为以下 3 种类型。

1. 密集型分销渠道

密集型分销渠道也称广泛型分销渠道，即生产商在同一渠道层级上选用尽可能多的渠道中间商来经销自己产品的一种渠道类型。这种类型的分销渠道多见于牙膏、牙刷、饮料等便利消费品领域。

2. 选择性分销渠道

选择性分销渠道即在某一渠道层级上选择少量的渠道中间商来进行商品分销的一种渠道类型。IT 产业链中的企业多采用这种分销渠道。

3. 独家分销渠道

独家分销渠道就是指在某一渠道层级上选用唯一渠道中间商的一种渠道类型。通常情况下，新型产品多采用这种分销的模式，在市场成熟后，再由独家分销模式向选择性分销模式转移。

戴尔公司的直销模式

一般情况下，个人计算机的销售都是通过一支强大的分销商团队来完成的。但戴尔公司却另辟蹊径，通过直销模式进行产品销售，这种打破传统的销售方法帮助戴尔公司脱颖而出，获得了业务量的迅速增长。

戴尔公司奉行"直接最好"的营销理念，认为与客户之间建立的直接关系是推进其快速成长的源泉。这种关系可以使其能够更有效、更明确地了解客户需求，继而迅速做出回应，按照客户需求制造计算机，再向客户直接发货。这种方式既省去了烦琐的步骤，也拉近了与客户之间的距离。

目前，戴尔公司在中国提供现场服务和技术支持所覆盖的城市已经超过了250多个。客户可根据自身对配置和软件的要求，通过在全国250多个城市中设立的720条免费电话直接联系戴尔公司的销售代表，订购个人计算机、笔记本电脑或服务器产品，也可以直接通过互联网在网站购买。图8-4所示为戴尔官网个性化定制界面。

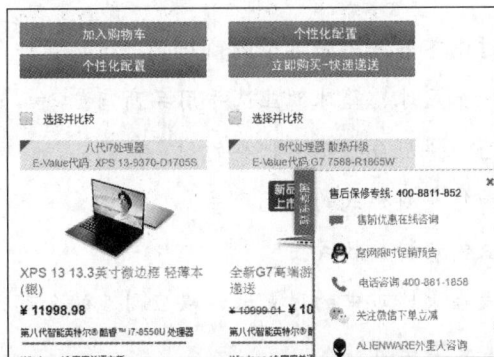

图8-4　戴尔官网个性化定制界面

请结合案例思考：

1. 戴尔的直销模式能够取得成功的原因有哪些？本案例对你有哪些启发？

2. 结合案例，总结分析中间商对企业产品销售的利弊都有哪些。

三、分销渠道的职能

分销渠道作为连接生产商和最终消费者的纽带，可以很好地解决生产商和最终消费者之间存在的时空分离、供需信息不对称等多方面的矛盾，还可以更加有效地缩短商品交易周期，使商品能够以正确的数量、正确的时间和正确的地点实现向最终消费者的快速转移，在节约营销成本的同时实现商品利润空间的有效提升。从整体来看，分销渠道的主要职能如表8-1所示。

表 8-1   分销渠道的主要职能

分销渠道的职能	具体表现
调研	收集制订计划和进行交换所必需的信息
促销	进行关于所提供产品的说服性沟通
接洽	寻找潜在购买者并进行有效的沟通
配合	提供符合购买者要求产品的必要服务，如装配、包装等活动
谈判	以转移货物的所有权为目的就其价格及有关条件达成最后协议
物流	完成产品的运输、储存、配送等
融资	为补偿分销成本而取得并支付相关资金
风险承担	承担与渠道工作有关的全部风险

近年来，互联网经济的快速发展，使企业在有效降低企业人工、运营、宣传等成本的同时，也进一步拓宽了分销渠道的职能，因此企业获得了更多的优质分销资源，从而有效地提升了利润。

任务实施

■ **背景资料：**

耐克运动产品主要通过以下 6 种不同类型的商店来进行销售。

（1）体育用品专卖店，如足球、篮球职业选手用品商店。

（2）大众体育用品商店，供应多种不同种类的耐克产品。

（3）百货商店，集中销售最新样式的耐克产品。

（4）大型综合商场，仅销售折扣款式。

（5）耐克零售商店，设在大城市中的耐克城，供应耐克的全部产品，重点是销售最新款式。图 8-5 所示为耐克零售店实景图。

图 8-5　耐克零售店实景图

（6）工厂的门市零售店，销售的大部分是二手货和存货。

■　**实训目标：**

通过实训，学生能够对中间商的作用有进一步的了解，并可以基于实际情况对分销渠道进行目的性较明确的优化工作。

■　**实训要求：**

学生结合背景资料，走访调研某运动品牌的分销渠道模式，进一步加深对各类分销渠道作用和特点的了解，并对已有方案进行有针对性的优化。

（1）本次实训以小组为单位，要求所有学生积极参与；

（2）小组成员要分工合作，注意团队合作意识的培养；

（3）实训报告格式规范，内容完整；

（4）结构合理、层次分明；

（5）分析正确、选择策略要得当。

■　**操作步骤：**

（1）教师将班级学生分成若干学习小组，教师布置实训任务，请全体同学明确实训目的和实训要求。

（2）学生走访调查本地某体育品牌的销售市场，了解该品牌的分销渠道情况。

（3）学生分析该品牌的分销渠道模式，并以小组为单位，结合耐克运动产品的分销模式，讨论该品牌分销渠道的特点和利弊。

（4）头脑风暴：为该品牌分销渠道的优化建言献策。

（5）学生汇总意见，完成小组调研报告。

■　**实训报告：**

实训结束后，学生以小组为单位撰写实训报告。实训报告的主要内容如下。

（1）实训名称、实训日期，班级、实训组别。

（2）实训目的。学生应简明概述本实训通过何种方法，训练了哪些技能，达到了什么目的。

（3）实训心得。学生总结分析实训中的收获及存在的问题，提出改进建议。

任务二　分销渠道设计

任务描述

合理设计分销渠道是生产商得以对分销渠道进行整体把握和控制的前提，也是分销渠道各项职能得以全面实现的基本保障。设计分销渠道，需要生产者在充分分析最终消费者的需求和欲望的基础上，合理选择中间商，设计出符合市场实际的分销渠道计划。通过完成本任务，学生能够掌握营销渠道的合理设计能力。

相关知识

一、分销渠道设计的原则

企业在进行分销渠道设计时，一般需要注意以下几项基本原则，如图8-6所示。

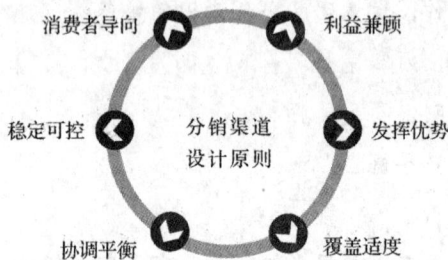

图8-6 分销渠道设计原则

（一）消费者导向原则

分销渠道的设计，必须要从消费者的基本需求点出发，树立以消费者为导向的分销理念。在这个过程中，企业既要通过缜密细致的市场调查，了解消费者对产品的需求，同时还必须按照消费者对售前、售中、售后服务的需求来进行分销渠道的设计，从而提高消费者满意度，培养消费者对企业的忠诚度，促进产品的持续销售。

（二）利益兼顾原则

企业在设计分销渠道时，应认识到不同的分销渠道结构对于同种产品的分销效率的差异。只有选择了较为合适的渠道模式，才能提高产品的流通速度，降低流通费用，使企业能够在获得竞争优势的同时获得最大化的利润。

（三）发挥优势原则

企业要依据自身的特点，选择能够发挥自身优势的渠道模式，以达到较好的经济效益，并获得良好的消费者反馈，从而更好地维持其在市场中的优势地位。

（四）覆盖适度原则

随着市场环境的不断变化，消费者购买偏好也在发生着变化，原有的分销渠道或许已经不能满足消费者对市场份额及覆盖范围的要求。在这种情况下，生产商应深入考察目标市场的变化，及时把握原有渠道的覆盖能力，并审时度势地对渠道结构进行相应调整，勇于尝试新渠道，不断提高市场占有率。

（五）协调平衡原则

各渠道成员之间的协调与密切合作对渠道的顺利畅通、高效运行起着至关重要的作用。企业在设计分销渠道设计时，应充分考虑可能出现的不利情况，制订合理的利益分配制度，企业在鼓励渠道成员间进行有益竞争的同时，对渠道所取得的利益进行公平、合理的分配，创造一个良好的合作氛围，以加深各成员间的理解与沟通，从而确保各分销渠道的高效运行。

（六）稳定可控原则

分销渠道是一项战略性资源，对企业整体的运作和长远利益会产生重要的影响。因此，企业应该从战略的眼光出发，考虑分销渠道的构建问题。分销渠道建立后，要注意渠道的稳定性。企业如果确实需要进行小幅度调整以适应环境的变化，则应综合考虑各个因素的协调一致，使渠道始终在可控制的范围内基本保持稳定。

二、分销渠道设计的步骤

合理设计分销渠道，主要包括以下几个步骤，如图 8-7 所示。

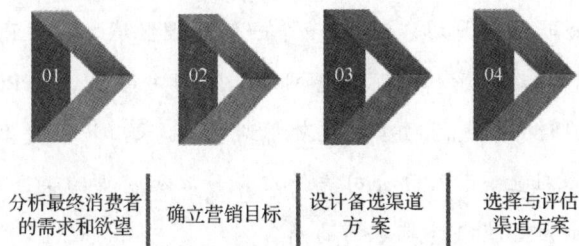

图 8-7　分销渠道设计步骤

（一）分析最终消费者的需求和欲望

分销渠道的设计必须以所确定的营销目标为基础，但目标的确定必须以最终消费者的需求为前提。一般情况下，企业在进行分销渠道设计时，必须以消费者需求为核心，以满足消费者购买欲望为目标，根据消费者购买目标的价格、类型、购买的便利程度等因素完成渠道的选择与设计。

（二）确立营销目标

营销目标是分销目标建立的基础，企业在进行分销渠道设计时必须首先确立整体营销目标。一般情况下，企业在确立营销目标时，必须对其是否与企业的战略规划和整体目标相一致，以及是否与企业其他营销组合的战略目标相匹配进行综合考量，同时分销目标也必须进行适时的修正。

（三）设计备选渠道方案

企业在确定最终的分销渠道之前，一般都需要设计出多个具有实施可能性的分销渠道备选方案。企业设计备选渠道方案时，通常可以从渠道的长度、宽度、等级结构以及各成员职责分配等几个方面进行综合考虑。

（1）当某种一般性消费品的市场覆盖面较广时，企业可以考虑选用长渠道，这样可以将渠道优势转化为生产商的自身优势，并有效减轻企业的费用压力。如果企业进行分销的商品是某种专用品（如时尚用品）且生产商对渠道的控制程度较高时，则选用短渠道较为适用。

（2）同一层级中间商数量的多少将影响市场竞争的激烈程度以及市场覆盖密度。一般情况下，企业可以根据渠道宽度，选用独家分销、密集型分销或选择型分销等分销策略对备选渠道方案进行设计。

同步案例

OPPO 手机的渠道营销秘诀

据互联网数据中心有关数据显示，我国 2016 年智能手机出货量较往年实现快速增长。其中，OPPO 超越华为成为智能手机市场的新霸主。当前，在众多智能手机厂商忙着做电商时，OPPO 公司却花了很大的精力与经销商合作，充分挖掘渠道优势，凭借广告轰炸和非主流城市门店急速扩张的渠道布局推广模式，获取了品牌推广的阶段性成功。

据了解，OPPO 公司把全国划分为 30 多个一级代理区域，代理商层层向下，发展下线代理和终端零售商，构建极密的线下销售网络。2014 年年底，OPPO 公司拥有近 14 万家销售门店，到了 2015 年年底，门店数就激增到 20 万家，几乎覆盖到三线、四线城市的县城、乡镇。在此基础上，OPPO 公司凭借广告轰炸和密集的渠道布局，成为 2016 年业界黑马。图 8-8 所示为 OPPO 终端零售商店。

图 8-8　OPPO 终端零售商店

请结合案例思考：

1. OPPO 手机选用了怎样的分销策略？

2. 这种分销策略是否对所有的手机生产商都适用？请说明原因。

（3）规定渠道成员的权利和责任。在确定了渠道的长度和宽度之后，企业还要规定中间商的权利和责任，明确交货和结算条件，细化各方应当提供的服务，如生产方提供零配件、代培技术人员、协助促销，销售方提供市场信息和各种业务统计资料等。

（四）选择与评估渠道方案

在渠道方案实施前后，企业要对备选方案进行选择与评估。选择和评估渠道方案可以从经济性、可控性和适应性这3个方面进行。选择渠道方案主要基于方案的比较，评估渠道方案则更注重方案的反馈与改进。评价指标中，经济性标准主要考虑的是每条渠道的销售额与成本的关系；可控性，即企业对渠道的控制能力；适应性，是指企业根据市场需求，其渠道所能够实现的柔性变化。

任务实施

■ **背景资料：**

金王集团是我国最大的蜡烛时尚礼品消费品生产供应商之一，但其曾经与大多数中小型制造企业一样，产品分销受下游零售商的控制较为严重，仅沃尔玛一家公司就占据了其总销售额的15%，对方经常会以各种理由不断压价，造成其在一定程度上难以实现对产品利润的有效控制。

为了摆脱对下游零售商的依附，金王集团采取了"哑铃式运营"的战略模式，在"哑铃"的一端是自有品牌、自有设计、自有产权，另一端就是营销渠道。金王集团首先规定不允许自己在某一家公司的销售额超过30%，在和包括家乐福、宜家等在内的17家财富500强零售商合作的基础上，还向近1000家国际中小型零售商供货。向国际中小型零售商供货的最大好处就是现款现货，没有库存，这种方式的风险相较于向大型零售商供货要小得多。接下来，金王集团逐渐将50%的制造业务以低成本外包给本地的小公司，将主要精力集中在创建自主产权和设计著名品牌上。现在，金王集团的品牌已经延伸到与蜡烛的使用和装饰相关的几乎一切产品上。图8-9所示为金王集团产品展销墙实景图。

图 8-9　金王集团产品展销墙实景图

在确立品牌地位之后，公司专门进行流程重组，组建了6个专业的销售部，在国内建立了 36 家专卖店，并建立了国际销售系统，同时在国外设立多家办事处，进而有效地降低对下游零售商的依赖程度。

■ **实训目标：**

通过实训，学生明确了分销渠道在整个营销环节中的重要性，能够根据市场环境和竞争状况的变化适时调整分销渠道模式，以保证营销总目标的实现。

■ **实训要求：**

学生结合背景资料，分析金王集团的分销渠道改革的动因，了解分销渠道对企业经营的重要意义。

（1）本次实训以小组为单位，要求所有学生积极参与；

（2）小组成员要分工合作，注意团队合作意识的培养；

（3）实训报告格式规范，内容完整；

（4）结构合理、层次分明；

（5）分析正确、选择策略要得当。

■ **操作步骤：**

（1）教师将班级学生分成若干学习小组，教师布置实训任务，请全体同学明确实训目的和实训要求。

（2）学生进一步查阅有关资料，理顺金王集团的分销渠道模式变革过程。

（3）学生分析金王集团前后分销渠道模式各自的特点和优劣。

（4）学生分析企业在进行分销渠道设计的过程中，应当注意哪些问题才能有效脱离大型零售商对企业利润空间的控制。

（5）学生汇总大家意见，完成小组实训报告。

■ **实训报告：**

实训结束后，学生以小组为单位撰写实训报告。实训报告的主要内容如下。

（1）实训名称、实训日期、班级、实训组别。

（2）实训目的。学生应简明概述本实训通过何种方法，训练了哪些技能，达到了什么目的。

（3）实训心得。学生总结分析实训中的收获及存在的问题，提出改进建议。

任务三　分销渠道管理

任务描述

有效的渠道管理能够及时高效地处理分销渠道在运作过程中，各成员间或各环节间配合或衔接不畅而带来的一些不可避免的矛盾，或对出现的问题进行及时纠正，以保障分销渠道的顺畅运行。分销渠道管理要做好成员选择，建立奖励、评估机制，并能解决渠道冲突等问题。通过完成本任务，学生能够掌握渠道管理的技巧并做好相关工作。

相关知识

渠道管理是指生产商为实现分销目标，通过协调各渠道成员间的关系等手段，确保渠道运行顺畅而采取的系列活动。具体的管理内容一般包括选择渠道成员，建立渠道激励机制、建立渠道评估机制，解决渠道冲突等。

一、选择渠道成员

企业选择分销渠道时，要根据实际情况确定分销渠道的类型，按照渠道类型再确定是否应该有中间商的参与，以及确定选用哪些中间商作为渠道成员参与其中，这是分销渠道管理的主要问题。

（一）如何确定是否选用中间商

在产品销售过程中，生产商可以不通过中间商直接进行产品销售，也可以利用中间商间接进行产品销售。如何确定是否选用中间商，企业需考虑以下几方面的因素。

1. 市场因素

市场是决定是否利用中间商进行产品销售的一个重要因素。在产品市场面较为集中时，一般不需要太过强大的销售力量就能满足产品销售的需要，即可由生产企业自行负责产品的销售；在产品市场面较为分散时，产品销售力量的需求就相对突出，占有的销售时间也会越长，这种情况下就需要利用中间商间接进行产品销售，以尽可能减少企业负担，便于企业集中力量搞好生产。

2. 产品因素

产品的性质不同，也会影响是否利用中间商进行销售。新型产品、技术性强的产品、具有特殊用途的产品和易变质、破碎、腐蚀的产品等，一般不需要利用中间商进行间接销售；通用品、日常生活用品和使用广泛的原材料等，一般应利用中间商进行间接销售。

3. 营销能力因素

生产商的经营条件、销售力量和推销能力也会对是否利用中间商销售产品具有一定的影响。如果生产商具备良好的市场经营条件且善于开展产品促销活动，则不必利用中间商进行销售；反之，则需要通过中间商进行间接销售。

（二）如何确定选用什么样的中间商

生产企业在确定利用中间商间接进行产品销售之后，还要考虑选择什么样的中间商最为合适。常见的影响因素主要有以下几个方面，如图 8-10 所示。

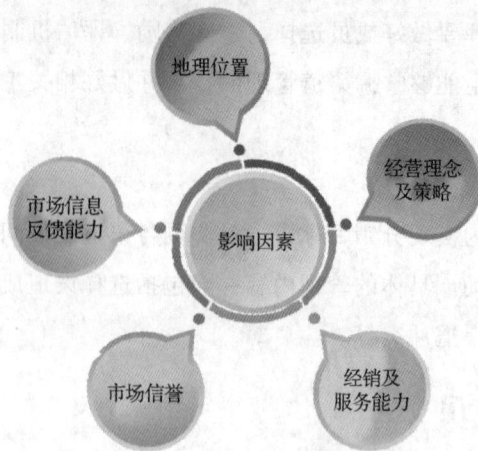

图 8-10　选择中间商应考虑的因素

1．中间商的地理位置

中间商所处的地理位置与其产品销售的市场区域应保持一致。因为只有在区域相一致的前提下，才能最大限度地避免因流通环节繁多而带来的销售成本增加，进而充分发挥中间商的销售功能，确保产品得到高效的推广。

2．中间商的经销及服务能力

中间商的经销服务能力是指包括中间商的基础实力（从资金状况、人员素质、营业面积、仓储设施等方面衡量），适应市场变化的能力，推销商品的创新能力，为消费者提供售中及售后服务能力在内的整体经营水平。

只有中间商具备了一定的经销服务能力，企业才能更加便捷、高效地进行产品推广，推动商品品牌效应的快速形成，增加消费者对产品的喜爱程度，并且还能减少产品生产商的运营成本。

3．中间商的经营理念及策略

生产商在选择中间商时，还必须考虑中间商的经营理念以及所采用的策略是否与其整体的理念及策略相符合。经营理念相同，产品品牌的发展建设方向才能够保持一致；经营策略相同或相近，才能保证商品在一定区域内促销重心的相互统一，不会出现中间商之间的相互竞争。另外，生产商在产品销售过程中的权威性也需要建立在中间商经营理念及策略与其保持高度统一的基础之上。

4．中间商的市场信誉

市场信誉较高的中间商是生产商的首选。中间商的市场信誉越高，购买商品的消费者数量就越多，产品销售效率就高，产品的促销过程就会越顺畅。

5．中间商的市场信息反馈能力

中间商的市场信息反馈能力强弱对生产商也是十分重要的。消费者对产品使用情况的反馈，最新的市场发展变化趋势，以及竞争对手的信息，往往都需要由中间商负责搜集和反馈。因此，能否及时准确地提供必要的市场信息，也是生产企业在选择中间商时所应考虑的重要因素。

> **做中学**
>
> 　　学生以小组为单位，选取附近的一家中小型企业进行走访，通过调研了解该企业分销渠道中选用的中间商有哪些，并从地理位置、购买特点、促销政策、经销及服务能力、市场信誉和信息反馈等方面分析这些中间商的选用是否合理。

二、建立渠道奖励机制

渠道奖励通常包括物质奖励和精神奖励两个方面。其中物质奖励主要体现为价格优惠、渠道费用支持、年终返利等，是渠道激励的基础手段；精神激励包括评优评奖、培训、旅游、决策参与等，重在满足分销商成长的需求和精神层面的需求。

（一）渠道奖励的基本原则

渠道奖励应注意把握的基本原则：具体问题应具体分析、物质激励与精神激励相结合、渠道成员愿望与渠道目标相一致、激励的重点性与全面性相结合、激励的及时性与长期性相结合以及激励的投入与产出相匹配。

（二）渠道奖励的方式

渠道奖励的方式一般有两种，即直接奖励和间接奖励。直接奖励，即生产商通过返利等形式，给予经销商物质或金钱奖励，来肯定其在销售量和市场规范操作方面的成绩的一种方式。间接奖励，主要是通过帮助渠道成员进行有效管理，以提高其销售效率和效果，来激发渠道成员的积极性和销售热情的一种激励方式。

三、建立渠道评估机制

渠道评估是指生产商对其分销渠道的效率和效果进行的客观考核和评价的过程。其评估的对象既可以是某个渠道成员，也可以是整个渠道系统。

（一）评估内容

渠道评估内容既包括宏观层面，也包括微观层面。宏观层面，就是站在整个社会的高度，对渠道系统表现出来的社会贡献进行考察；微观层面，则是从生产商的角度来衡量渠道系统或渠道成员为其所创造的价值或服务的增值。具体内容一般包括渠道系统组织管理、客户管理、成员沟通、市场促销活动等。

（二）评估标准

评估标准有三个：一是适应性标准，主要包括分销渠道的市场适应性和竞争适应性；二是控制性标准，即分销渠道成员是否可以按照生产商所设定的方向而努力，努力的程度如何；三是经济性标准，就是以渠道成本、销售量和利润对渠道运行状况进行评价。

（三）评估方法

生产商根据其制订的绩效评估标准对中间商进行考评时，常采用独立绩效评估法、正式的多重标准组合评估法、非正式的多重标准组合评估法等方法。

四、解决渠道冲突

渠道冲突一般表现在渠道不统一而引发的成员间矛盾，渠道冗长造成管理难度加大，生产商对中间商的选择缺乏标准，生产商不能很好地掌控管理渠道终端等方面。出现这些冲突的原因一般都是观点差异、决策权分歧、期望差异、目标错位、沟通不畅等。处理这些问题时，企业可以通过建立人员互换机制、成立渠道管理委员会、完善信息系统和沟通机制以及建立专门冲突处理机构等方法，根据实际情况进行具体解决。

任务实施

■ 背景资料：

亮齿中药牙膏（以下简称"亮齿牙膏"）在进入市场之前，我国牙膏市场有两个主要特征：一是竞争非常激烈，不断有新企业进入或有新品牌诞生；二是高端产品完全被国外或合资品牌垄断，国内市场上的牙膏价格普遍较低。在这种背景下，亮齿牙膏定位于价格为20元的高档牙膏，这一度被认为是不可能完成的销售任务。但亮齿牙膏生产企业从渠道策略入手，出色地完成了这个"不可能完成的任务"。

为了彰显牙膏的独特功效，亮齿牙膏生产企业选择通过药店进行销售，此举在无形中树立起独特的高端形象。亮齿牙膏首先在部分一二线城市药店渠道进行销售，在没有进行大量宣传推广的情况下，第一季度的销售额便突破200万元。初战告捷后，亮齿牙膏生产企业通过药店渠道迅速向全国铺开，全年的销售额达到8000万元。

通过药店销售渠道获得成功之后，亮齿牙膏生产企业开始丰富渠道类型，大到各类商场、超市，小到社区零售店，都成为亮齿牙膏的销售渠道，从而使消费者能够很方便地购买到该产品。此外，为了提升在生产制造领域的竞争能力，亮齿牙膏采取"订单制"生产，以降低生产和销售风险，并使生产制造中心在质量保障、成本、服务和快速反应等方面更具竞争优势。

■ 实训目标：

通过实训，学生能够充分认识到渠道策略的合理选择以及渠道管理的重要作用。

■ 实训要求：

学生结合背景资料，充分认识渠道策略的合理选择以及渠道管理的重要作用。

（1）本次实训以小组为单位，要求所有学生积极参与；

（2）小组成员要分工合作，注意团队合作意识的培养；

（3）实训报告格式规范，内容完整；

（4）结构合理、层次分明；

（5）分析正确、选择策略要得当。

■ **操作步骤：**

（1）教师将班级学生分成若干学习小组，教师布置实训任务，请全体同学明确实训目的和实训要求。

（2）学生结合背景资料，讨论亮齿牙膏是根据哪些原则进行渠道成员选择的。

（3）学生讨论分析在亮齿牙膏推广过程中，渠道策略是如何选择的？

（4）学生进一步查找资料，讨论分析渠道管理的重要作用。

（5）学生讨论分析：如果亮齿牙膏在产品推广初期就选择从商场、超市入手进行分销，其应当如何选择分销策略，以避免恶性竞争局面的产生。

（6）学生汇总大家意见，完成小组实训报告。

■ **实训报告：**

实训结束后，学生以小组为单位撰写实训报告。实训报告的主要内容如下。

（1）实训名称、实训日期、班级、实训组别。

（2）实训目的。学生应简明概述本实训通过何种方法，训练了哪些技能，达到了什么目的。

（3）实训心得。学生总结分析实训中的收获及存在的问题，提出改进建议。

项目小结

分销渠道是指商品（或服务）由生产者直接或间接经过若干个流通环节流向最终消费者的路径或过程。

分销渠道的起点和终点分别是生产者和最终消费者，中间环节的参与者一般包括批发商、零售商、代理商等中间商以及一些其他辅助机构。

按照分销渠道的长度，分销渠道可划分为零级渠道、一级分销渠道、二级分销渠道和三级分销渠道；按照分销渠道的宽度，分销渠道可划分为密集型分销渠道、选择性分销渠道、独家分销渠道。

分销渠道的设计要遵循消费者导向、利益兼顾、发挥优势、覆盖适度、协调平衡和稳定可控的原则。设计分销渠道应先分析最终消费者的需求和欲望，再确立营销目标，之后再设计备选渠道方案，最后再评估与选择渠道方案。

渠道管理要做好选择渠道成员、建立渠道奖励机制、建立渠道评估机制和解决渠道冲突这 4 方面的工作。

自我检测

一、判断题

1. 分销渠道的起点是供应商，终点是消费者或用户。（　　）

2. 零级渠道在日常消费商品的销售中应用比较广泛。（　　）

3. 经纪人和代理商对经营的商品拥有所有权。（　　）

4. 生产商与批发商之间的冲突是水平渠道冲突。（　　）

5. 在产品市场面非常集中的情况下，一般需要用中间商推销产品。（　　）

二、选择题

1. 向最终消费者直接销售产品和服务，用于个人及非商业性用途的活动属于（　　）。

　　A. 零售　　　　　B. 批发　　　　　C. 代理　　　　　D. 直销

2. 渠道长度是指产品从生产领域流转到消费领域过程中所经过的（　　）的数量。

　　A. 渠道类型　　　B. 中间商类型　　　C. 中间商　　　　D. 渠道层次

3. 生产资料分销渠道中最重要的类型是（　　）。

　　A. 生产者—批发商—用户　　　　　　B. 生产者—用户

　　C. 生产者—代理商—用户　　　　　　D. 生产者—代理商—批发商—用户

4. 某制造商采取邮购方式，将其产品直接销售给最终消费者。该制造商采取的分销渠道属于（　　）。

　　A. 直接分销渠道　B. 一级渠道　　　C. 二级渠道　　　D. 三级渠道

5. 渠道冲突的类型不包括（　　）。

　　A. 垂直渠道冲突　B. 水平渠道冲突　C. 多渠道冲突　　D. 传统渠道冲突

三、简答题

1. 分销渠道有哪些功能？

2. 选择分销渠道的步骤是什么？

3. 评价渠道成员应考虑哪些因素？

项目九
整合促销策略

项目导入

在完成了一系列关于市场开拓和渠道建立的工作之后，王斌又迎来一个新的任务。他需要对产品的促销提出合理化的建议，并要对人员推销、广告促销、营业推广等方式进行合理化的促销组合，以实现产品的全面销售。面对这样的任务，他应该如何应对呢？

项目分析

促销是市场营销组合的基本策略之一。通过对本项目的学习，学生能够在正确认识促销及促销组合有关理论的基础上，综合各种影响因素，对人员推销、广告促销、公共关系和营业推广等方式进行合理的组合，策划、组织、实施并合理控制相应的促销方案，以保证企业营销工作的顺利开展。

学习目标

知识目标：

1. 理解促销及促销组合的含义。

2. 了解人员推销管理的内容。

3. 掌握广告促销方案的制订。

4. 掌握营业推广的各种形式。

5. 知晓公共关系促销的工作程序和主要方式。

技能目标：

1. 能够应用促销及促销组合的相关理论，合理制订企业的促销组合策略。

2. 能够对特定产品制订促销推广方案。

3. 能够灵活运用人员推销、广告促销及营业推广的基本策略。

4. 能运用公共关系有效处理工作中遇到的问题。

学习内容的思维导图如图 9-1 所示。

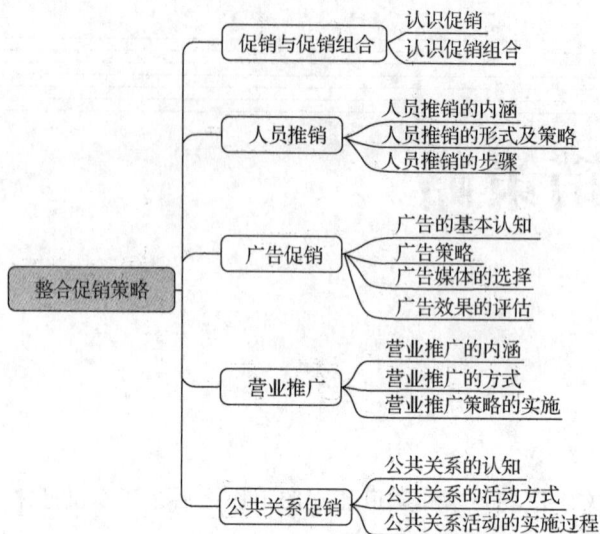

图 9-1　整合促销策略学习内容的思维导图

任务一　促销与促销组合

任务描述

　　促销工作能够促进企业与消费者之间的信息沟通。合理的促销组合更有助于实现企业的营销目标。认识促销与促销组合，要了解和掌握人员推销、广告促销、营业推广、公共关系促销这 4 种基本促销方式的优缺点和适用条件，并在此基础上对这几种基本方式进行合理的选择及综合编配。通过完成本任务，学生能够掌握促销组合的设计技巧，为制订促销推广方案奠定基础。

相关知识

一、认识促销

（一）促销的基本概念

　　促销即促进销售，是指企业通过人员沟通和非人员沟通的方式，与消费者进行信息交流，以刺激并引发消费需求，从而促使消费者发生购买行为的活动。企业作为商品的供应者，即卖方，在销售过程中应尽最大可能把有关企业自身及其产品的相关信息传递给消费者，使消费者能够充分了解企业及其产品的性能、特征、价格等信息，从而在此基础上进行判断和选择。这种由卖方向买方的信息传递，是买方做出购买行为的基本前提；与此同时，作为买方的消费者，在参与相关销售活动的同时，也会将对企业及产品的认识反馈给卖方，并可以积极反映自身的需求动向，促使卖方根据需求进行生产的改进。由此可见，促销的实质是一种由卖方到买方和由买方到卖方的不断循环的双向式沟通。图 9-2 所示为买方和卖方信息沟通示意图。

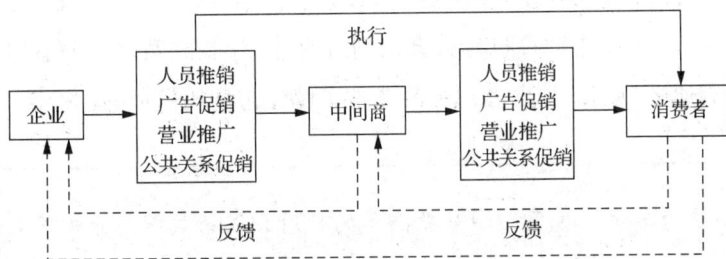

图 9-2　买方和卖方信息沟通示意图

（二）促销的作用

1. 传递信息，树立形象

促销能够把企业的产品、服务等信息传递给目标群体，从而引起他们的注意并促进销售行为的发生。通过有关促销活动的开展，消费者可以充分知晓企业生产经营的产品有什么特点，购买的条件是什么，购买的意义有哪些，有利于企业不断提升品牌形象，建立良好的消费基础。

2. 突出特点，诱导需求

当今市场，产品同质化较为普遍。开展促销活动，可以充分宣传产品的特点，重点突出自身的优势，并以此为"噱头"，引导消费者产生需求心理，进一步激发并强化其购买欲望，进而增加产品的需求量。

3. 强化认知，指导消费

促销就是通过提高消费者的认知来引导消费者，尤其是引导潜在消费者，指导其完成消费行为，并不断挖掘其新的购买动机以扩大销售量，从而使市场需求朝着有利于企业销售的方向发展。

4. 提升效益，增强信息反馈

企业通过不断的促销行为，可以在成本和价格既定的情况下，增加产品的销量，提升经济效益。在此过程中，企业还能够更多地了解消费者，并通过消费者对促销活动的反馈，及时调整促销决策，使其生产经营的产品更加适销对路，从而达到巩固企业市场地位、进一步提升企业经济效益的目的。

（三）促销的类型

1. 推式策略型

该促销类型以中间商为主要促销对象，通过人员推销的方式，将产品从生产企业推向中间商，再由中间商推给消费者。推式策略一般适用于单位价值较高的产品，如性能复杂、需要做示范的产品，以及消费者不太了解或根本不了解的产品等。

2. 拉式策略型

该促销类型以最终消费者为促销对象，通过非人员促销方式把消费者拉过来，由最终消费者向中间商购买该产品，中间商自然就会向制造商进货。拉式策略一般适用于单位价值低、市场需求量大、流通环节多、消费者对产品非常了解、市场比较成熟的产品。

> **做中学**
>
> 学生们以小组为单位，搜集 2～3 款熟悉的日用品促销案例，分析其促销方案属于何种促销类型、发挥了怎样的作用。结合所学知识，学生谈谈影响促销策略选择的主要因素有哪些。具体到某种产品上，哪些是主要影响因素？

二、认识促销组合

（一）什么是促销组合

促销组合是指企业根据产品的特点和营销目标，综合各种影响因素，对各种促销方式的选择、编配和综合运用。依据促销过程所使用的手段不同，促销可以分为人员推销、广告促销、营业推广和公共关系这 4 种，其中后 3 种属于非人员促销。基本促销方式的对比见表 9-1。

表 9-1　　　　　　　　　　　　基本促销方式对比

促销方式	优点	缺点
人员推销	信息双向沟通，反馈及时，传递过程的针对性较强	成本较高，接触面较窄，受推销人员素质的制约严重
广告促销	传播面广，速度较快，吸引力较强，具有一定的自主性，可重复使用	购买行为滞后，信息量有限
营业推广	刺激效果反应较快，吸引力强，与其他促销工具有很好的协同作用	只能短期刺激，频繁使用可能引起消费者的顾虑和怀疑，容易被竞争对手模仿
公共关系	可以提高企业的知名度、美誉度和信誉度，绝对成本较低	见效较慢，需通过多方合作才能实现对效果的控制

同步案例

可口可乐爱心电话亭创意营销

可口可乐公司的创意营销一直都是业界较为出色的营销典范。2015年，可口可乐爱心电话亭的营销创意再一次赚足了关注者的眼球。

到迪拜工作赚钱的打工者有很多都来自南亚地区。他们平均一天只有6美元的收入，可打电话给家里却要花费每分钟0.91美元的费用。为了节省每一分钱，这些外来务工人员都舍不得给家里打电话。

可口可乐公司以其灵敏的嗅觉，发现了该公益的创意营销点，从感性的角度出发，针对住着最简陋的房屋、拿着最微薄的工资，但是因为家庭的贫穷而不得不背井离乡出来打拼的迪拜南亚劳工，推出了"你好，幸福"公益电话亭活动。参加活动的人只要投入一个可口可乐瓶盖，经机器扫描确认后，即可获得免费3分钟的国际通话，以此来缓解他们的孤独感，并为远方的亲人报个平安。

活动开始后，前来参加活动的人络绎不绝，如图9-3所示。这一活动在为贫穷的工人们带来福音的同时，也再一次成功地使可口可乐的品牌名声响彻世界。

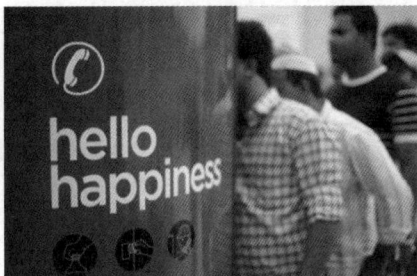

图9-3 可口可乐爱心电话亭

请结合案例思考：

1. 可口可乐公司的这一创意营销采用了哪些促销方式？

2. 可口可乐公司此次促销的成功体现在哪些方面？这次的成功将有助于其实现哪些目标？

3. 如果让你为某种饮料产品进行促销方案设计，本案例对你有哪些启发？

（二）促销组合策略

因市场竞争、企业性质、产品特点、促销目标等多种条件的制约，企业往往会根据实际情况设计不同的促销组合，并在促销活动中采用不同的促销策略。从促销活动运作的方向来划分，这些促销策略可以分为推式策略、拉式策略以及推拉组合策略这3种基本类型。

推式策略型和拉式策略型前文已介绍过。在通常情况下，企业可以把上述两种策略结合起来运用，在利用促销推动产品销售的同时也通过广告宣传刺激市场需求，利用双向的促销将产品推向市场，这种组合策略比单独地利用某种策略更为有效。

（三）影响促销组合的因素

促销组合策略作为一项系统化的策略，在进行前期策划时，必须了解影响促销组合的主要因素，分析它们的影响范围和程度，从而为最大限度地发挥整体效果以及下一步相关策略的制订提供基础性依据。影响促销组合的因素主要有以下几个方面，如图 9-4 所示。

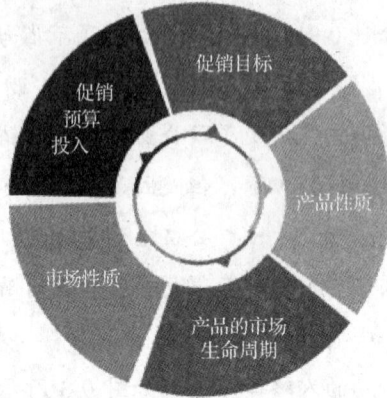

图 9-4 促销组合的影响因素

1. 促销目标

促销目标即企业的促销活动所要达到的目的。企业的促销目标是动态的，要随着营销的不同阶段及营销环境的变化而变化。需要注意的是，企业促销目标的选择必须服从企业营销的总体目标，不能单纯为了促销而促销。

2. 产品性质

不同性质的产品，消费者的状况以及购买要求不同，因而采取的促销组合策略也不同。一般来说，消费者相对广泛，且价值比较小、技术难度也较小的消费品，促销组合中广告的成分要大一些；而消费者较为集中，价值较大、技术难度也较大的工业品，运用人员推销方式的成分则要更多一些。

3. 产品的市场生命周期

商品所处的生命周期阶段对于促销组合决策会产生一定的影响，生命周期阶段不同，其促销的侧重目标也就不同，所采用的促销方式也有所不同。各个阶段应采用何种促销方式以及对应的促销目标详见表 9-2。

表 9-2　　　　　　　　　　促销方式与产品市场生命周期对应选择表

所处市场生命周期	促销方式	促销目标
产品引入阶段	人员推销	引起消费者对产品的兴趣，形成产品意识，并创造最初购买

续表

所处市场生命周期	促销方式	促销目标
成长阶段及成熟阶段	广告促销 营业推广 公共关系	强调产品的差异性，以说服消费者购买甚至是连续购买企业的产品
衰落阶段	减少广告支出和促销费用	保证平稳过渡，防止负面影响的出现

4. 市场性质

市场的地理范围、市场类型和潜在消费者的数量等因素决定了不同的市场性质，不同的市场性质又决定了不同的促销组合策略。一般来说，目标市场空间较大，潜在消费者数量多，如日常消费品市场，促销组合中广告的成分要大一些；目标市场空间小，潜在消费者数量有限，如工业品市场，促销组合中推销的成分则要大一些。

5. 促销预算投入

促销预算一般都采取按营业额确定比例的方法制订，有时也采取针对竞争者的表现来确定预算额度的办法。一般来说，竞争激烈的产品，如化妆品、洗涤用品等，促销预算往往较大。不同的预算额度从根本上决定了企业可选择的促销方式，因而企业应根据自身的实际情况及客观条件，选择经济有效的促销组合。

任务实施

■ 背景资料

第一次赚钱的奥运会

1984年之前，奥运会的财政状况举步维艰，面对此景，许多主办国都无计可施。但洛杉矶奥运会却出现了转折，洛杉矶奥委会组委会主席尤伯罗斯完全依靠民间的力量，成功地组织了一届"私人运动会"，也是"第一次赚钱的奥运会"。尤伯罗斯将商业手段用于奥运会电视转播权的出售和赞助商的选择，为奥运会的发展做出了创造性的贡献。

尤伯罗斯首先把赞助商严格限制在30家以内，只选择一流的超级企业，每种类型保留一家，赞助额最低为400万美元。此举大大激化了同类企业间的竞争。如可口可乐出资1260万美元压过了百事可乐，日本富士胶卷公司出资700万美元取代了柯达公司。对于电视转播权的出售，尤伯罗斯也采用了招标的方式，轻松进账2.87亿美元。除此之外，他还"贩卖"奥运火炬传递公里数，出价越高，里程越长。最终洛杉矶奥运会的盈利高达2.25亿美元。

■ 实训目标：

通过实训，学生能够充分认识到促销及促销组合对于产品营销的积极作用，并能够能举一反三，总结典型案例的成功经验，为以后从事相关工作奠定基础。

■ **实训要求：**

学生结合背景资料，分析洛杉矶奥运会出现盈利转折的关键原因有哪些，这些原因可以归纳为哪些"奥运品牌促销"策略。在此基础上，学生进一步查阅资料，收集在最近的奥运会中有哪些企业充分利用奥运营销提高了其品牌的知名度，并选取某一家企业具体分析其促销过程是如何实施的，这些成功经验对我们有哪些启发。

（1）本次实训以小组为单位，要求所有学生积极参与；

（2）小组成员要分工合作，注意团队合作意识的培养；

（3）对相关风险以分析报告的形式进行阐述；

（4）分析正确、结构合理、层次分明；

（5）格式规范、内容完整。

■ **操作步骤：**

（1）教师将班级学生分成若干学习小组，教师布置实训任务，请全体同学明确实训目的和实训要求。

（2）学生分析尤伯罗斯在洛杉矶奥运会中所导演的"奥运品牌促销"大戏之所以能取得成功的原因有哪些，这些原因可归纳为哪些"奥运品牌促销"策略。

（3）学生以小组为单位，收集并分享近几届奥运会中有哪些知名企业充分利用奥运营销提高了其品牌的知名度，这些企业的具体做法都有哪些。

（4）各组分别将所分析的成功经验与促销的相关知识进行结合，进一步分析当时的市场环境、产业发展背景等客观因素，形成具有理论指导意义的实践经验总结。

（5）各小组合理分工，完成小组分析报告。

■ **实训报告：**

实训结束后，学生以小组为单位撰写实训报告。实训报告的主要内容如下。

（1）实训名称、实训日期，班级、实训组别。

（2）实训目的。学生应简明概述本实训通过何种方法，训练了哪些技能，达到了什么目的。

（3）实训心得。学生总结分析实训中的收获及存在的问题，提出改进建议。

任务二　人员推销

任务描述

人员推销能够有效实现企业产品推销、信息传达、市场开拓、情报反馈、提供服务、产品分配等效能。开展人员推销，需要推销人员能满足顾客的要求，帮助他们发现并解决问题，提供有益的产品及服务，从而达到销售的目的。通过完成本任务，学生能够掌握人员推销的技巧，提高促销能力。

相关知识

一、人员推销的内涵

（一）人员推销的概念

人员推销是指企业通过派出销售人员与一个或多个潜在的消费者进行交流，以推销商品、促进销售。人员推销包括三个要素，即推销人员、推销对象和推销品。前两者是推销活动的主体，后者是客体。

人员推销是一项专业性很强的工作，它必须同时满足买卖双方的不同需求，解决各自不同的问题。推销人员只有将推销工作理解为消费者的购买行为，即帮助消费者购买的过程，才能使推销工作进行得卓有成效，达到双方满意的目的。当销售活动需要更多地去解决问题和进行说服工作时，人员推销便是上佳选择。

（二）人员推销的目标

各行业人员的推销任务虽有不同，但其目标归纳起来主要有以下几个方面。

（1）产品推销。推销员主动接近消费者，介绍产品、回答问题并促成交易。

（2）信息传达。推销员及时向目标消费者传递产品信息，为目标消费者提供购买决策的参考资料及意见。

（3）市场开拓。推销员寻求机会，发现潜在消费者，创造需求，开拓市场。

（4）情报反馈。推销员在推销过程中进行市场调研、收集情报并反馈信息。

（5）提供服务。为消费者开展售前、售中、售后的全过程服务。

（6）产品分配。当企业的某种产品因短缺不能满足消费者的需求时，推销人员要分析、评估各类消费者，然后向企业提出分配短缺产品、安排发货顺序的合理化建议。

二、人员推销的形式及策略

（一）人员推销的形式

1. 上门推销

上门推销是最常见的人员推销形式，一般是由推销人员携带产品的样品、说明书和订单等走访目标消费者，推销产品。这种推销形式可以针对消费者的需要提供有效的服务，消费者了解产品相对比较方便，因而在一定程度上容易被消费者认可和接受。

2. 柜台推销

柜台推销是指企业在适当的地点设置固定门市，由营业员接待进入门市的消费者，进行产品推销。门市的产品种类齐全，能满足消费者更多的购买要求，为其提供更大的购买便利，并且可以保证产品的完好无损。这种方式也容易被消费者接受。

3. 会议推销

会议推销是指利用会议向与会人员宣传介绍产品所开展的推销活动。如在订货会、交易会、展览会等会议上推销产品。这种推销形式接触面广且集中，可以同时向多个推销对象推销产品，成交额较大，推销效果较好。

（二）人员推销的策略

常用的人员推销策略有以下几种。

1. 试探性策略

试探性策略是在不了解消费者需求的情况下，推销人员事先准备好要说的话，对消费者进行试探。交谈过程中要密切注意对方的反应，然后根据其反应进行说明或宣传。

2. 针对性策略

针对性策略的特点在于事先基本了解消费者某些方面的需要，然后推销人员进行有针对性的"说服"；当讲到"点子"上引起消费者的共鸣时，就有可能促成交易。

3. 诱导性策略

诱导性策略是一种创造性推销策略，即推销人员首先设法引发消费者的需求，再说明所推销的服务或产品能较好地满足这种需求。这种策略要求推销人员有较高的推销技巧，能在不知不觉中促成交易。

三、人员推销的步骤

人员推销主要分为以下几个步骤，如图 9-5 所示。

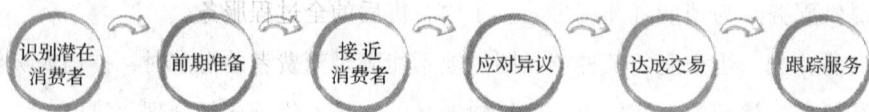

图 9-5　人员推销的步骤

（一）识别潜在消费者

推销人员首先要寻找机会，发现潜在消费者，创造需求，开拓市场。所谓潜在消费者就是既可以获益于某种推销的商品，又有能力购买这种商品的个人或组织。

（二）前期准备

一般来说，消费者都不太欢迎推销人员来访，所以推销人员在推销前必须征得消费者的同意。在确定访问对象后，推销人员应先邀约并做好相关资料的准备，重点要熟知产品知识，如该产品能给消费者带来什么好处、它的用途和使用方法、它与其他同类产品之间的比较、有哪些售后服务及如何进行财务结算等。

（三）接近消费者

接近消费者是正式接触消费者的第一步。在这个过程中，第一印象非常重要，推销人员一定要选择合适的接近方式，以获取信任。推销人员与消费者见面时可以采取下列方法。

（1）产品接近法。推销人员直接利用推销的产品引起消费者的注意。这种方式适用于推销本身具有吸引力，轻巧、质地优良的商品。

（2）利益接近法。推销人员利用商品的实惠引起消费者的注意和兴趣。

（3）馈赠接近法。推销人员利用赠礼品来引起消费者的兴趣，从而进行交谈。

（4）介绍、示范接近法。推销人员运用恰当的方式介绍、演示产品，突出产品的优势，刺激消费者的购买欲望。

（四）应对异议

异议就是购买双方对某些问题有不同的意见。交谈中，消费者往往会提出各种购买异议，如需求异议、权利异议、价格异议、货源异议、购买时间异议等。推销人员在处理购买异议时应注意语言技巧，耐心细致地将消费者的异议当面解决。

（五）达成交易

达成交易即推销人员要求对方采取订货购买的行动阶段。推销人员一旦发现对方有购买意愿，应立即抓住时机成交，不失时机地为消费者办理成交手续。此时，推销人员为促成交易，还可以提供一些最后保留的优惠条件，以达到双赢的目的。

（六）跟踪服务

交易达成并非推销的结束。如果推销人员希望消费者满意并重复购买其产品，并为企业传播好名声，则必须做好老客户的维护工作，如帮助消费者解决产品的使用问题，收集消费者的意见和建议，深入满足个性化需求，建立消费者数据库，培养忠诚客户资源等。

任务实施

■ 背景资料

百事可乐客户推销员的例行准备工作

1. 检查个人的仪表

百事公司要求销售代表的外表和服装要整洁、胡子要刮干净，不得留长发，皮鞋要擦亮，夏天不准穿凉鞋和拖鞋，手指甲要干净，不留长指甲等。

2. 检查客户资料

百事公司采用"预售制"销售模式，所以销售代表每天都要按照固定的线路走访客户。在拜访客户之前销售代表需要准备的资料主要包括：当天线路的客户卡、线路拜访表、装送单（订单）、业绩报告等。

3. 准备产品生动化材料

产品生动化材料主要包括商标（品牌贴纸）、海报、价格牌、促销牌、冷饮设备贴纸，以及 POP 广告[1]。推销员在走访过程中要充分利用这些材料，正确地向消费者传递产品信息，有效地刺激他们的购买欲望，从而建立起百事品牌的良好形象。

4. 准备清洁用品

销售代表要带上干净的抹布，用来帮助分销店清洁陈列的百事产品。

■ 实训目标：

通过实训，学生对人员推销的重要性有了更进一步的认识，特别是通过搜集人员推销工作的相关指导准则，并按照人员推销的规范步骤为某行业设计一套人员推销工作指导条例，更可以使学生对人员推销的优势有全面的了解。

■ 实训要求：

学生结合背景资料，分析百事可乐客户推销员的例行准备工作是否全面、到位，其值得学习的地方都有哪些，哪些方面还可以做进一步的改进。在此基础上，进一步查阅资料，查找其他知名企业人员推销的准备工作都有哪些具体规定，结合这些已有的成文规定，选定某一行业，以小组为单位，为其设计一套人员推销工作的指导规定，要包括人员推销的各个步骤。

（1）本次实训以小组为单位，要求所有学生积极参与；

（2）小组成员要分工合作，注意团队合作意识的培养；

（3）实训作业以人员推销工作指导规定的形式提交；

（4）指导规定要包含人员推销的各个步骤，内容要相对完整；

（5）结构合理、层次分明、格式规范。

■ 操作步骤：

（1）教师将班级学生分成若干学习小组，布置实训任务，请全体学生明确实训目的和实训要求。

（2）学生分析百事可乐客户推销员的例行准备工作是否全面、到位，其值得深入学习的地方都有哪些？哪些方面还可以做进一步的改进？

（3）学生以小组为单位，查找其他知名企业人员推销的准备工作都有哪些具体规定，分析这项相关规定值得借鉴的做法。

（4）各组分别选定某一行业，结合已有资料，为其设计一套人员推销工作指导规定，要包含人员推销的各个步骤。

（5）各小组合理分工，完成小组分析报告。

■ 实训报告：

实训结束后，学生以小组为单位撰写实训报告。实训报告的主要内容如下。

---

1 POP 广告是指在各种营业现场设置的各种广告形式。POP 是英文 Point of Purchase advertising 的缩写，意为"购买点广告"。

（1）实训名称、实训日期，班级、实训组别。

（2）实训目的。学生应简明概述本实训通过何种方法，训练了哪些技能，达到了什么目的。

（3）实训心得。学生总结分析实训中的收获及存在的问题，提出改进建议。

任务三　广告促销

任务描述

广告促销能够将企业的产品定位、品牌定位、市场定位等信息准确地传递给消费者，让消费者在众多的产品中认识本企业的产品，喜欢、购买并忠诚于本企业的产品。企业开展广告促销，需要对广告的组成要素、类型、策略等内容进行全面的了解，并在此基础上学会如何进行广告媒体的选择和广告效果的评估。通过完成本任务，学生能够对广告策略进行合理选择，并提高广告促销的相关能力。

一、广告的基本认知

（一）广告的概念

广告具有传递信息、沟通供需、激发需求、扩大销售、介绍知识、引导消费、扩大企业影响、增强竞争能力的作用。市场营销学中的广告是指企业或个人通过支付费用的形式，借助一定的媒体平台，把产品的有关信息传递给目标消费者，以达到增加信任和扩大销售的目的。一个完整广告的基本要点包括：具有经济活动所具有的投入产出特点，有明确的广告主，必须支付一定的费用，必须通过一定的传播媒体，具有明确的针对性和目的性。由于广告能够在同一时间内向广大目标消费者传递信息，因而是一种强有力的促销手段。

（二）广告的组成要素

广告是信息传播活动，一般情况下，主要由广告主、广告受众、广告媒介、广告信息和广告费用5个要素构成，如图9-6所示。

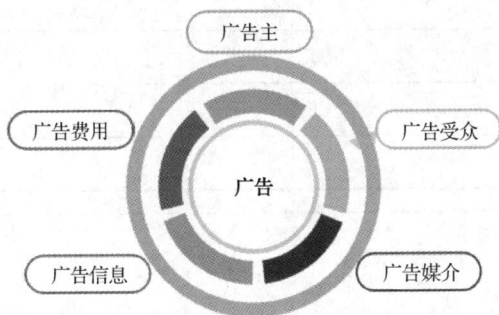

图9-6　广告组成要素

（1）广告主。广告主是指为推销产品或服务，自行或委托他人设计、制作、发布广告的组织或个人。

（2）广告受众。广告受众即广告信息的接收者，包括目标消费者和一般公众。目标消费者又分为现实消费者和潜在消费者。

（3）广告媒介。广告媒介指传播广告信息的中介物，如电视、广播、报纸、杂志和网络等。不同媒介传播信息的能力不同，对目标市场的吸引力和影响力也不相同。

（4）广告信息。广告信息指广告的具体内容，包括产品、服务、观念等信息。

（5）广告费用。广告费用指广告主通过媒体发布信息所需支付的费用。广告费用的多少由媒体的性质和效果决定，并摊入产品成本。

（三）广告的类型

（1）介绍性广告。这类广告主要是介绍产品的用途、性能、使用方法及企业的有关情况和所能提供的服务。在产品试销期，这类广告的作用最为显著。

（2）说服性广告。这类广告主要是通过产品间的比较，突出本企业产品的特点，强调其给消费者带来的利益，以加强消费者对产品和品牌的印象，从而说服消费者购买本企业的产品，因而又称为竞争性广告。

（3）提示性广告。这类广告旨在提醒消费者注意企业的产品，加深印象，刺激其重复购买，其主要适用于产品的成熟期。

（4）形象性广告。这种广告是以树立企业形象为目的，增强企业对消费者的吸引力，使消费者对企业产生较强的信任感。

做中学

学生为4种典型的广告类型各搜集一条与之对应的某知名品牌或产品的广告，将相关内容填入表9-3中，并对该广告的优劣进行综合评价。

表9-3　　　　　　　　　　各类型广告促销效果对比表

广告所属类型	企业及产品名称	广告内容简介	促销效果
介绍性广告			
说服性广告			
提示性广告			
形象性广告			

二、广告策略

现代商品市场的商业广告数量繁多，花样日新月异。为了通过广告活动获取更好的营销效果，根据产品的情况选取合适的广告策略非常重要。常见的广告策略主要有以下几种类型。

（一）产品定位策略

该策略强调在广告中通过突出商品符合消费者心理需求的鲜明特点，确立商品在市场竞争中的地位，从而促使消费者树立选购该商品的稳固印象。这种策略在具体运用中分为实体定位策略和观念定位策略两大类。

1. 实体定位策略

实体定位策略就是在广告宣传中突出商品的新功能、新用途、新价值，强调与同类商品的不同点以及能给消费者带来的利益，具体表现在以下方面。

（1）功效定位。企业在广告中突出产品的特殊功能，使该产品在同类商品中有明显的区别和优势，以增强选择性要求。如药物牙膏，有的突出防治牙疼的功效，有的突出防治牙周炎的功效，有的突出防治牙龈出血的功效。

（2）品质定位。企业在广告中突出商品的良好品质，如农夫山泉矿泉水，宣传水源取自千岛湖深层湖水，富含多种矿物质，以此突出产品的优良品质。

（3）市场定位。企业将商品定位在最有利的市场位置上，是市场细分策略在广告中的具体运用。"红色小象"沐浴露被定位为儿童专用，就是市场定位的具体运用。

（4）价格定位。当商品的品质、性能、造型等方面与同类商品近似，没有什么特殊的地方可以吸引消费者时，企业可以通过广告宣传突出强调产品低价的特点，使商品的价格具有竞争性，从而击败竞争对手。

2. 观念定位策略

观念定位策略是指突出产品的新意、改变消费者的习惯心理、树立新的商品观念的广告策略。该策略具体有逆向定位和是非定位两种方法。

（1）逆向定位，即借助于有名气的竞争对手的声誉引起消费者对自己的关注、同情和支持，以便在市场竞争中占有一席之地的广告产品定位策略。

（2）是非定位，即从观念上人为地把商品市场加以区分的定位策略。

（二）广告目标市场策略

广告的投放要根据不同目标市场的特点，采取相应的宣传手段和方法，即广告目标市场策略。常见的广告目标市场策略有无差别市场广告策略、差别市场广告策略和集中市场广告策略。

1. 无差别市场广告策略

该策略要求在一定时间内向某一目标市场运用各种媒体做相同内容的广告。在无差别市场中，消费者对产品的需求具有共性且消费弹性较小，该策略有利于提高消费者对产品知名度的了解，达到创品牌的目标。

2. 差别市场广告策略

该策略要求在一定时期内，针对目标市场运用不同的媒体做不同内容的广告。在差别市场中，消费者对同类产品的质量、特性要求各有不同，强调个性，消费弹性较大。运用此策略，有利于满足不同消费者的需要，达到扩大销售的目的。

3. 集中市场广告策略

该策略要求在一定时期内，广告宣传要集中在已细分市场的一个或几个目标市场。该策略只追求在较小的细分市场上有较大份额，适用于财力有限的中小企业。

（三）广告的时间策略

广告的时间策略，是对广告发布的时间和频度做出统一、合理安排的一种策略。该策略要视广告产品的生命周期阶段、广告的竞争状况、企业的营销策略等多种因素的变化而灵活运用。通常，即效性广告要求发布时间集中、时限性强、频度起伏大；迟效性广告则要求广告时间发布均衡、时限从容、频度波动小。

广告的时间策略在时间运用上主要有集中时间策略、均衡时间策略、季节时间策略、节假日时间策略四种；在频度上有固定频度和变动频度两种基本形式。各种广告时间策略可视需要进行组合运用。

三、广告媒体的选择

广告必须通过适当的媒体才能到达目标顾客，因而，企业对广告媒体的选择至关重要。企业在选择广告媒体时，需要重点考虑以下几个方面。

（一）广告媒体的触及面、频率及效果

为达到广告目标，所选择广告媒体的触及面、频率和效果一定要出众。触及面是指在一定时期内，某一特定媒体一次最少能触及的不同个人和家庭的数目；频率是指在一定时期内，平均每人或每个家庭看到广告信息的次数。

（二）广告媒体类型

企业进行媒体选择时，还必须对各类媒体的主要特点进行综合评估，以便决定采用何种媒体。可供选择的常用媒体及其在覆盖面、反应程度等方面的特点见表9-4。

表9-4　　　　　　　　　常用媒体的主要特点对照表

媒体种类	覆盖面	反应程度	可信性	寿命	保存价值	信息量	制作费用	吸引力
报纸	广	好、快	好	较短	较好	大而全	较低	一般
杂志	较窄	差、慢	好	长	好	大而全	较低	好
广播	广	好、快	较好	很短	差	较小	低	较差
电视	广	好、快	好	很短	差	较小	很高	好
邮寄	很窄	较慢	较差	较长	较好	大而全	高	一般

续表

媒体种类	覆盖面	反应程度	可信性	寿命	保存价值	信息量	制作费用	吸引力
户外	较窄	较快	较差	较长	较好	较小	低	较好
互联网	广	较快	较好	短	差	大而全	较低	较好

除了考虑各类媒体的主要特点外，企业在选择媒体种类时还须考虑以下因素。

（1）目标沟通对象的媒体习惯。例如，生产或销售玩具的企业，其一般只会选择在电视或电台上做广告，而不会选择杂志，因为其目标沟通对象是学龄前儿童。

（2）产品特性。不同的媒体在展示程度、可信度等各方面有不同的说服力。有的产品需要在电视或网络媒体进行生动的多维广告说明，而有的产品只需要单一的纸质媒体进行简单介绍即可。

（3）信息类型。宣传内容如果对及时性要求比较高，则必须在网络或电台上做广告；如果广告信息中含有大量的技术资料，则在专业杂志上做广告效果较好。

（4）成本。不同媒体所需成本不同，不过需要考虑的并非绝对成本数字的差异，而是目标沟通对象的人数构成与成本之间的相对关系。如果用每千人成本来计算，电视广告或许比报纸广告更便宜。

四、广告效果的评估

广告要讲求效果。广告的效果主要体现在传播效果、促销效果和社会效果上。其中，传播效果是前提和基础，促销效果是广告效果的核心和关键，社会效果主要是广告对社会风气和价值观念的影响。

（一）广告传播效果的评估

传播效果主要评估广告是否将信息有效地传播给目标受众。这种评估在传播前和传播后都应进行。传播前，企业既可请专家对广告进行评定，也可邀请消费者对广告的吸引力、易读性、号召力等方面进行评分；传播后，企业可再邀请一些目标消费者，向他们了解阅读率或视听率、回忆情绪程度等情况。

（二）广告促销效果的评估

促销效果是广告的核心效果，主要测定广告所引起的产品销售额以及利润的变化状况。测定促销效果，一般可以采用比较法。在其他影响销售因素一定的情况下，比较广告发布前后销售额的变化；或在其他条件基本相同的两个地区，分别投入或不投入广告，然后比较销售额的差别，以此判断广告的促销效果。

（三）广告社会效果的评估

社会效果主要评定广告的合法性以及广告对社会文化价值观念的影响。企业一般可以通过专家意见法和消费者评判法进行。

任务实施

■ **背景资料**

娃哈哈集团的成功促销

在我国本土饮料企业的发展壮大过程中，娃哈哈集团扮演了重要的角色，其广告的投放在市场中更是独具匠心。

娃哈哈集团的惯常做法：先用广告引起消费者的关注，再以"闪电战"通过营销网络把产品铺到消费者可以看得见的地方，然后进行大规模的促销。广告仅是"战争"的启动阶段，通过广告先声夺人，大声疾呼。"空中（网络、电视、电台），地面（报纸、杂志），间接的，直接的，一起行动，追求立体效应"。娃哈哈产品的每一次广告冲击波，都会带来一个销售高潮。在做广告的同时，娃哈哈集团还会考虑广告宣传投入、售点宣传画、货架、展示柜、样品、赠品、促销品等，以及促销政策的力度、时间，第一轮推广后市场可能会出现的反应及如何应对等。

■ **实训目标：**

通过实训，学生能够明确认识到广告对促销的作用，并能够根据市场需求，合理选择广告促销策略、设计促销方案，以保证营销目标的实现。

■ **实训要求：**

学生结合背景资料，根据促销及促销组合的相关知识，分析娃哈哈集团的成功促销策略都有哪些。假定学生是娃哈哈集团华北地区的区域营销经理，要求他们设计一份娃哈哈无汽苏打水的区域广告促销方案。

（1）本次实训以小组为单位，要求所有学生积极参与；

（2）小组成员要分工合作，注意团队合作意识的培养；

（3）促销方案格式规范，内容完整；

（4）结构合理、层次分明；

（5）分析正确，选择策略要得当。

■ **操作步骤：**

（1）教师将班级学生分成若干学习小组，布置实训任务，请全体学生明确实训目的和实训要求。

（2）学生全面了解娃哈哈集团的促销策略及具体措施，为合理设计广告促销方案奠定良好的基础。

（3）学生回顾广告的基本认知、广告策略及广告媒体选择的基本原则。

（4）学生分析当前苏打水饮料在该区域的市场现状及竞争环境，确定基本方向。

（5）对娃哈哈无汽苏打水在华北区域的广告促销创意进行集体构思。

（6）汇总意见，合理分工，完成小组策划案。

■ 实训报告：

实训结束后，学生以小组为单位撰写实训报告。实训报告的主要内容如下。

（1）实训名称、实训日期，班级、实训组别。

（2）实训目的。学生应简明概述本实训通过何种方法，训练了哪些技能，达到了什么目的。

（3）实训心得。学生总结分析实训中的收获及存在的问题，提出改进建议。

任务四　营业推广

任务描述

营业推广作为营销活动的关键因素，具有表现形式直观、灵活多样、适应性强等特点，有助于增强产品对消费者的购买刺激。开展营业推广，要掌握其基本方式及推广策略。通过完成本任务，学生能够结合实践经验，有效地开展营业推广等促销活动。

相关知识

一、营业推广的内涵

营业推广是指企业由于各种短期诱因，在特定的市场范围内鼓励消费者和中间商购买、经销或代理企业的产品或服务，以提高促销效率的销售活动。营业推广通常由制造商和中间商主导，其目标可能是商业客户、零售商和批发商，也有可能是销售队伍成员。整体来讲，营业推广具有以下几个方面的特点。

（一）见效迅速

营业推广的形式多样，对消费者具有一定的吸引力，特别是对那些想买便宜商品的消费者，会使他们有一种机不可失的紧迫感，从而使营业推广能够很快见到成效。

（二）适应性强

根据消费者心理和市场环境等因素，企业通过多种手段，采取针对性很强的营业推广方法，向消费者提供多种多样具有强烈吸引力和诱惑力的购买机会，从而唤起消费者的高度注意，促成购买行为，在较大范围内可收到立竿见影的效果。

（三）以辅助功能为主

营业推广往往是一种辅助性促销方式，一般不单独使用，常常配合其他促销方式使用，使其他的促销方式更好地发挥作用。

（四）有一定的局限性

某些营业推广方式会显示出销售者急于出货的意图，容易造成消费者的逆反心理。如果使用太多或使用不当，消费者会怀疑产品的品质或品牌的定位，以及其产品价格是否合理，这对建立消费者的品牌忠诚度有一定的负面作用。

二、营业推广的方式

营业推广是刺激和鼓励成交的手段，既包括对终端客户的营业推广，也包括对中间商和推销人员的营业推广。企业对于不同类型的推广对象需要采取不同的推广方式。

（一）针对客户的营业推广

针对客户的营业推广既可以达到鼓励老客户继续使用、动员新客户购买产品的目标，也可以引导客户改变购买习惯，培养客户对本企业产生一定的偏好行为。具体可以采用的方式及各自所具有的优势如表9-5所示。

表9-5　　　　　　　　　　　　　针对客户的营业推广方式的优势

推广方式	优势
赠券	对于客户喜欢的品牌，赠券能够刺激再次购买行为的发生
降价	方法便捷，客户容易接受，有些客户还会在降价时储存一些商品
样品试用	客户在尝试某一品牌后，可以对他们未来的购买决策产生显著影响
赠送奖品	可操作性强，既可以将产品作为免费奖励赠送，也可以赠送具有企业品牌辨识度较高特点的广告特制品，以达到促销或品牌推广的目的
会员制	容易达到吸引老客户、巩固客户群的目标
参展	集中客户的注意力和购买力，在一定时期内可以维持较好的促销效果

（二）针对中间商推广的方式

向中间商推广，目的在于鼓励批发商大量购买，吸引零售商扩大经营，动员有关中间商积极购存或推销某些产品。向中间商推广可以采用的方式有以下几个。

（1）让利优惠。制造商向零售商和批发商提供各种折扣，以换取他们对自己品牌的重视。例如以低于标价的价格销售，对零售商的宣传活动给予补偿，提供免费商品或提供免费的特别广告实物等。这是最常见的中间商营业推广方式。

（2）售点展示。这种方式是在实际购买地附近设计特别的展览或展示活动，以帮助促销厂家获得充分的商店陈列，从而能够更好地接近消费者，增加消费者的注意力和企业的销售额。

（3）新品展示。企业在推出新产品时，针对中间商进行展览和展示，如展览会、博览会、演示会等，以增加中间商对新产品的了解，从而促进其购买。

（4）服务支持。企业可以为中间商提供各种服务支持来调动中间商的积极性，如业务会议、发行企业刊物、培训销售人员、退货保证等措施。

（三）针对推销人员推广的方式

针对推销人员的推广活动的目的在于鼓励其推销新产品、开拓新市场等。常用的方式包括有奖销售、比例分成，以及免费提供人员培训、技术指导等。

三、营业推广策略的实施

企业在进行营业推广时，必须制订明确的推广策略。策略的实施可以按照图 9-7 所示的流程进行。

图 9-7　营业推广策略的实施流程

（一）确定营业推广目标

企业针对消费者，推广目标包括鼓励消费者大批量购买商品，吸引未使用者进行积极试用；针对零售商，推广目标在于建立零售商的品牌忠诚以及获得进入新的零售网点的机会；针对销售队伍，推广目标通常有鼓励其支持某种新产品，寻找更多的潜在消费者，刺激产品推销的进行。

（二）选择营业推广方式

企业围绕推广目标，根据实际情况在以上介绍的方式中进行灵活有效的选择。

（三）制订营业推广方案

企业在确定营业推广目标和方式后要制订具体的推广方案。一套完整的方案一般包括诱因分析、刺激对象的范围、推广媒体的选择、推广时机的选择、确定推广期限以及确定推广预算等内容。

（四）进行推广方案试验

营业推广方案在执行前需要进行可行性测试，企业可以邀请消费者对几种不同的、可能的优惠办法做出评价，也可以在有限的地区进行试验性测试。

（五）执行和控制营业推广方案

企业严格按照推广方案确定前置时间和销售延续时间，并做好实时控制。

（六）评价营业推广结果

企业评价营业推广方案最普遍的一种方法是把推广前、推广中和推广后的销售量或销售额进行比较，以确定推广效果。

任务实施

■ **背景资料**

美宝莲的促销秘诀

美宝莲是当前中国大众化妆品市场上最为畅销的彩妆品牌之一。能够坚持大众化的产品价格定位，是美宝莲能够在中国彩妆市场获得良好效益的主要原因之一。

为了迎合中国"80后"的消费心理，美宝莲对其产品进行了重新定位。美宝莲重新定位的第一步就是确定对年轻人具有亲和力的价格。美宝莲唇膏的价格基本上为30～60元，在促销活动中，个别种类的口红价格甚至低到10元，这一价格大大刺激了对价格敏感但又追求名牌的"80后"。伴随产品定位的改变和价格的变更，美宝莲在渠道上也发生了显著的变化。目前，美宝莲的5000多个销售网点遍布全国，包括一些"80后"能够经常接触到的大卖场、学生超市等。虽然美宝莲的价格低廉，但为了迎合这些年轻消费者对品牌的追求，它极力塑造自己时尚和国际化的品牌形象。图9-8所示为美宝莲产品的卖场。

图9-8 美宝莲产品的卖场

■ **实训目标：**

通过实训，学生对营业推广的特点以及基本推广方式有了更为深入的理解，在完成营业推广计划书的撰写后，更对营业推广策略的实施步骤和注意事项有全面的认识。

■ **实训要求：**

学生结合背景资料，分析美宝莲在面向中国市场开展营业推广促销活动中采用了哪种营业推广的方式、具体的营业推广策略是怎样实施的。学生进一步查阅资料，查找其能够全面占据中国"80后"消费市场的主要原因中，除背景资料所介绍的内容外还有哪些其他原因。在此基础上，学生以小组为单位，走访调研某一个家电平台专卖店，根据所学的知识，结合实际情况，为其某一主打产品制订一份营业推广计划书，以帮助其实现产品的全面推广。

（1）本次实训以小组为单位，要求所有学生积极参与；

（2）小组成员要分工合作，注意团队合作意识的培养；

（3）实训作业以营业推广计划书的形式提交；

（4）计划书中要需包含市场竞争环境分析、产品定位分析、促销策略及营业推广策略实施内容；

（5）结构合理、层次分明、格式规范。

■ 操作步骤：

（1）教师将班级学生分成若干个学习小组，教师布置实训任务，请全体同学明确实训目的和实训要求。

（2）学生分析美宝莲在面向中国市场开展的营业推广促销活动中采用了哪种营业推广的方式，具体的营业推广策略是怎样实施的。

（3）学生查阅资料，查找美宝莲能够全面占据我国"80后"消费市场的主要原因中，除背景资料所介绍的内容外还有哪些其他原因。

（4）学生以小组为单位，走访调研某一个家电平台专卖店，根据所学的知识，结合实际情况，为其某一主打产品制订一份内容完整的营业推广计划书。

（5）各小组合理分工，完成小组分析报告。

■ 实训报告：

实训结束后，学生以小组为单位撰写实训报告。实训报告的主要内容如下。

（1）实训名称、实训日期，班级、实训组别。

（2）实训目的。学生应简明概述本实训通过何种方法，训练了哪些技能，达到了什么目的。

（3）实训心得。学生总结分析实训中的收获及存在的问题，提出改进建议。

任务五　公共关系促销

🖊 任务描述

公共关系的有效应用，有助于企业形象的全面宣传，从而提高品牌的知名度和美誉度，提升竞争力，为企业营造良好的生存发展环境。企业开展公共关系促销，必须在了解公共关系的活动方式及实施过程的基础上，利用现代信息传播技术和大众传播媒体平台来引导舆论。通过完成本任务，学生能够掌握公共关系促销的基本技巧，并在实践的基础上逐步具备开展公共关系促销的相关能力。

相关知识

一、公共关系的认知

公共关系，又称公众关系，是企业在从事市场营销活动中以公众利益为出发点，通过有效的信息传播、沟通，在内外部公众中树立良好的企业形象和信誉，以赢得其理解、信任、支持和合作的过程。

公共关系的构成要素包括社会组织、传播和公众，它们分别作为公共关系的主体、媒介和客体相互依存。通常来讲，公共关系活动的主体都是一定的社会组织，如企业、机关、团体等；公共关系的客体既包括企业外部的消费者、竞争者、政府各有关部门及其他社会公众，又包括企业内部职工、股东；公共关系的媒介是各种信息沟通工具和大众传播渠道。

二、公共关系的活动方式

公共关系的活动方式，是指以一定的公关目标和任务为核心，将若干种公关媒介与方法有机地结合起来，形成一套具有特定公关职能的工作方法系统。按照公共关系功能的不同，常见的公共关系活动方式主要分为以下几种，如图9-9所示。

图9-9　常见的公共关系活动方式

（一）宣传性公关

宣传性公关主要包括两个方面：一是广告公关，即企业为形成某种进步或具有积极意义的社会风气或宣传某种新观念而做的广告；二是企业印制品。企业可以利用杂志、产品画册、说明书等各类宣传品，介绍企业的发展历史，宣传企业文化，推荐企业产品。这种方式传播面广，推广企业形象效果较好。

（二）征询性公关

征询性公关主要是企业通过开办各种咨询业务、进行调查走访、设立热线电话、举办信息交流会等形式，与客户建立良好的信息沟通网络，然后企业再将获取的信息进行分析研究，为经营管理决策提供依据。

（三）交际性公关

交际性公关以人际交往为主，更具直接性和灵活性，因此，交际性公关多为企业和企业家的首选。交际性公关主要通过语言、文字进行沟通，采用如宴会、招待会、专访、慰问等形式，为企业广结良缘，巩固传播效果。

（四）服务性公关

服务性公关就是企业通过各种实惠性服务，如消费指导、消费培训、免费修理等公众服务，获取公众的了解、信任和好评，从而实现既有利于促销又有利于树立和维护企业形象与声誉的活动。

（五）社会性公关

社会性公关是企业通过赞助文化、教育、体育等事业，支持福利事业，参与国家重大社会活动等形式来塑造企业的社会形象，提高企业的社会知名度和美誉度的活动。这种公关方式，公益性强，影响力大，但成本较高。

（六）危机性公关

危机性公关主要是指企业遇到如消费者投诉、产品引发事故以及造谣中伤等负面信息传播事件而进行的挽救性公关活动。危机性事件的发生会使企业的信誉下降、产品销售额减少，企业公关人员应迅速行动，查清原因，及时处理，以使企业遭受的损失降低到最低程度。

同步案例

金六福的"家文化"情感营销

继"中秋团圆·金六福酒""春节回家·金六福酒""我有喜事·金六福酒"等整合营销活动取得辉煌战果之后，金六福又于2015年中秋之际策划组织了一场新的整合营销活动，成为当年第一个点燃中秋白酒市场战火的品牌。

2015年9月19日，备受瞩目的2015年金六福"中秋超级团圆饭"公益行动在北京震撼开场。1000多名来自山东、河南、江苏等全国各地在京打工的老乡欢聚一堂，共同见证2015年金六福"中秋超级团圆饭"的开启。金六福"中秋超级团圆饭"活动的开展，蕴含着"团圆、美满、幸福"等"团圆是福"的中国元素，直击消费者的内心消费需求，把现代人对亲情、对团圆的感悟与寄托，表达得淋漓尽致。活动得到了全国逾百家媒体的高度关注，各大媒体更是对活动进行大篇幅报道，在媒介传播上与消费者形成自然对接，以"家文化"为主题的情感营销的市场运作效果显著，加深了广大消费者对"中秋团圆·金六福酒"的消费认知，成功占位当年的中秋"团圆"白酒消费市场。图9-10所示为2015年金六福"中秋超级团圆饭"活动现场。

图 9-10　2015 年金六福"中秋超级团圆饭"活动现场

请结合案例思考：

1. 本促销案例中采用了哪种公共关系的活动方式？

2. 本案例中，金六福是如何巧妙实现促销目标的？

3. 这种促销方式为金六福酒业的营销业绩带来了哪些深远的影响？

三、公共关系活动的实施过程

公共关系活动的实施主要有以下几个过程，见图 9-11。

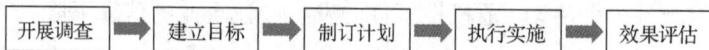

开展调查 → 建立目标 → 制订计划 → 执行实施 → 效果评估

图 9-11　公共关系活动实施过程

（一）开展调查

调查是公关工作的基础，企业通过调查了解内外部信息，可以了解其当前的形象与地位、市场需求、竞争优势、外部机会与威胁等各方面的情况，从而确定是否需要开展公关活动以及开展怎样的公关活动等问题。

（二）建立目标

公关活动作为企业的一项重要活动，必须要确立合理的目标，从而为后续活动指明方向，使活动的各个方面都能围绕目标而高效、有序地进行。

（三）制订计划

企业制订计划要在目标指导下进行。公关活动是长期性的，因而要注意活动的延续性。另外，所制订计划必须注重后期对所建立关系的维持。

（四）执行实施

好的计划还需要有好的实施来做保障。为保证实施的有效性，企业要结合自身特点慎重选择公关工具、公关策略等，并根据环境的变化进行适当调整。

（五）效果评估

公共关系常与其他促销工具一起使用，因而对于公关活动的效果评估会有一定的困难。但企业可以通过对覆盖度（指企业所选择的公关工具在目标市场上的覆盖范围）、知名度以及销售额和利润率的变化对活动的效果进行评估。进行效果评估时，如果发现实际效果没有达到目标计划，企业要迅速分析原因，并及时采取改进措施。

任务实施

■ **背景资料：**

××手机"爆炸门"事件

2016年8月，某知名手机生产公司推出了最新款的智能手机。仅仅几周后，在全球便陆续出现该款手机的电池爆炸事故。但该公司在处理爆炸事故过程中的危机公关策略出现失误。致使质量问题危机处置不当，不仅导致这款手机全球停售、几百万台手机召回，直至全面停产，更使该公司的股价暴跌，消费者信任度和品牌信誉严重受损。

■ **实训目标：**

通过实训，学生能够切实认识到公共关系对危机管理的作用，并能够能根据实际情况，制订公共关系策略，以最大限度挽回企业的损失。

■ **实训要求：**

学生结合背景资料，借助网络平台进一步对类似事件进行详细的了解，整理出各公司在危机处理过程中使用了哪些公关手段，哪些公关手段发挥了直接的作用。对于成功的危机管理案例，分析其成功的原因都有哪些。假设学生是该公司的公关部经理，要求他们就该危机公共事件形成公关处理方案。

（1）本次实训以小组为单位，要求所有学生积极参与；

（2）小组成员要分工合作，注意团队合作意识的培养；

（3）分析正确、选择策略要得当；

（4）公关处理方案能够切实可行。

■ **操作步骤：**

（1）教师将班级学生分成若干学习小组，布置实训任务，请全体学生明确实训目的和实训要求。

（2）学生更多了解相关事件的处理过程。

（3）学生回顾公共关系的基本活动方式和实施过程的有关知识。

（4）学生分析成功的危机公关处理案例，整理通用的可行性方案。

（5）学生对该事件的处理方案进行分析，查找其不合理的处理措施。

（6）学生对该事件的危机公关方案进行集体构思。

（7）学生汇总意见，合理分工，完成小组策划案。

■ **实训报告：**

实训结束后，学生以小组为单位撰写实训报告。实训报告的主要内容如下。

（1）实训名称、实训日期，班级、实训组别。

（2）实训目的。学生应简明概述本实训通过何种方法，训练了哪些技能，达到了什么目的。

（3）实训心得。学生总结分析实训中的收获及存在的问题，提出改进建议。

📧 项目小结

1. 促销是指企业以人员沟通和非人员沟通的方式，与消费者进行信息交流，以刺激并引发消费需求，从而促使消费者发生购买行为的活动。促销组合是指企业有计划、有目的地把人员推销、广告促销、营业推广、公共关系等促销形式进行适当配合和综合运用，形成一个完整的销售促进系统。

2. 人员推销是指企业通过派出推销人员与一个或多个潜在的消费者进行交流，以推销商品，促进和扩大销售。人员推广常使用的方式主要有上门推销、柜台推销和会议推销，使用的策略主要有试探性策略、针对性策略和诱导性策略。

3. 广告是指特定的广告主支付一定的费用，通过特定的媒体，传播产品和劳务信息给目标消费者的促销行为。常用的策略主要包括产品定位策略、广告目标市场策略和广告的时间策略。

4. 营业推广又称销售促进，旨在激发消费者购买欲望和提高促销效率。营业推广主要包括对客户的营业推广，以及对中间商和推销人员的营业推广。

5. 公共关系是企业在从事市场营销活动中正确处理企业与社会公众的关系，以便树立企业的良好形象，促进产品销售的一种活动。其活动方式一般包括宣传性公关、征询性公关、交际性公关、服务性公关、社会性公关和危机性公关。

💻 自我检测

一、单项选择题

1. 人员推销的缺点主要表现为（　　）。

    A. 成本低，消费者量大   B. 成本高，消费者量大

    C. 成本低，消费者有限   D. 成本高，消费者有限

2. 制造商推销价值昂贵、技术复杂的机器设备，通常适宜采用（　　）。

    A. 营业推广   B. 人员推销   C. 广告宣传   D. 公共关系

3. 当产品处于生命周期的试销期时，促销策略的重点是（　　）。

A. 认识、了解商品，提高知名度　　　　B. 促成信任、购买

C. 增进信任与偏爱　　　　　　　　　　D. 满足需求的多样性

4. 某商场在黄金周期间推出"购物满 50 元参加抽奖，大奖为出国旅游"活动，其采用的促销方式是（　　　）。

A. 赠送奖品　　　　B. 赠品　　　　C. 联合促销　　　　D. 优惠券

5. 公共关系是一项（　　　）的促销方式。

A. 一次性　　　　B. 偶然　　　　C. 短期　　　　D. 长期

二、多项选择题

1. 以下针对中间商的促销工具有（　　　）。

A. 价格折扣　　　　B. 免费品　　　　C. 会员　　　　D. 现金退款

2. 以下不属于公关工具的有（　　　）。

A. 公开出版物　　　　B. 免费品　　　　C. 销售竞赛　　　　D. 形象识别

3. 在推销之前，推销人员必须具备的基本知识包括（　　　）。

A. 产品知识　　　　B. 顾客知识　　　　C. 竞争者知识　　　　D. 政策法规知识

4. 下列适合直接销售的商品有（　　　）。

A. 低价商品　　　　B. 易损商品　　　　C. 时尚商品　　　　D. 技术性高的商品

5. 促销组合是（　　　）等手段的综合运用。

A. 广告　　　　B. 营业推广　　　　C. 公共关系　　　　D. 人员推销

三、简答题

1. 为什么说促销的实质是信息沟通？

2. 各种促销方式的特点是什么？

3. 针对中间商所采用的营业推广方式主要有哪些？

模块四
营销管控与营销创新

项目十
管理市场营销活动

项目导入

冬去春来，王斌迎来了他营销工作的第二个年头。现在的他，要独当一面，为公司业务在这个城市的市场表现负责了。这一周，他就要向公司提交完整的年度营销计划书。这一次，他又会表现如何呢？

项目分析

市场营销计划、实施、组织与控制是市场营销管理的重要内容。如何制订年度营销计划书？哪些问题是必须要考虑和规划的？如何保障年度计划的有效执行？本项目主要解决这些问题。

学习目标

知识目标：

1. 熟悉市场营销组织的基本类型。
2. 掌握市场营销计划的编制与执行。
3. 知晓市场营销控制的主要方法。

技能目标：

1. 能根据实际条件设计恰当的营销组织结构。
2. 能运用所学知识编制企业年度市场营销计划。
3. 学会运用各种控制手段对企业的营销活动进行有效的控制。

学习内容思维导图如图 10-1 所示。

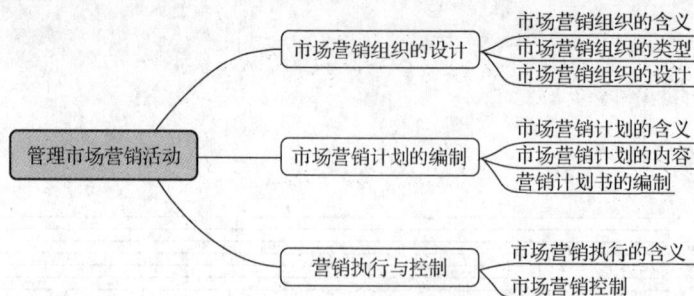

图 10-1　管理市场营销活动学习内容思维导图

任务一　市场营销组织的设计

任务描述

市场营销组织是保证市场营销计划执行的核心职能组织，同时也是企业实现其经营目标的核心职能部分。通过完成本任务，学生能够根据市场营销活动方案安排建立相应的营销组织，在此基础上，有计划地开展营销活动。

相关知识

一、市场营销组织的含义

市场营销组织是管理者为了实现特定时期的任务与经营目标，对从事营销活动的所有人员进行平衡协调的综合体。市场营销组织是保证企业实现经营目标的核心职能组织，其组织形式服从并服务于企业任务和经营目标，并随着企业任务与经营目标的变化而不断变化。

市场营销组织的目标大体表现在以下 3 个方面。

（1）能对市场营销环境做出快速反应。市场营销环境是不断变化的，只有对环境变化做出快速反应才能取得市场经营的主动权。

（2）使市场营销效率最大化。企业内部存在着许多专业化部门，为避免这些部门间产生矛盾和冲突，市场营销组织要充分发挥其协调和控制的职能，确定各部门的权力和责任。

（3）代表并维护消费者利益。企业一旦奉行市场营销观念，就要把消费者利益放在第一位。企业必须在管理的最高层面上设置市场营销组织，以确保消费者的利益不致受到损害。

有效的市场营销组织应具有灵活性、适应性和系统性，即企业组织能够根据营销环境和营销目标、策略的变化，适应需要，迅速调整自己。

二、市场营销组织的类型

现代企业的市场营销部门有各种组织形式，具体有以下几种。

（一）职能型组织形式

企业按市场营销各职能设置组织部门。这是最常见、最古老的营销组织形式，如图 10-2 所示。

职能型组织的优点是结构简单、管理方便。它主要适用于产品种类不多，对相关专门知识要求不高，或经营地区情况差别不大的企业。随着企业产品品种的增多和市场的扩大，这种组织形式越来越暴露出其效率低下的弱点。一方面，由于没有人对该产品或市场负全面责任，所以没有按每种产品和每个市场制订的完整计划，使某些产品或市场容易被忽视；另一方面，各个职能部门常为获得更多预算或取得较其他部门更高的地位而竞争，使营销经理常常面临协调难题。

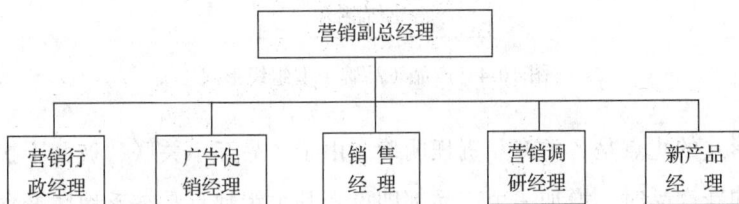

图 10-2　职能型组织形式

（二）地区型组织形式

一个从事全国范围销售的企业，通常都是按地理区域构建销售队伍，即建立地区型组织形式。这种形式适用于销售区域大而经营品种单一的企业。其结构如图 10-3 所示。

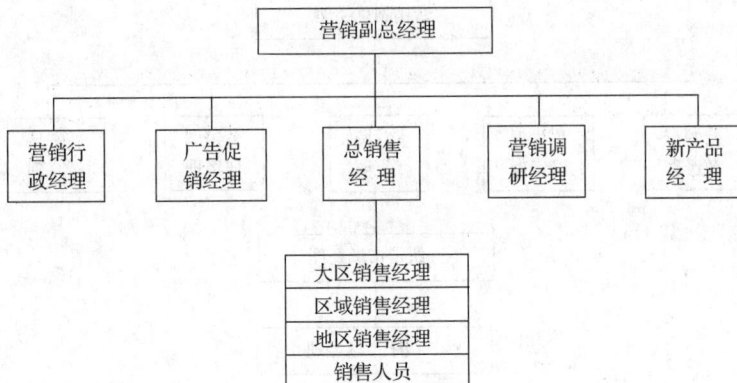

图 10-3　地区型组织形式

在这种组织内部，为避免职能部门重复，市场调研、广告、行政管理等仍归属原职能部门，且与地区部门并列。地区型组织的优点在于可充分发挥每一地区熟悉该地区情况的优势。

其不足之处在于，当产品种类较多时，很难按不同产品的使用对象进行综合考虑，各地区的活动也难于协调。

（三）产品（品牌）型的组织形式

生产多种产品和品牌的公司，往往按照产品或品牌建立管理组织，如图 10-4 所示。这种产品管理组织并没有取代职能型组织，只不过是增加一个管理层而已。

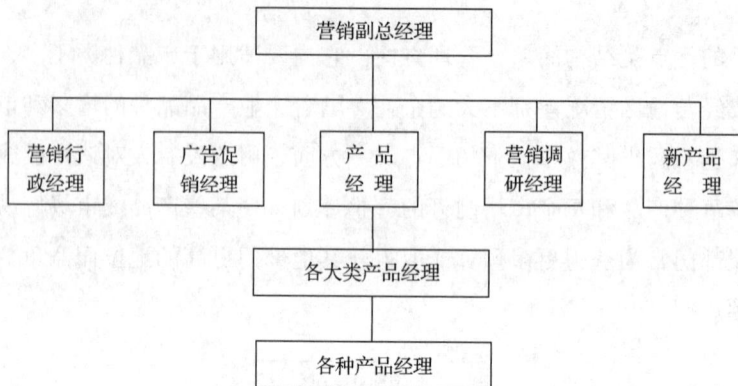

图 10-4 产品（品牌）型组织形式

这种组织形式的优点是各类产品责任明确，由于产品互不关联，彼此干扰不大，且组织形式灵活，增加新产品时，增加一个产品部即可。其组织缺点是缺乏地区概念，各产品部不可能对每一地区都能兼顾并做出适当反应。

（四）市场型组织形式

是指企业把消费者按其特有的购买习惯和产品偏好，进行细分并区别对待，就设立的组织结构，如图 10-5 所示。

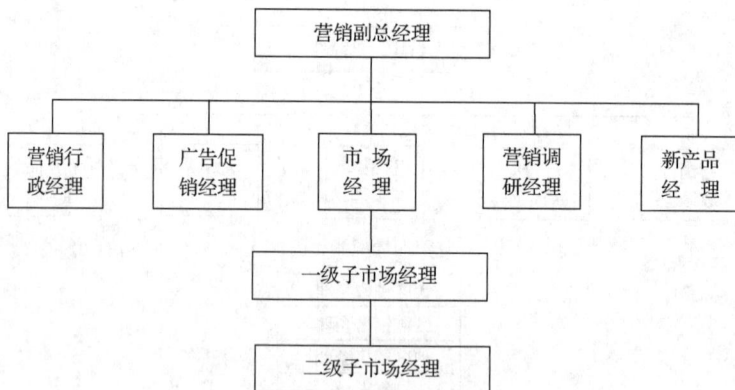

图 10-5 市场型组织形式

（五）矩阵式组织形式

这是一种产品型和市场型相结合的矩阵式的组织形式，常见于生产多种产品、并向多个市场销售的企业。因为这种企业设置机构的方法有 3 种：一是采用产品管理组织制度，这需要产品经理熟悉广为分散的不同市场；二是采用市场管理组织制度，那就需要市场管理经理熟悉销往各自市场的五花八门的产品；三是同时设置产品经理和市场经理，形成矩阵型结构。

做中学

搜集 3 家知名企业，分析这 3 家企业的市场营销组织结构类型，评价其组织结构是否合理，是否需要改进；如果应该改进的话，该如何改进？

操练记录：填入表 10-1 中。

表 10-1　　　　　　　　市场营销组织结构认知练习

企业名称	组织结构类型	评价组织结构	如何改进

三、市场营销组织的设计

设计市场营销组织是每一位市场营销经理的根本任务之一。

（一）市场营销组织的设计原则

1. 整体协调原则

市场营销机构的设置，要有利于企业与外部环境，尤其是与市场、消费者之间关系的协调；要与企业的其他机构相互协调；市场营销组织内部的人员结构、职位层次要相互协调。

2. 合理管理幅度原则

管理幅度是指领导者能够有效地直接指挥的部门或员工的数量，这是一个"横向"的概念。管理层次又称管理梯度，指一个组织属下等级的数目，这是一个"纵向"的概念。合理管理幅度的原则是指在企业内部的各级管理层次上，管理者能够管理人员的最多数。如果一个人管理或监督的人员过多，会因为不能有效地管理而降低管理质量和工作效率；若领导或监督的人员过少，又会因浪费领导的管理才能。

3. 有效性原则

市场营销机构根据有效性原则，达到工作的高效率，就必须具备一些基本条件：市场营销部门要有与完成自身任务相一致的权力；市场营销部门要有畅通的内外部信息渠道；要善于用人，各司其职。

（二）市场营销组织设置的程序

设计和评价市场营销组织，一般分为以下 6 个步骤。

1. 分析组织环境

任何一个市场营销组织都是在不断变化着的社会经济环境中运行的，要受这些环境因素的制约。市场营销组织也必须随着市场环境和竞争状况的变化及时调整内部结构和资源配置方式。

2. 确定组织内部活动

市场营销组织内部的活动主要有职能性活动和管理性活动两种类型。企业通常是在分析市场机会的基础上，制订市场营销战略，然后再确定相应的市场营销活动和组织的专业化类型。

3. 建立组织职位

企业在确定了市场营销组织活动之后，还要建立组织职位，使这些组织活动有所归属。为此需要考虑 3 个要素，即职位类型、职位层次和职位数量，以明确各个职位的权力、责任及其在组织中的相互关系。

4. 设计组织结构

设计组织结构的首要问题是使各个职位与所要建立的组织结构相适应。组织的效率表现为以较少的人员和上下隶属关系，以及专业化较高的程度去实现组织的目标。

5. 配备组织人员

企业在配备组织人员时必须为每个职位制订详细的工作说明书，从受教育程度、工作经验、个性特征及身体状况等方面进行全面考察。对再造组织来讲，还必须重新考核现有员工的水平，以确定他们在再造组织中的职位。

6. 组织评价与调整

组织所处的环境是不断变化的，因此从市场营销组织建立之时，市场营销经理就要经常检查、监督组织的运行状况，并及时加以调整，使之不断得到完善。

任务实施

■ **背景资料：**

李伟是华晨制药公司的老总，这些天来他一直被公司的销售发展问题所困扰。刚才他主持召开了一个会议，就年初股东大会上提出的下一个 5 年计划（销售额突破 10 亿元，成为国内销售额排名前 30 位的制药企业），营销部的经理们各抒己见，提出了很多建议和想法。

关于怎样实现公司目标，销售总经理王强强调："现在各地都在招标，争取中标已成为药品在各地医院存续的关键，也成为开发新医院的主要方式。而我公司的产品与国内同类产品相比，在报价上过高，所以中标率低，我认为我们应该重新考虑一下各产品的投标指导价。"

市场部总监张宁则认为，要想成为国内一流企业，创品牌、树立企业形象是十分重要的。这几年公司实行的底价承包制，在公司原始积累阶段无疑是有效的。但是从长远来看，不利于公司创建和维护品牌形象。

李伟仔细考虑着这些经理们的意见，觉得每个人说得似乎都有道理，看来首先要解决的问题为：从整个公司角度来看，底价承包制是否是一个很好的体制？

■　实训目标：

通过实训，学生明确了市场营销组织设计的原则与程序，能够根据市场环境和竞争状况的变化设计恰当的营销组织结构，以保证营销目标的实现。

■　实训要求：

学生结合背景资料，分析企业营销组织结构是否是一成不变的。假设学生是华晨公司的老总，要求他们谈谈如何解决该公司的问题？

（1）本次实训以小组为单位，要求所有学生积极参与；

（2）小组成员要分工合作，注意团队合作意识的培养；

（3）实训报告格式规范，内容完整；

（4）结构合理、层次分明；

（5）分析正确、选择策略要得当。

■　操作步骤：

（1）教师将班级学生分成若干学习小组，布置实训任务，请全体同学明确实训目的和实训要求。

（2）学生分析市场现状，分析竞争环境，为正确评价企业营销组织机构做好充分准备。

（3）学生明确组织机构设计的原则。

（4）学生按照营销组织机构设置程序，分析评价企业营销组织机构。

（5）学生讨论营销组织机构是不是一成不变的。

（6）头脑风暴：如果你是华晨制药公司的老总，你将如何解决该公司的问题？

（7）学生汇总大家意见，完成小组实训报告。

■　实训报告：

实训结束后，学生以小组为单位撰写实训报告。实训报告的主要内容如下。

（1）实训名称、实训日期，班级、实训组别。

（2）实训目的。学生应简明概述本实训通过何种方法，训练了哪些技能，达到了什么目的。

（3）实训心得。学生总结分析实训中的收获及存在的问题，提出改进建议。

任务二　市场营销计划的编制

任务描述

市场营销活动必须建立在比较完整的活动方案基础之上，借助一定的组织和人员来实施。通过完成本任务，学生能够根据营销目标，编制完整的市场营销计划，组织相关人员，建立营销活动的执行机构。

相关知识

一、市场营销计划的含义

市场营销计划是在对企业市场营销环境进行调研分析的基础上，制订企业及各业务单位的对营销目标以及实现这一目标所应采取的策略、措施和步骤的明确规定和详细说明。

市场营销计划是企业的战术计划，它涉及两个最基本的问题，一是企业的营销目的是什么，二是怎样才能实现这一营销目标。企业在进行营销活动之前，必须计划营销活动目的及其实施手段。离开营销计划的活动是盲目、脱离实际的，即便完成了也将是混乱和低效率的。

二、市场营销计划的内容

各个企业制订的市场营销计划都各有其独特的形式。这是由于不同的计划制订者的思维习惯和文字风格使然。但是，各种计划中都有一些共同的组成部分，并且在内容编排上遵循一定的逻辑顺序。

市场营销计划包含以下 8 个方面的内容，如图 10-6 所示。

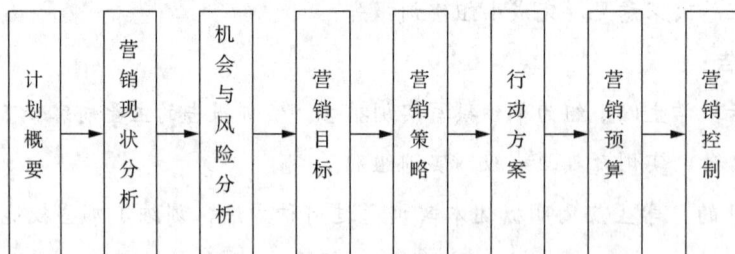

图 10-6　市场营销计划的具体内容

（一）计划概要

计划概要是对主要营销目标和措施的简短摘要，目的是使高层主管迅速了解该计划的主要内容，抓住计划的要点。例如，某零售商店年度营销计划的内容概要是："本年度计划销售额为 5000 万元，利润目标为 500 万元，比上年度增加 10%。这个目标经过改进服务、灵活定价、加强广告和促销努力，是能够实现的。为达到这个目标，今年的营销预算要达到 100 万元，占计划销售额的 2%，比上年提高 12%。"

（二）营销现状分析

这部分主要提供与市场、产品、竞争、分销以及宏观环境因素有关的背景资料。如市场情况，应说明市场的规模，过去几年的增长情况，消费者需求和购买行为方面的趋势；产品情况，应说明近年来各主要产品品种的销量、价格、获利水平等；竞争形势，应说明谁是主要竞争对手，每个竞争对手在产品品质、特色、定价、促销、分销等方面都采取了那些策略，它们各自的市场占有率及变化趋势；分销情况，应说明各主要经销商近年来在销售额、经营能力和地位方面的变化；宏观环境状况，主要对宏观环境及其主要发展趋势进行简要的介绍，从中判断某种产品的命运。

（三）机会与风险分析

首先，对计划期内企业营销所面临的主要机会和风险进行分析，然后再对企业营销资源的优势和劣势进行系统分析。在机会与风险、优势与劣势分析的基础上，企业可以确定在该计划中所必须注意的主要问题。

（四）营销目标

拟定营销目标是企业营销计划的核心内容，在市场分析基础上对营销目标做出决策。计划目标分为两类，即财务目标和市场营销目标。财务目标主要由即期利润指标和长期投资收益率目标组成，财务目标必须转化为营销目标，如销售额、市场占有率、分销网覆盖面、单价水平等。所有目标都应以定量的形式表达，并具有可行性和一致性。

（五）营销策略

拟定企业将采用的营销策略，包括目标市场选择和市场定位、营销组合策略等。明确企业营销的目标市场是什么市场，如何进行市场定位，确定何种市场形象；企业拟采用什么样的产品、渠道、定价和促销策略。

做中学

市场营销管理分为几个组成部分，它们之间的关系如何？假设你考虑在毕业后创建企业，在你的家乡城镇中新开一家音乐店或咖啡屋或奶茶店，请简述你追求的目标市场和你为此店准备开发的营销组合。

操练记录：填入表 10-2 中。

表 10-2　　　　　　　　　　　小型创业项目实训练习

创业项目	选址	目标市场	营销组合
音乐店			
咖啡屋			
奶茶店			

（六）行动方案

对各种营销策略的实施制订详细的行动方案，即阐述以下问题：将做什么？何时开始？何时完成？谁来做？成本是多少？整个行动计划可以列表加以说明，表中具体说明每一时期应执行和完成的活动时间安排、任务要求和费用开支等，从而使整个营销战略落实于行动，并能循序渐进地贯彻执行。

（七）营销预算

营销预算即开列一张实质性的预计损益表。在收益的一方要说明预计的销售量及平均实现价格，预计出销售收入总额；在支出的一方说明生产成本、实体分销成本和营销费用，以及再细分的明细支出，预计出支出总额。最后得出预计利润，即收入和支出的差额。企业的业务单位编制出营销预算后，送上层主管审批。经批准后，该预算就是材料采购、生产调度、劳动人事以及各项营销活动的依据。

（八）营销控制

对营销计划执行进行检查和控制，用以监督计划的进程。为便于监督检查，具体做法是将计划规定的营销目标和预算按月或季分别制订，营销主管每期都要审查营销各部门的业务实绩，检查是否完成实现了预期的营销目标。凡未完成计划的部门，应分析问题原因，并提出改进措施，以争取实现预期目标，使企业营销计划的目标任务都能落实。

三、营销计划书的编制

营销计划书常见的结构和格式，包括以下 4 个部分。

（一）封面

封面虽然不要求特别精美，但需要设计规范，上面需要标明"企业名称""计划名称""计划时期""编制者姓名、所属单位"等内容。

（二）目录

人们通过目录可以对计划书有个大致的了解。目录中应包括各章节名称，如果计划书的内容较多，还需要标明各章节次名称。

（三）正文

正文部分是市场营销计划书的核心所在。正文中首先应阐明营销计划的背景或现状；然后对市场进行分析，包括环境分析、市场分析、竞争者分析及 SWOT 分析；在全面分析营销状况的基础上，提出企业的营销目标和营销组合策略实施方案及具体措施，即产品计划、价格计划、分销计划和促销计划，并进行有关的营销预算及其营销计划的实施和控制安排。

（四）附件

计划书中有些很具体的方案、较大的表格及需要附加说明的材料都可以作为计划书的附件，独立成为一个指导文件，以方便阅读和操作。

任务实施

■ **背景资料：**

2005 年，"天然五谷"高调进入方便面市场。从"拒绝油炸，留住健康"到"非油炸，更健康"，简单的两句广告语，在业内掀起轩然大波。产品的成功上市，被业内誉为"以弱搏强"的经典案例，列入 2005 年中国营销策划 50 强。

2006 年，公司继续加大在电视广告、分销渠道、生产基地建设上的投入。

但是，在发展鼎盛的同时，潜在危机也在酝酿并很快浮出水面。2006 年年底，公司陷入经营危机。2007 年 10 月公司财务危机全面爆发，经营状况持续恶化。

2008 年 10 月 16 日，公司提出破产重整申请。12 月，中粮集团注入资本 2 亿元，宣告将"天然五谷"纳入旗下。中粮集团是中国最大的粮油食品进出口公司和国内主要的食品生产商之一，1994 年以来一直位列《财富》世界 500 强企业。"我们不是重整而是再造。通过涉足方便面，作为中粮进军整个方便食品领域的开端。"中粮集团负责人在接受媒体采访时说。

重整后的天然五谷能否涅槃重生？中粮公司对"天然五谷"的品牌再造计划能否成功？请根据你的理解，为重组后的"天然五谷"业务制订新一年营销计划书。

■ **实训目标：**

通过实训，学生能够熟练运用年度营销计划书的编制程序和方法，完成年度营销计划书各要素内容的编写工作。

■ **实训要求：**

学生根据背景资料，结合专业知识的学习，为"天然五谷"品牌制订一套完整的年度营销计划书。

（1）本次实训以团队为单位，要求所有学生积极参与；

（2）团队成员要分工合作，注意团队合作意识的培养；

（3）营销计划书设计要格式规范，内容完整；

（4）结构合理、层次分明；

（5）分析正确、选择策略要得当。

■ **操作步骤：**

（1）教师布置实训任务，请全体同学明确实训目的和实训要求。

（2）学生分析现状，了解企业及经营产品的基本情况，进行归纳分析，为编制年度营销计划做好充分准备。

（3）学生确定目标，明确年度营销计划的格式构成。

（4）学生按照年度营销计划的编制程序，撰写年度营销计划初步方案。包括编写计划概要、营销现状分析、机会与风险分析、营销目标、营销策略、行动方案、营销费用预算、营销控制等内容。

（5）教师对各小组的年度营销计划初步方案进行指导。

（6）各小组对初步方案进行分析评价，提出修改建议，提交最终方案。

（7）各小组在班级进行互评、交流、讨论。

■ **实训报告：**

每个学生在本次实训后应独立撰写实训报告。实训报告的主要内容如下。

（1）实训名称、实训日期、班级、姓名，实训组别，同组同学姓名。

（2）实训目的。学生应简明概述本实训通过何种方法，训练了哪些技能，达到了什么目的。

（3）实训心得。学生总结分析实训中的收获及存在的问题，提出改进完善建议。

任务三　营销执行与控制

任务描述

市场营销活动中经常会出现一些意外情况，为此，营销人员必须做好营销计划的执行与控制，针对出现的情况分析原因，寻找对策，以确保营销方案的顺利实施。通过完成本任务，学生能够熟练运用各种控制手段对企业的营销活动进行有效的控制。

相关知识

一、市场营销执行的含义

市场营销执行，就是将企业全部资源优化配置并投入到营销活动中去，将营销计划转变为具体行动，并保证这一行动的完成，以实现营销计划所制订目标的实施过程。

为了有效地执行市场营销方案，企业的市场营销经理在每层次（即职能、方案、政策等）上都必须善于运用以下4种技能。

（1）配置技能，是指市场营销经理在职能、政策和方案这3个层次上配置时间、资金和人员的能力。

（2）调控技能，指市场营销经理建立和管理一个对市场营销活动效果进行追踪的控制系统，控制有4种类型，分别为：年度计划控制、利润控制、效率控制和战略控制。

（3）组织技能指市场营销经理对工作的有效组织。

（4）互动技能，指市场营销经理影响他人把事情办好的能力。市场营销人员不仅要有能力推动本企业的人员有效地执行既定的战略，还必须推动企业外的人或企业（如市场调查公司、广告公司、经销商、批发商、代理商等）来实施既定的战略，即使他们的目标与本企业的目标有所不同。

二、市场营销控制

市场营销控制是市场营销管理的重要步骤。企业在营销计划的实施过程中，常常会出现许多意外情况，所以必须严格控制各项营销活动，以确保企业目标的实现。

市场营销控制有4种主要类型，即年度计划控制、盈利能力控制、效率控制和战略控制。它们之间的区别比较如表 10-3 所示。

表 10-3　　　　　　　　　　营销控制内容的比较

控制类型	职责部门	控制目的	研究方法
年度计划控制	最高管理部门，中层管理部门	计划目标，达到情况	销售分析，占有率分析，收入与费用比率，财务分析，消费者态度跟踪
盈利能力控制	财务控制部门	公司盈亏情况	分项盈利分析，产品地区消费者群分析，渠道分析，物流分析
效率控制	咨询管理部门，营销管理控制部门	经费开支效率，营销业务效率	分项效率分析，销售、广告、营业推广、分销渠道等分析
战略控制	最高管理部门，营销审计部门	营销机会利用，战略思路	专家分析，高层分析

（一）年度计划控制

1. 年度计划控制的内容与目的

年度计划控制指营销人员随时检查营业绩效与年度计划的差异，同时在必要时采取修正行动。年度计划控制是为了确保计划中所确定的销售、利润和其他目标的实现。年度计划控制的核心是目标管理。

2. 年度计划控制的步骤

年度计划控制包括4个主要步骤，如图 10-7 所示。

（1）制订标准。分解计划目标，确定本年度各个阶段的目标、任务。

（2）测量绩效。将实际实施效果与计划预期目标相对比。

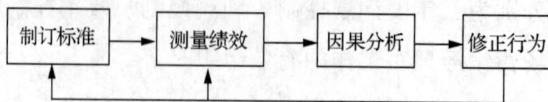

图 10-7 年度计划控制的步骤

（3）因果分析。剖析研究发生偏离的原因。

（4）修正行为。及时采取补救和调整措施，缩小差距，努力使实施效果与计划目标保持一致。

3. 年度计划控制的内容

年度计划控制主要是对销售额、市场份额和费用率等进行控制。

（1）销售额分析是将销售目标和实际销售情况进行衡量和评价。

（2）市场份额分析能揭示出企业同其他竞争者在市场竞争中的相互关系。如果企业市场份额提高了，说明企业在与对手的较量中就取得了胜利；反之则说明企业在与对手的较量中处于不利地位。市场份额分析指标包括总市场份额、可占领市场份额、相对市场份额。

（3）费用率分析是指在企业年度计划控制中，确保企业在达到销售计划指标时营销费用没有超支。

（二）盈利能力控制

盈利能力控制是通过对财务报表的有关数据进行一系列分析处理，把所获利润分摊到不同产品、不同地区、不同渠道或不同市场上，从而分析每种产品，每个地区、市场、分销渠道的盈亏情况。其具体步骤是：①确定功能性费用。即销售、推广、包装、储存、运输等活动引起的各项费用。②将功能性费用按产品、地区、市场、分销渠道进行分配。③根据收入及费用编制损益表，如产品损益表、地区损益表渠道损益表和市场损益表等。

盈利率分析的目的在于找出妨碍获利的因素，并采取相应措施排除或减弱这些不利因素的影响。由于可采取的措施很多，企业应全面考虑之后做出选择。

（三）效率控制

效率控制，是企业采用有效的方法对销售队伍、广告、营业推广活动、分销活动等进行控制，从而实现综合效率的最大化。

1. 销售队伍效率控制

反映销售队伍效率的关键指标有：①每个销售人员每天推销访问的平均次数；②平均每次推销访问所花费的时间；③每次推销访问的平均收入；④每次推销访问的平均成本；⑤每百次推销访问获得的订单百分比；⑥每阶段新增消费者数；⑦每阶段失去消费者数；⑧总成本中推销成本的百分比。

2. 广告促销效率控制

针对广告促销效率控制，主要应掌握的统计资料有：①每种媒体类型、每种广告工具触及 1000 人的广告成本；②每种媒介工具能够注意、看到、联想该广告的人与该媒体观众的百分比；③消费者对广告内容和广告效果的意见；④对于产品态度的事前、事后衡量；⑤由广告所激发的询问次数；⑥每次调查的成本。

3. 营业推广效率控制

营业推广包括数十种激发消费者的兴趣及试用企业产品的方法。为了提供营业推广效率，企业管理者应记录每一次促销活动及其活动成本对销售的影响，以便找到最有效的促销措施。特别是注意以下统计数据：①优惠销售的百分比；②每 1 元销售额中的展示成本；③赠券的回收比例；④一次实地示范所引发的咨询次数。

4. 分销效率控制

企业管理者还需研究分销这一经济活动，以提高仓储和运送的效率。

（四）战略控制

战略控制是指对整体营销效果进行评价，以确保企业目标、政策、战略和计划与市场营销环境相适应。战略控制有两种工具可以利用，即营销效益等级评定和营销审计。

（1）营销效益等级评定可以从顾客宗旨、整体营销组织、足够的营销信息、营销战略导向和营销效率这 5 个方面进行衡量。上述 5 个方面作为编制营销效益等级评定表的基础，由各营销经理或其他经理填写，最后进行综合评定。每方面的分数都指出了有效营销行动的哪些因素最需要注意，这样，各营销部门便可据此制订纠正计划，用以纠正其主要的营销薄弱环节。

（2）营销审计是指对一个企业或一个业务单位的营销环境、目标、战略和营销活动所做的全面的、系统的、独立的和定期的检查，其目的在于发现问题和机会，提出行动建议和计划，以提高企业的营销业绩。

营销审计不只是审查有问题的营销活动部分，而是审查整个营销活动的所有方面。营销审计不仅为陷入困境的企业带来解决问题的办法，也能为富有成效的企业增加效益。

任务实施

■ **背景资料：**

凯特公司是一家开发、生产、销售健身器材的中型企业，产品在 G 市市场上属于市场开发阶段。该公司在 G 市设立了销售办事处，负责 G 市的市场开发与产品销售工作。该公司希望把 G 市市场作为战略市场进行开发，经过 3 年的努力使公司成为 G 市同行业的领先者。为完成公司在 G 市的战略目标，G 市销售办事处经理需要制订该办事处的营销绩效管理方案，对所属营销人员进行营销绩效管理。

■ **实训目标：**

通过实训，学生对营销绩效管理的意义、营销人员评价的步骤、内容、关键指标等有了更深入的了解，能够编写营销绩效管理方案，并对方案的实施效果进行分析评估，提出改进建议。

■ **实训要求：**

学生根据背景资料，结合专业知识，为凯特公司在 G 市办事处制订一份营销绩效管理方案。

（1）本次实训以团队为单位，要求所有学生积极参与；

（2）团队成员要分工合作，注意团队合作意识的培养；

（3）营销绩效管理方案要格式规范，内容完整；

（4）结构合理、层次分明；

（5）分析正确、选择策略要得当。

■ **操作步骤：**

（1）教师布置实训任务，请全体同学明确实训目的和实训要求。

（2）学生搜集资料，了解企业及经营产品的基本情况，进行归纳分析，为编制营销绩效管理方案做好充分准备。

（3）学生根据营销绩效管理步骤要求，首先确定绩效考核指标体系、确定绩效考核方法。

（4）学生确定评价责任体系，编制绩效考核表。考核表的内容主要结合部门及岗位绩效指标体系及工作岗位要求进行提炼。

（5）学生撰写营销绩效考核初步方案。搞好绩效反馈与沟通，做好绩效改进与评估结果的应用。

（6）教师对各小组的营销绩效考核初步方案进行指导。

（7）各小组对初步方案进行分析评价，提出修改建议，提交最终方案。

（8）各小组在班级进行互评、交流、讨论。

■ **实训报告：**

每个学生在本次实训后应独立撰写实训报告。实训报告的主要内容如下。

（1）实训名称、实训日期，班级、姓名，实训组别，同组同学姓名。

（2）实训目的。学生应简明概述本实训通过何种方法，训练了哪些技能，达到了什么目的。

（3）实训心得。学生总结分析实训中的收获及存在的问题，提出改进建议。

项目小结

1. 市场营销活动是一项复杂的、贯穿整个企业经营过程的活动。企业为了保证市场营销活动的有序、高效的进行，必须加强市场营销活动的管理。

2. 市场营销计划是企业在对营销环境进行深入调查研究、对市场需求进行科学预测的基础上，结合自身的条件和实力加以制订的。它规定了一定时期内企业营销活动的任务、目标及实现目标的策略、方针和步骤，是企业战略计划在营销领域里的具体化。

3. 市场营销活动的执行依赖于一定的组织实施和保证。

4. 市场营销控制是指衡量和评估营销策略与计划的成果，以及采取纠正措施以确保营销目标完成的活动。

自我检测

一、单项选择题

1. （　　）是最常见的市场营销组织形式。

    A. 职能型组织　　　　　　　　B. 产品型组织

    C. 地区型组织　　　　　　　　D. 市场型组织

2. 当企业生产经营多种产品或多个品牌时，应采取（　　）管理组织结构。

    A. 职能型　　　　　　　　　　B. 区域型

    C. 市场型　　　　　　　　　　D. 产品或品牌型

3. （　　）是市场营销计划的开端，是对主要营销目标和措施的简短概述，目的是使管理部门迅速了解该计划的主要内容，抓住计划的要点。

    A. 营销目标　　　　　　　　　B. 当前营销状况

    C. 内容提要　　　　　　　　　D. 营销战略

4. 市场营销管理过程的第一个步骤是（　　）。

    A. 选择目标市场　　　　　　　B. 分析市场机会

    C. 管理营销活动　　　　　　　D. 设计营销战略

5. 年度计划控制要确保企业在达到（　　）指标时，市场营销费用没有超支。

    A. 分配计划　　B. 生产计划　　C. 长期计划　　D. 销售计划

二、多项选择题

1. 市场营销战略主要由（　　）几部分构成。

    A. 目标市场战略　　　　　　　B. 市场营销组合战略

    C. 市场营销控制　　　　　　　D. 市场营销行为

    E. 市场营销预算

2. 市场营销部门的组织形式为（　　）。

    A. 职能型组织　　　　　　　　B. 产品（品牌）管理型组织

    C. 产品/市场管理型组织　　　　D. 地区型组织

    E. 市场管理型组织

3. 市场营销计划的实施过程中，涉及相互联系的几项内容是（　　）。

    A. 明确战略目标　　　　　　　B. 制订行动方案

    C. 协调各种关系　　　　　　D. 形成规章制度

    E. 调整组织结构

4. 企业制订市场营销计划，必须要进行（　　　）。

    A. 市场营销历史分析　　　　B. 市场营销组织分析

    C. 市场营销状况分析　　　　D. 市场机会与风险分析

    E. 优势与劣势分析

5. 市场营销控制的方法有（　　　）。

    A. 年度计划控制　　　　　　B. 营销战略控制

    C. 营销思想控制　　　　　　D. 利润控制

    E. 市场营销审计

三、简答题

1. 市场营销组织有哪几种基本形式？它们各自有哪些优缺点？

2. 一份完整的营销计划应包括哪些内容？如何编制企业的年度营销计划？

3. 市场营销控制的基本方法和途径有哪些？

项目十一
营销技能综合实训

项目导入

王斌经过几年的营销历练，不仅积累了丰富的实践经验，而且对自主创业萌发了浓厚的兴趣。摆在王斌面前的首要问题是如何选择创业项目，如何进行前期的营销调研，如何进行创业项目的策划。

项目分析

营销技能综合实训是学生在学完市场营销课程之后所进行的以岗位应用为目标的综合性实训课程体系，是学生实现所学知识的系统化，特别是技能培养的综合化，全面提高综合素质的基本途径。本项目设置了三项具体任务，分别为：营销实务文书写作训练；参加市场营销技能竞赛；为初创企业撰写创业计划书。

学习目标

知识目标：

1. 把握营销实务文书的基本要求和写作技巧。
2. 熟悉创业项目策划的流程和方法。
3. 明确参与市场营销职业技能竞赛的具体工作任务。

技能目标：

1. 能够根据企业实际需要撰写合适的营销实务文书。
2. 能够进行创业项目策划，为初创企业撰写创业项目计划书。
3. 能够参与各类市场营销职业技能竞赛，进而积累基本的营销实战经验。

学习内容思维导图如图 11-1 所示。

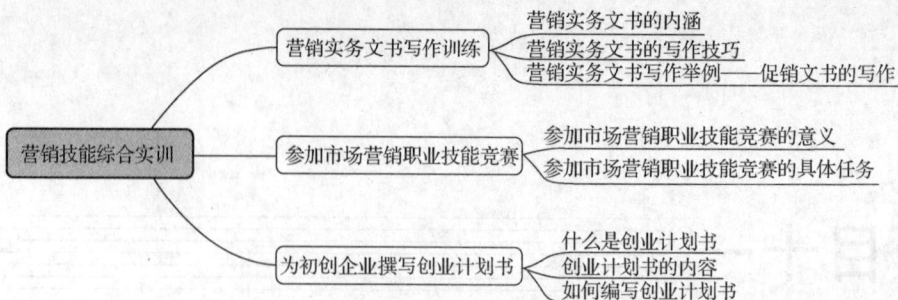

图 11-1　营销技能综合训练学习内容思维导图

任务一　营销实务文书写作训练

任务描述

营销实务文书写作技能是高等职业院校市场营销专业学生必备的一项基本职业技能。通过完成本任务，学生能够熟练运用营销文书写作技能和要求，完成营销计划、营销总结、商务信函等常用文书类的写作。

相关知识

一、营销实务文书的内涵

（一）营销实务文书的含义

营销实务文书是在营销活动和营销工作中形成和使用，用于处理营销活动中的各种业务工作，具有特定的营销内容、惯用或规定格式的各种应用文章的总称，是对营销活动和营销工作进行记录、存储、总结、创新、交流、发展的重要工具。营销实务文书属于专业应用写作的范畴，是应用文写作的一个分支。

（二）营销实务文书的主要类型

（1）业务洽谈文书，主要包括业务洽谈方案、询价函、报价函、接受函、业务洽谈纪要等。

（2）促销文书，主要包括促销计划书、促销策划书。

（3）营销传播文书，主要包括商务信息、公司介绍书、营销广告等。

（4）市场调研文书，主要包括市场调查报告、市场预测报告、可行性研究报告等。

（三）营销实务文书的特点

（1）实用性。实用性是营销实务文书区别于其他文学作品的主要特点之一。营销实务文书是为解决实际问题而写的，绝不能进行空谈。

（2）真实性。营销实务文书写作要坚持实事求是的态度，文章内所涉及的数据、事件、地点、人物、时间等内容要符合客观实际，核实无误，不能脱离实际。

（3）针对性。撰写营销实务文书要讲究针对性，要明确写作目的，选择相应的文种。

（4）时效性。市场信息瞬息万变，企业只有及时地进行市场调查、制订促销计划、推出营销广告等，才能及时抓住市场，抓住消费者。

（5）简洁性。营销实务文书的写作要分清主次、条理清晰、行文简洁、语言准确，并在适当的时候采用图表来说明问题。营销实务文书的语言表达应简洁明了，通俗易懂。

二、营销实务文书的写作技巧

（1）明确写作目的。写作者在写作时应确定一个单一明确的目标。

（2）制作写作提纲。写作者明确了写作的目标后，为了进一步理清文书写作的脉络，应首先列出一个写作提纲，确定文书写作的主要框架，为后期的正文写作奠定基础。

（3）主题突出。任何营销文书应有明确的主题，为了突出体现文书的主旨，写作者可以采用标题点旨、开门见山、妙用小标题、首尾呼应、篇尾点题等方式。

（4）挑选处理书面材料的原则。

① 准确性。文书写作采用的材料，必须做到真实准确、确凿无误。

② 切题性。材料既要有针对性，又要有实用性。

③ 典型性。材料能深刻体现营销活动的内在规律。

④ 新颖性。材料要与时俱进，具有时代感。

三、营销实务文书写作举例——促销文书的写作

（一）促销计划书的编写原则

（1）目标明确且易于为员工理解。

（2）切合实际，有完成的可能性。

（3）兼顾企业、消费者、员工与社会的利益。

（4）所有表格要注重操作性与实用性。

（5）计划正文叙述要简洁。

（6）长期计划只列方向、构想蓝图即可。

（7）短期计划宜详细、具体。

（二）促销计划书的格式和写作要点

促销计划书由标题、正文、附件及落款四个部分组成。

（1）标题：由单位名称、事由和文种组成，例如"××公司年度促销计划书"。

（2）正文：主要包括计划概要、计划的目标与方向、销售方法的改进、对促销实施的管理等。

（3）附件：对促销计划的有效补充，有必要则加上，没有必要则不加。

（4）落款：制订促销计划的主管部门的签名盖章、日期。

任务实施

■ **实训目标：**

教师引导学生参加促销活动策划方案的实训，在切实体验促销活动策划方案的准备和撰写等有效率的活动中，培养他们的职业核心能力，促进他们健全职业人格的塑造。

■ **实训要求：**

在学校所在城市选择一家超市，了解超市的经营规模、地理位置、周边环境及所处竞争态势。为迎接"五一"小长假，届时超市决定开展系列促销活动，要求学生为该超市撰写促销活动策划方案。

（1）本次实训以营销团队为单位，要求所有学生积极参与；

（2）团队成员要分工合作，注意团队合作意识的培养；

（3）策划方案格式规范，内容完整。

■ **操作步骤：**

（1）教师在课堂上布置实训任务，组织学生复习设计促销活动策划方案的相关理论知识。

（2）学生以营销团队为单位，共同讨论设计促销活动策划方案需要考虑的因素。

（3）团队深入超市进行调查，明确促销主题和促销目的。

（4）学生依据促销活动策划方案的设计原则，为超市做促销活动策划。

（5）学生撰写促销活动策划方案。

（6）各团队在班内进行交流、讨论。

（7）学生将成果提交超市，由超市进行评选。

■ **实训报告：**

实训结束后，学生以团队为单位撰写实训报告。实训报告的主要内容如下。

（1）实训名称、实训日期，班级、实训组别。

（2）实训目的。学生应简明概述本实训通过何种方法，训练了哪些技能，达到了什么目的。

（3）实训心得。学生总结分析实训中的收获及存在的问题，提出改进建议。

任务二　参加市场营销职业技能竞赛

任务描述

参加市场营销职业技能竞赛，是课堂教学的有效延伸，是在校大学生实现"创业梦想"的先导。学生通过参加营销技能比赛，培养团队精神、锻炼领导能力，提高综合素质，以适应新时期社会发展的需要。

相关知识

一、参加市场营销职业技能竞赛的意义

职业技能竞赛是我国职业教育的一项创新制度，旨在利用技能竞赛的形式，对学生日常所学的知识进行考核、评估和实践。在全国职业院校技能竞赛的推动下，有些高职院校把市场营销技能竞赛作为"嵌入课程"或典型工作任务融入教学过程，把赛项变成专业实践教学体系的一部分，构建了新型高职市场营销专业实践教学模式，有效调动了学生职业技能学习的积极性，极大提高了学生职业技能的培养水平。

（一）积累专业知识

市场营销技能竞赛可以帮助学生有效地融合所学的专业知识。以市场营销技能竞赛为例，在大赛过程中，学生必须最大限度地调动其所学的全部营销和管理方面的知识，并进行协调、整合和运用，才能在竞赛中顺利完成各项任务。在这一创造性的学习与实践过程中，学生们通常会感到知识与技能捉襟见肘。

（二）提升专业能力

市场营销职业技能竞赛试题是以任务书的形式体现的，充分体现了职业教育以能力为本位的培养模式。在市场营销职业技能大赛中，比赛项目的设置就是从实际社会需求出发，考核学生的能力，实现了职业教育教学与社会对应用型人才要求的对接。市场营销职业技能大赛对学生职业能力的提升具有指导性的意义。

（三）加强综合素质

市场营销职业技能竞赛可以帮助学生加强综合素质。首先，有助于培养学生的敬业精神。在市场营销职业技能竞赛的过程中，学生要提前准备真实项目和案例，深入企业工作几个月甚至更长的时间，但是学生为了集体荣誉，必须不辞劳苦，全身心投入，高度敬业；其次，有助于培养学生的意志力和耐力。任何技能竞赛都要在规定的时间内完成比赛项目，在有限的时间段里，学生必须集中全部体力和精力才有可能完成竞赛。赛前的准备和训练，超强的

工作任务和工作强度，都会给学生带来巨大的压力。所有这些经历，让学生的意志力和忍耐力都得到了很好的锻炼；再次，可以提升学生分析问题、解决问题的能力。市场营销职业技能竞赛的过程，要由学生独立完成营销策划和实施工作，当出现问题时，学生必须积极思考，自行排查并解决。这样极大地提高了学生分析问题、解决问题的动手能力，更为重要的是使学生树立了克服困难，自己动手解决问题的自信心。

市场营销职业技能竞赛能够让竞手真正进入实战状态，不仅需要调动学生全部知识的储备和全部经验的集合，全身心投入，而且还需要有强烈的创新意识、团队意识和开拓精神。所以，组织学生参加各级各类专业技能竞赛，对人才培养能够工作产生很好的效果和意义。

二、参加市场营销职业技能竞赛的具体任务

市场营销职业技能竞赛包括营销策划和营销实战两个竞赛模块。其中，营销策划模块考察学生调研信息收集、创新创意的提炼和沟通表达、礼仪规范等基本职业素质；营销实战考察学生商品需求信息的采集与分析、目标市场选择与定位、营销活动策划与组织、营销知识判断分析的能力。学生参加市场营销职业技能竞赛的具体工作任务有如下几个。

（一）组建团队、团队分工

自由组队参赛，每支参赛队由 4 名参赛选手、1 名指导教师组成。各参赛团队设立团队负责人，进行团队组织建设，确立团队名称、团队目标，设立不同的工作岗位，配备相应的人员。团队成员分工协作，要求参加实训的每个学生都必须有相应的岗位。

（二）前期调研

各参赛团队针对竞赛规定的企业真实产品开展前期调研，了解企业的目标和任务，通过环境分析、消费者分析、竞争对手分析、SWOT 分析，了解市场现状和策略，了解企业的优势和劣势、面临的机会、威胁；通过对产品概念、卖点进行深度挖掘分析，准确地进行产品定位，为制订营销策划方案提供科学的依据。

（三）营销策划方案设计

针对前期调研，各参赛团队确定产品定位方向及整体推广思路、制订一份有针对性的整合营销推广方案，方案包括但不限于以下几个方面：市场分析、活动目的、目标人群、活动时间、活动主题、活动方式、活动的推广方式、人员安排与组织、费用预算等。

（四）营销推广实战

营销推广实战任务考核参赛团队的线上和线下整合营销推广能力。各参赛团队须根据营销计划开展营销活动，同时可根据实际情况对营销计划进行调整，以提高营销活动的针对性和有效性。销售实战环节包括促销活动销售、产品团购、扫楼销售、线上订购销售等形式，销售实战环节除了考核销售量、销售金额外，还要考察售卖过程中出现的实战亮点。各参赛团队在比赛过程中，可以利用各种渠道进行产品及活动宣传，比如校园广播、论坛、贴吧、

微信群、QQ 群、微博、校园公众号、活动海报等。

（五）新媒体营销策略的运用

新媒体营销策略的运用任务主要考核参赛团队的电子商务实战销售能力。销售使用平台有：优优同学惠、品录移动商城、淘宝、校园 BBS、微信等。参赛团队要在规定时间内利用线上和线下营销宣传推广方式争取实现最好的销售业绩。

（六）决赛阶段策划方案的陈述及答辩

决赛时由参赛团队陈述本队初赛期间项目运营的全过程，重点突出"线上、线下创意营销活动"（含策划、组织、执行、营销、效果评估），并做 PPT 汇报展示及答辩。汇报主要针对实施效果进行总结，包括但不限于以下几个方面：活动策划方案简介、实施过程简介、遇到的问题及解决办法、活动总结等。

任务实施

■ **背景资料：**

为提升市场营销专业学生理论联系实际的能力，以及营销综合素质与应用能力，特联合民生银行（北京支行）围绕真实的产品、消费者打造最接近真实商业环境的比赛内容，举办"民生银行杯"市场营销创意策划与实战演练技能大赛。

比赛主题："信用管理和信用教育"。

比赛内容：分为市场营销创意策划和销售实践两个环节。

比赛任务：比赛过程中向在校大学生宣传和讲解信用相关的知识和管理提升个人信用的策略；利用在线平台以二维码的形式推介民生银行信用卡。

■ **实训目标：**

学生锻炼了为学为用的综合能力，通过大赛，很好地提升了学习动力、竞争意识和拼搏精神。

■ **实训要求：**

（1）学生须以团队的形式参加比赛，自由组团，每个参赛团队由 3～5 人组成。

（2）整个比赛过程分成初赛、复赛和决赛这 3 个阶段。

（3）初赛阶段，各参赛团队须首先确定推销的信用卡类型；然后明确目标用户，制订有针对性的营销计划。

（4）复赛阶段，各参赛团队须根据营销计划开展营销活动，以各参赛团队最终提交的信用卡申请数，作为衡量营销计划成功与否和本阶段比赛成绩的最重要依据。

（5）决赛阶段，进入决赛的各参赛团队需通过 PPT 展示比赛相关的所有内容。要求展示的具体内容包括：营销计划、营销过程、营销效果、发现的问题和改进策略，以及团队协作情况和成员综合表现等。所有展示内容要求思路清晰，重点突出。

■ **操作步骤:**

(1) 学生成立大赛组委会;

(2) 学生明确竞赛主题、竞赛任务、竞赛流程、竞赛规则以及奖项的设置;

(3) 学生撰写"民生银行杯"市场营销创意策划与实战演练技能大赛策划方案;

(4) 学生依据策划方案,做好大赛前期准备以及宣传推广工作;

(5) 学生组织实施"民生银行杯"市场营销创意策划与实战演练技能大赛;

(6) 学生依据竞赛流程、竞赛规则做好相关评审和管理工作;

(7) 总结阶段。

■ **实训报告:**

实训结束后,学生以团队为单位撰写实训报告。实训报告的主要内容如下。

(1) 实训名称、实训日期,班级、实训组别。

(2) 实训目的。学生应简明概述本实训通过何种方法,训练了哪些技能,达到了什么目的。

(3) 实训心得。学生总结分析实训中的收获及存在的问题,提出改进建议。

任务三　为初创企业撰写创业计划书

任务描述

创业计划书是整个创业过程的灵魂,是创业者进入投资者大门的"敲门砖"。一份优秀的创业计划书往往会使创业者收获事半功倍的工作效果。通过完成本任务,学生能够进行创业项目策划,能够为初创企业撰写创业计划书。

相关知识

一、什么是创业计划书

创业计划书是国际惯例通用的标准文本格式形成的项目建议书,是全面介绍企业和项目运作情况,阐述产品市场及竞争、风险等未来发展前景和融资要求的书面材料。创业计划书是一份全方位的商业计划,其主要用途是递交给投资商,以便于他们能对企业或项目做出评判,从而使企业获得融资。

创业计划书有相对固定的格式,它几乎包括了投资商所有感兴趣的内容。创业计划书的好坏,往往决定了投资交易的成败。对初创的风险企业来说,创业计划书的作用尤为重要。当选定了创业目标与确定创业的动机后,在资金、人脉、市场等各方面的条件都已准备妥当或已经累积了相当实力，这时，就必须提供一份完整的创业计划书。创业计划书是整个创业过程的灵魂。

营销视野

　　创业带给人类翻天覆地的变化，尤其是大学生创新创业。正如创业大师拉里·法雷尔所说："发展创业型经济是打赢21世纪这场全球经济战争的关键。"创业教育就是在这一社会经济背景下产生而发展起来的。创业教育正式进入高校教育是从1947年哈佛大学商学院教授迈尔斯·梅斯（MylesMace）针对学校MBA学员开设创业课程开始的。如今，创业教育已成为世界高等教育发展的新趋势，是继学术教育、职业教育之后大学生进入社会的第3本"教育护照"。

二、创业计划书的内容

（一）计划摘要

　　计划摘要列在创业计划书的最前面，它是浓缩了的创业计划书的精华。计划摘要涵盖了计划的要点，以求一目了然，以便阅读者能够在最短的时间内评审计划并做出判断。

　　计划摘要一般包括以下内容：企业介绍、主要产品和业务范围、市场概貌、营销策略、销售计划、生产管理计划、管理者及其组织、财务计划、资金需求状况等。

（二）产品（服务）介绍

　　在进行投资项目评估时，投资人最关心的问题之一就是：风险企业的产品、技术或服务能否以及在多大程度上解决现实生活中的问题，或者，风险企业的产品（服务）能否帮助顾客节约开支，增加收入。因此，产品介绍是创业计划书中必不可少的一项重要内容。通常，产品介绍应包括以下内容：产品的概念、性能及特性，主要产品介绍，产品的市场竞争力，产品的研究和开发过程，发展新产品的计划和成本分析，产品的市场前景预测，产品的品牌和专利。创业计划书对产品的阐述，要让出资者感到"这种产品是多么美妙、多么令人鼓舞啊！"

（三）人员及组织结构

　　有了产品之后，创业者第二步要做的就是结成一支有战斗力的管理队伍。企业管理的好坏直接决定了企业经营风险的大小。而高素质的管理人员和良好的组织结构则是管理好企业的重要保证。因此，风险投资家会特别注重对管理队伍的评估。

（四）市场预测

　　在创业计划书中，市场预测应包括以下内容：市场现状综述，竞争厂商概览，目标顾客和目标市场；本企业产品的市场地位，市场区格和特征等。创业计划书要给投资者提供企业对目标市场的深入分析和理解，同时对竞争对手进行细致的分析，明确竞争对手都是谁，他们的产品如何，他们采用的营销策略是什么。创业计划书要使它的阅读者相信，本企业不仅是行业中的有力竞争者，而且将来还会是确定行业标准的领先者。

（五）营销策略

营销是企业经营中最富挑战性的环节。影响营销策略的主要因素有：消费者的特点，产品的特性，企业自身的状况，市场环境方面的因素。最终影响营销策略的则是营销成本和营销效益因素。在创业计划书中，营销策略应包括以下内容：市场机构和营销渠道的选择，营销队伍和管理，促销计划和广告策略，价格决策。

（六）制造计划

创业计划书中的生产制造计划应包括以下内容：产品制造和技术设备现状，新产品投产计划，技术提升和设备更新的要求，质量控制和质量改进计划。

（七）财务规划

财务规划一般应包括以下内容：创业计划书的条件假设，预计的资产负债表，预计的损益表，现金收支分析，资金的来源和使用。一份好的财务规划对评估风险企业所需的资金数量，加大风险企业取得资金的可能性是十分关键的。

三、如何编写创业计划书

一份好的创业计划书包括附录在内一般应控制在 20~40 页，过于冗长的创业计划书反而会让人失去耐心。整个创业计划书的写作是一个循序渐进的过程，可以分成 5 个阶段完成。

第一阶段：创业计划构想细化，即初步提出计划的构想。

第二阶段：市场调查，即和行业内的企业和专业人士进行接触，了解整个行业的市场状况，如产品价格、销售渠道、客户分布以及市场发展变化的趋势等因素。创业者可以自行进行一些问卷调查，在必要时也可以求助于市场调查公司。

第三阶段：竞争者调查，即确定潜在竞争对手，并分析本行业的竞争方向，如分销问题如何，形成战略伙伴的可能性，谁是你的潜在盟友。建议准备一份简短的竞争者调查小结。

第四阶段：财务分析量化本公司的收入目标和公司战略，要求详细且精确地考虑实现公司战略所需的资金。

第五阶段：创业计划书的撰写与修改，即根据所收集到的信息制订公司未来的发展战略，把相关的信息按照上面的结构进行调整，完成整个商业计划的写作。创业者在完成计划以后仍然可以进一步论证计划的可行性，并根据信息的积累和市场的变化不断完善整个计划。

🖂 任务实施

■ 背景资料：

王创和张丽是某职业院校市场营销专业的学生，他们商定在明年毕业后进行自主创业。他们计划在学校附近小区开设一家以绿色食品为特色的生鲜食品超市，并计划在未来增开 10 家连锁店。小王和小张的创业设想得到了学院、老师及同学在场地、专业和资金方面的大力支持。

■ **实训目标：**

通过实训，学生了解如何创业、如何进行创业项目的选择与定位，如何进行创业项目可行性分析；同时，学生掌握创业计划书的编写方法，并形成个人的创业计划文档。

■ **实训要求：**

要求学生为小王和小张撰写《绿色生鲜食品超市创业计划书》。

（1）本次实训以团队为单位，要求所有学生积极参与；

（2）团队成员要分工合作，注意团队合作意识的培养；

（3）制作创业计划书及 PPT 演示文稿，进行方案的讲解与答辩。

■ **操作步骤：**

（1）学生依据创业项目，确定产品或服务，并进行相关调查分析；

（2）学生确定目标市场，进行环境分析、市场分析、竞争分析；

（3）学生对创业项目的选址；

（4）学生明确财务需求与运用；

（5）学生制订市场营销策略；

（6）学生撰写《生鲜超市创业项目计划书》；

（7）学生检查修改定稿创业计划书，并制作 PPT 演示文稿；

（8）学生以小组为单位进行汇报。

■ **实训报告：**

实训结束后，学生以团队为单位撰写实训报告。实训报告的主要内容如下。

（1）实训名称、实训日期，班级、实训组别。

（2）实训目的。学生应简明概述本实训通过何种方法，训练了哪些技能，达到了什么目的。

（3）实训心得。学生总结分析实训中的收获及存在的问题，提出改进建议。

项目小结

1. 营销实务文书写作是高职院校市场营销专业学生必备的一项基本职业技能。市场营销专业学生要能够熟练运用营销文书中的常规表达方式，完成营销实务文书写作。

2. 当前高等职业教育的关键是启发学生主动实践，提升综合素质和专业技能。以赛促学，举办市场营销职业技能竞赛是培养市场营销专业学生主动实践能力的一种重要方法，是提高学生综合素质的有效途径。

3. 创业计划书的起草与创业本身一样是一个复杂的系统工程，要求学生不但要对行业、市场进行充分的研究，而且还要有很好的文字功底。那些既不能给投资者以充分的信息也不能使投资者激动起来的创业计划书，其最终结果只能是被舍弃。为了确保创业计划书能"击中目标"，创业者应做到以下几点：关注产品、敢于竞争、了解市场、表明行动方针、展示自己的管理队伍和出色的计划摘要。

自我检测

一、选择题

1. 营销实务文书的特点有（　　　）。

    A. 实用性   B. 真实性   C. 针对性   D. 时效性

2. 促销计划书的作用有（　　　）。

    A. 提供正确的目标和方向   B. 有助于命令的执行

    C. 帮助改进促销方法   D. 扩大产品的销量

3. 传统创业与创新创业的区别是（　　　）。

    A. 是否创造利润   B. 是否创造商业价值

    C. 是否创造品牌形象   D. 否有创新因素

4. 对符合条件的大学生自主创业的，可以在创业地按规定申请创业担保款，担保额为（　　　）万元。

    A. 10   B. 20   C. 15   D. 30

5. 下列哪一项不是创业计划书的编写原则（　　　）。

    A. 市场导向原则   B. 文字精练   C. 深入专业   D. 通俗易懂

二、判断题

1. 促销活动策划书要遵循可操作性原则。（　　　）

2. 营销广告可以传递信息，活跃市场。（　　　）

3. 创业计划是创业者叩响投资者大门的"敲门砖"。（　　　）

4. 技能大赛是职业院校教育改革的风向标。（　　　）

5. 举办市场营销职业技能竞赛是培养市场营销专业学生主动实践能力的一种重要方法，是提高学生综合素质的有效途径。（　　　）

三、简答题

1. 怎样写好促销计划书？应做好哪些前期准备？

2. 举办市场营销技能大赛的重要意义是什么？

3. 如何撰写创业项目计划书？